ADAC Reiseführer

Ägypten

**Einkaufen · Islamische Architektur · Tempel
Pyramiden · Landschaft · Hotels · Restaurants**

Die Top Tipps führen Sie zu den Highlights

von Barbara Kreißl

☐ Intro

Ägypten Impressionen 6
Ägypten – Flussoase in der Sahara

Geschichte, Kunst, Kultur im Überblick 12
Segen des Nils, Fluch der Pharaonen und hohe Diplomatie

☐ Unterwegs

Alexandria – das Tor zum Mittelmeer 20
- **1** Alexandria 20
- **2** Abu Mena 27

Kairo – die ›Mutter der Welt‹ 29
- **3** Kairo 29
  - Stadtzentrum um den Midan et-Tahrir 32
  - Nilinseln Gesira und Roda sowie westliches Nilufer 36
  - Alt-Kairo 38
  - Islamisches Erbe im Umfeld der Zitadelle 41
  - Fatimiden und Mamluken rund um den Khan el-Khalili 45
  - Totenstädte 49

Giseh, Memphis und Saqqara – die Ahnen von Kairo 53
- **4** Giseh 53
- **5** Memphis 57
- **6** Saqqara 58
- **7** Dahshur 60

Mittelägypten – Ländliche Idylle mit Krisenpotenzial 63
- **8** Maidum 63
- **9** Faiyum 64
- **10** El-Minya 67
- **11** Beni Hasan 67
- **12** Tuna el-Gebel 68
- **13** Tell el-Amarna 69
- **14** Abydos 69
- **15** Dendera 70

Luxor, Karnak, Theben-West – Altägypten intensiv 73

16 **Luxor** 73
Amun-Tempel von Karnak 75
Amun-Tempel von Luxor 79
Museum für altägyptische Kunst 82
17 **Theben-West** 83
Tal der Könige 84
Gräber der Noblen 86
Tal der Königinnen 88
Königliche Totentempel 89

Von Luxor nach Assuan – die Schwelle zum Süden 92

18 Esna 92
19 El-Kab 92
20 Edfu 93
21 Gebel es-Silsila 95
22 Kom Ombo 96
23 Assuan 97

Nubien – Zeugen eines versunkenen Landes 107

24 Kalabsha, Beit el-Wali, Kertassi 107
25 Wadi es-Sebua, Ed-Dakke, Maharraka 109
26 Amada, Ed-Derr, Grab des Pennut 111
27 Qasr Ibrim 111
28 Abu Simbel 112

Westküste des Roten Meeres – Traumstrände und Wasserparadiese 114

29 Hurghada 114
30 El Gouna 116
31 Port Safaga 117
32 Quseir 118
33 Marsa Alam 119
34 Berenike 119

Sinai – von Tauchern und Mönchen 121

35 Sharm esh-Sheikh 121
36 Dahab 122
37 Nuwaiba 123
38 Katharinenkloster 124

Ägypten Kaleidoskop

Kleopatras Palast oder Probleme der
  Unterwasserarchäologie 24
Echt ägyptisch 36
Nomen est Omen 39
Peitschen für den Pyramidenbau? 55
Muslimbrüder in Ägypten 66
›Der Sonnengesang des Echnaton‹ 68
Oh Isis und Osiris! 71
Heile Welt oder die Anatomie eines
  Tempels 81
Körper für die Ewigkeit 82
Die Königsgräber am ›Platz der
  Wahrheit‹ 85
Das Amduat: ›Das, was in der Unterwelt
  ist‹ 86
Die Kadesch-Schlacht oder Geschichts-
  fälschung à la Ramses 88
Wer zählt die Götter, kennt die
  Namen? 94
Souvenirs, Souvenirs 104
Der Hochdamm von Assuan und
  die Folgen für Nubien 108
Schätze der Natur geschützt 116
Coloured Canyon bei Nuwaiba 123
Wandern im Süd-Sinai 125

Karten und Pläne

Ägypten – Norden
  vordere Umschlagklappe
Ägypten – Süden
  hintere Umschlagklappe
Alexandria 26
Kairo 30/31 und Rückklappe
Kairo, Islam. Viertel 42 und Rückklappe
Kairo, Metro 51
Pyramiden von Giseh 54
Saqqara 59
Luxor, Karnak, Theben-West 74
Karnak, Amun-Tempel 76
Luxor, Amun-Tempel 79
Assuan 103

Leserforum

Die Meinung unserer Leserinnen und Leser ist wichtig, daher freuen wir uns von Ihnen zu hören. Wenn Ihnen dieser Reiseführer gefällt, wenn Sie Hinweise zu den Inhalten haben – Ergänzungs- und Verbesserungsvorschläge, Tipps und Korrekturen –, dann kontaktieren Sie uns bitte:

Redaktion ADAC Reiseführer
ADAC Verlag GmbH
Hansastraße 19, 80686 München
Tel. 089/76 76 41 59
reisefuehrer@adac.de
www.adac.de/reisefuehrer

☐ Service

Ägypten aktuell A bis Z   127

Vor Reiseantritt 127
Allgemeine Informationen 127
Anreise 129
Bank, Post, Telefon 129
Einkaufen 129
Essen und Trinken 130
Feste und Feiern 132
Klima und Reisezeit 132
Kultur live 133
Sport 133
Statistik 133
Unterkunft 134
Verkehrsmittel im Land 134

Sprachführer   136

Arabisch für die Reise

Register   141

Liste der lieferbaren Titel 140
Impressum 143
Bildnachweis 143

Reisehinweis
Soll und kann man gegenwärtig nach Ägypten reisen?
Diese Frage wird häufig gestellt. Wir sind der Meinung: Ja!
Mit einer gewissen Vorsicht, wie sie auch das Auswärtige Amt empfiehlt. Ägyptens Tourismusminister hat Anfang 2012 wieder grünes Licht gegeben für die lange Nilkreuzfahrt von Kairo bis Assuan. Überall am Nil hat sich nicht nur in der Politik viel getan – eine ganze Reihe von Ausgrabungsstätten haben in den letzten Jahren an Attraktivität gewonnen!

Ägypten Impressionen
Flussoase in der Sahara

Das uralte Kulturland am Nil ist Sehnsuchtsziel von Besuchern aus aller Welt. Die gewaltigen **Pyramiden von Giseh** – Weltwunder der Antike und jahrtausendealte Wahrzeichen Ägyptens – schlagen auch heutige Besucher in ihren Bann. **Luxor**, **Karnak** und das geheimnisumwitterte **Tal der Könige** begeistern mit mächtigen Tempeln und Grabmälern der Pharaonenzeit. **Wandmalereien** in leuchtenden Farben überziehen die Wände vieler altägyptischer Bauten und bezaubern mit fein gezeichneten Bilderzählungen aus längst vergangenen Zeiten. Kostbare **Grabungsfunde** wie der legendäre Grabschatz des Tutanchamun sind in den Museen der Hauptstadt **Kairo** zu bewundern, die zudem mit prächtigen Moscheen und Palästen aus der **Blütezeit islamischer Architektur** aufwartet.

Doch auch die **Naturschönheiten der Wüste**, die der Zeit enthobenen Oasen oder die Bergwelt des **Sinai** laden zur Erkundung ein. Kameltouren und Wanderungen auf dem Sinai erfreuen sich großer Beliebtheit. Zu den weltweit schönsten Tauchgründen zählen jene im **Roten Meer**. An der Festlandküste bieten Ferienorte wie **El Gouna**, **Hurghada** und **Marsa Alam** ihren zahlreichen Besuchern sonnenverwöhnte Sandstrände und bunte Korallengärten. Auf dem Sinai haben sich **Sharm esh-Sheikh** und **Nuwaiba** von kleinen Fischerdörfern zu Lieblingsdestinationen von Tauchern und Schnorchlern gewandelt.

Landwirtschaft und Landgewinnungsprojekte

Ägypten ist, wie schon Herodot formulierte, ein **Geschenk des Nils**. Aus dem Herzen Afrikas kommend, legt der Fluss bis zu den Ufern des Mittelmeers rund 6650 km zurück. Nördlich der als **Katarakte** bekannten sechs Stromschnellen verlangsamt der Nil bei Assuan sein Tempo. Meterhoch steht an den Ufern der in Jahrtausenden aus dem äthiopischen Hochland abgetragene dunkle Schlamm an. Nur auf einem maximal 25 km breiten Streifen längs der Wasserader ist Leben möglich. Einen faszinierenden Kontrast dazu bildet die unvermittelt ans Fruchtland grenzende Wüste, die östlichen Ausläufer der Sahara. Entlang des Nils entfaltet sich ein einzigartiger Zauber:

Oben: *Nicht immer warten die Händler so entspannt auf ihre Kunden*
Rechts: *Ruhe vor dem Sturm: Nur am frühen Morgen hat man die Pyramiden von Giseh für sich allein*
Rechts oben: *Ernte im Nildelta – die langfaserige ägyptische Baumwolle ist begehrt*

Fellachen, die hinter ihren Ochsengespannen schreiten, scheinen einer anderen Zeit zu entstammen – ohne sie wäre Ägypten nicht denkbar. Ägyptens Bauern ermöglichten den ersten Wirtschaftsaufschwung und Aufstieg zu einer der **ältesten Hochkulturen** der Welt. Landwirtschaftliche Überschussproduktion setzte Kräfte frei für den Bau von Pyramiden und Tempeln. Noch zur Zeitenwende galt das Land am Nil als ›Kornkammer Roms‹.

Bis heute ist das rund 24 000 km² große Gebiet des Nildeltas das Zentrum der **Landwirtschaft**. Hier werden Weizen, Reis, Gemüse, Obst, Zuckerrohr und Baumwolle angebaut. Ein Drittel der ägyptischen Beschäftigten arbeitet in der Landwirtschaft – dennoch muss man heute am Nil längst Getreide importieren, um die auf rund 82 Millionen angewachsene Bevölkerung zu ernähren. Zur Steigerung der Ernteerträge wurde schon in den 1960er-Jahren ein Großprojekt geplant: Der umstrittene **Hochdamm von Assuan** sorgt seit 1971 für eine geregelte Wasserversorgung, verhindert die alljährliche Über-

denn auch sie beanspruchen ihren Teil am lebenswichtigen Wasser. Weitere Landgewinnungsprojekte liegen an den Rändern des Deltas und auf dem Sinai. Hier sollen vor allem neue Siedlungsräume entstehen, denn alljährlich wächst die ägyptische Bevölkerung um gut 1 Million Menschen, die Platz, Nahrung und Arbeit brauchen.

Pharaonen-Tourismus

Schon die Pharaonen verstanden sich auf spektakuläre Bauvorhaben und auf bis in die Moderne unübertroffene erstaunliche Nachhaltigkeit: Ihre Tempel und Grabanlagen – für die Ewigkeit gedacht – wirken bis in die Gegenwart zum Wohl schwemmung und ermöglicht den ganzjährigen Anbau mit bis zu vier Ernten pro Jahr. Gleichzeitig verhindert er den Nachschub an fruchtbarem Nilschlamm, die Äcker werden stärker ausgelaugt, an der Mittelmeerküste geht Land verloren. In der Wüste wird seit 2002 Ackerlandgewinnung geplant: Der **Toschka-Kanal** ganz im Süden Ägyptens soll eine der heißesten und trockensten Regionen des Landes in blühende Gärten verwandeln. Mit den Nil-Anrainern Sudan und Äthiopien gibt es seither immer wieder Streit,

Oben: *Das Nadelöhr vom Roten Meer zum Mittelmeer – der 193 km lange Suezkanal*
Mitte: *Sarkophag des Tutanchamun*
Unten: *Der große Tempel von Abu Simbel*
Rechts oben: *Statuengruppe von Sobek und Amenophis III. im Museum von Luxor*

des Landes. Einst sollten die Götter dafür sorgen, gute Nilfluten und reiche Ernten zu sichern. Heute sind es eher die Fluten von Touristen, auf die man hofft. Kultur- und Badetourismus gehören neben Einkünften vom Suezkanal und dem Ölhandel zu den wichtigsten Devisenbringern Ägyptens.

Den Auftakt zur neuzeitlichen Reisewelle lieferte ein Großer der Geschichte: Mit seiner **Ägyptenexpedition** im Jahr 1798 löste Napoleon eine wahre Orientbegeisterung in ganz Europa aus. Im Mittelpunkt des Interesses stand das Land am Nil mit seinen antiken Denkmälern. Erste Reiselustige wagten sich für Monate per Segelboot und ganz ohne Klimaanlage zu den noch nicht ausgegrabenen Stätten. Okkultismus und Pyramidologie zehren noch über 200 Jahre später von den teilweise recht abenteuerlichen Spekulationen, die damals als Erklärungen für **Hieroglyphen** und **Totenkult** herhalten mussten. Zermahlene Mumien waren bis weit ins 19. Jh. hinein als Heil- und Potenzmittel heiß begehrt. Mumien zum Auswickeln im heimischen Salon wurden gar zum regelrechten Exportschlager!

Die Reisenden des 21. Jh. schätzen etwas luxuriösere **Nilkreuzfahrten**: Großzügigere Kabinen, angenehm klimatisierte Räume und ein Pool am Sonnendeck entsprechen heutigen Ansprüchen. Aber auch die altmodischen Segler sind wieder gefragt – sie gleiten ruhiger über den ewigen Nil.

Christentum und Islam in Ägypten

Häufig wird Ägypten als ›größtes Freilichtmuseum der Welt‹ bezeichnet. Tatsächlich ist die Fülle der Monumente aus der über 3000-jährigen **pharaonischen Vergangenheit** überwältigend. Doch wird man dem Land und seinen Bewohnern nicht gerecht, wenn man es nur darauf beschränken wollte. Leicht übersieht man sonst seine Bedeutung für das **frühe Christentum**, das durch die Auseinandersetzung mit den altägyptischen religiösen Vorstellungen und uralten Bildern nachhaltig geprägt wurde. So findet beispielsweise Maria mit dem Jesusknaben ihr Vorbild in den Darstellungen der Göttin Isis, die ihren Sohn Horus auf dem Schoß hält. In Ägypten wurde das erste christliche Kloster gegründet, die *Klosterregel des Pachom* ist bis heute für viele abendländische Orden grundlegend. Die von Rom unabhängige **Koptische Kirche**

sieht sich in der Nachfolge des Apostels Markus. Ihr langjähriger Patriarch, Schenuda III., verstarb 88-jährig im März 2012. Im November desselben Jahres wurde Bischof Tawadros II. aus Beheira zu seinem Nachfolger bestimmt.

Im Lauf des 7. Jh. und mit der Eroberung für den **Islam** stieg Ägypten mit seiner Hauptstadt Kairo zu einem wichtigen Handels- und Machtzentrum auf. Doch wieder waren es fremde Herrscher, die wie schon seit der Römerzeit die Politik am Nil bestimmten. Sie hatten nicht vorrangig das Wohl der einheimischen Bevölkerung, sondern ihren eigenen Profit im Auge. Den Fellachen im Hinterland der Hauptstadt ging es unter der harten Hand von Römern, Mamluken und Osmanen immer schlechter. Groß waren daher die Hoffnungen, die Mohammed Ali im 19. Jh. durch seine Unabhängigkeitsbestrebungen auslöste. Und noch weiter stiegen die Erwartungen, als nach 2000 Jahren der Fremdbestimmung 1952 mit **Gamal Abd en-Nasser** endlich wieder ein Ägypter die Macht übernahm.

Unter seinen Nachfolgern Sadat und Mubarak bediente sich jedoch wieder nur ein kleiner Teil der Gesellschaft am Reichtum des Landes. Ob es – nach der unblutigen Revolution von 2011 – die neuen Regenten nun endlich im Sinne aller Ägypter besser machen werden?

Revolution am Nil

Am 25. Januar 2011 begann mit dem **Tag des Zorns** die Revolution, die sich vom Tahrir-Platz in Kairo über ganz Ägypten

ausweitete. Millionen von Menschen verlangten den Rücktritt des Regimes – und erreichten am 11. Februar tatsächlich ihr erstes Ziel: Präsident Mubarak trat zurück. Ein Jahr später fanden Parlamentswahlen statt, zu denen eine Vielzahl neuer Parteien ins Rennen gestartet war. Die neu gewählte Volksversammlung Maglis as-Schaab, dominiert von konservativen Muslimbrüdern und erzkonservativen Salafisten, wurde jedoch per Dekret des Obersten Rats der Streitkräfte (SCAF) im Juni 2012 wieder aufgelöst, und es wurde ein neuer Präsident gewählt: Der von den **Muslimbrüdern** gestützte Mohammed Mursi gewann knapp gegen seinen stärksten Rivalen Ahmad Schafiq, ein Mitglied des alten Regimes. Mit den Posten des Innen- und Verteidigungsministers hat sich die alte Militärriege nach wie vor großen Einfluss in der neuen Regierung gesichert.

Auch wenn noch lange nicht alle Ziele der Revolution umgesetzt sind, haben die Ägypter sich das Recht zurück erobert, ihre politische Meinung ohne Angst zu äußern. Noch lässt sich die zukünftige Linie der Politik nicht absehen – die Ägypter erwarten von ihrer neuen Regierung sicher vor allem eine freiere, sozialere und gerechtere Gesellschaft. Viele Frauen, Kopten und nicht islamisch-konservativ orientierte Gruppen innerhalb der ägyptischen Bevölkerung fürchten die Dominanz der streng muslimischen Parteien. Mohammed Mursi hat ihnen versichert, ein Präsident für alle Ägypter sein zu wollen. Dennoch: Der Weg zu einer für alle Ägypter lebenswerten und gerechten Gesellschaft wird den Menschen am Nil noch viel Geduld abverlangen.

Links oben: *Wandmalereien schmücken das Grab des Haremhab im Tal der Könige*
Links Mitte: *I'm free – die Revolution am Nil ist Thema zahlreicher Graffiti im Land*
Links unten: *Auf dem Sinai ist das Kamel noch immer beliebtes Fortbewegungsmittel*
Oben: *Der schönste Blick über Kairo bietet sich beim Besuch der Zitadelle*
Unten: *Herrlich entspannend ist eine Segelpartie um die Granitinseln bei Assuan*

Geschichte, Kunst, Kultur im Überblick
Segen des Nils, Fluch der Pharaonen und hohe Diplomatie

Vorgeschichtliche Zeit

7500–3000 v. Chr. Viehzucht und Getreideanbau sind Grundlagen der Sesshaftwerdung großer Bevölkerungsteile. Zunehmende Trockenheit zwingt die Menschen an den Nil und bewirkt einen intensiven Kulturaustausch. Die Keramik-Produktion leitet zum Neolithikum über. Es tauchen erste rundplastische Darstellungen menschlicher Figuren auf. Auf dem Sinai wird Kupfer verhüttet. Es bestehen Handelskontakte mit Vorderasien und dem Sudan. Merkmale der pharaonischen Kunst sind erstmals in den Malereien des Fürstengrabs von Hierakonpolis belegt.

Frühzeit

ca. 3000–2750 v. Chr. (0.–2. Dynastie) Nach schweren Kämpfen formiert sich eine Zentralregierung. Menes, der mythische Reichseiniger, dürfte mit einem der historischen Könige Hor Aha oder Narmer gleichzusetzen sein. Konflikte verschiedener Machtzentren erschüttern den jungen Staat. Reliefierte Zeremonialkeulen und großformatige Schminkpaletten zeigen königliche Repräsentativkunst.

Altes Reich

2750–2640 v. Chr. (3. Dynastie) Nahe dem Kultzentrum des Sonnengottes Re in Heliopolis wird Memphis als Hauptstadt gegründet. Für Pharao Djoser baut Imhotep in Saqqara die Stufenpyramide.

2640–2520 v. Chr. (4. Dynastie) Die großen Pyramidenbauer Snofru, Cheops, Chephren und Mykerinos lassen in Dahshur und Giseh gewaltige Grabmonumente errichten. Aus Löwenleib und Königskopf entsteht der große Sphinx.

2520–2360 v. Chr. (5. Dynastie) In den Pyramiden werden ab Pharao Unas religiöse Spruchsammlungen, die sog. Pyramidentexte, aufgezeichnet. Würdenträger statten ihre Gräber mit prachtvollen Reliefs und Malereien aus.

2360–2195 v. Chr. (6. Dynastie) Die Pharaonen verlieren Macht an Kleinfürsten in der Provinz. Wirtschaftskrisen beuteln das Land. Mit dem Ende der Dynastie fällt Ägypten in Anarchie.

Erste Zwischenzeit

2195–2180 v. Chr. (7.–8. Dynastie) Wirren und Bürgerkriege. Schwache Herrscher sind unfähig, das Land zu regieren und zu einigen.

2180–1987 v. Chr. (9.–10. Dynastie) Das Land ist zweigeteilt. Von der Hauptstadt Herakleopolis aus beherr-

Detail des Tutanchamun-Thronsessels: Atons Strahlenarme über dem jungen Pharao

Ramses II. (19. Dynastie) unterschrieb den ersten Friedensvertrag der Weltgeschichte

Das in drei Schriften festgehaltene Dekret auf dem Stein von Rosetta ermöglichte im 19. Jh. die Entzifferung der Hieroglyphen

schen die Pharaonen Mittel- und Unterägypten, während Oberägypten in den Händen thebanischer Fürsten liegt.
ab 2081 v. Chr. (11. Dynastie) Rivalisierende Provinzherrscher regieren von Theben, Memphis und Herakleopolis aus Teile Ägyptens. Missernten und die nicht mehr funktionierende Verwaltung führen zu Hungersnöten und Bürgerkrieg. In literarischen Texten spiegelt sich eine zutiefst pessimistische Weltsicht.

Mittleres Reich

1987–1938 v. Chr. (11. Dynastie) Thebanischen Fürsten gelingt unter Mentuhotep I. die zweite Reichseinigung. Theben wird kurzzeitig zur Hauptstadt des ganzen Landes. Sein Ortsgott Amun steigt zum mächtigen Reichsgott auf.
1938–1758 v. Chr. (12. Dynastie) Die Könige ziehen wieder nach Norden und bauen in Lischt, Dahschur und im Faiyum Ziegelpyramiden. Sesostris III. bringt weite Gebiete des Sudan unter ägyptische Kontrolle. Amenemhet III. lässt im Faiyum Sumpfland trockenlegen.
1759–1640 v. Chr. (13.–14. Dynastie) Ein fest etablierter Beamtenapparat hält das geschwächte Königtum an der Macht.

Zweite Zwischenzeit

1640–1540 v. Chr. (15. Dynastie) Mit Pferd und Wagen dringen die ›Hyksos‹ (›Herrscher des Fremdlands‹) aus Nordosten nach Ägypten vor. Sie besetzen das Delta und erobern Memphis. Im Ostdelta errichten sie ihre Residenz Auaris.
1640–1540 v. Chr. (16. Dynastie) Von den Hyksos abhängige Provinzfürsten beherrschen zeitgleich Teile Unter- und Mittelägyptens.
1640–1540 v. Chr. (17. Dynastie) Wie zu Beginn des Mittleren Reichs geht die Reichseinigung von Theben aus. Den Fürsten Kamose und Ahmose gelingt es, die Fremdherrschaft abzuschütteln.

Neues Reich

1540–1292 v. Chr. (18. Dynastie) Kriegerisch treten die ersten Herrscher dieser Dynastie auf. Unter Thutmosis III. stehen ägyptische Soldaten sogar am Euphrat. Zur Zeit Amenophis' III. genießt Ägypten wirtschaftlichen Wohlstand, eine kulturelle Blüte und größtes Ansehen als Weltmacht. Nachfolger Echnaton setzt in seiner 17-jährigen Regierungszeit durch den radikalen Bruch mit der Tradition das Erreichte aufs Spiel. Die ausschließliche Verehrung des Sonnengottes Aton führt zur Verfolgung aller Andersgläubigen. Tutanchamun beugt sich dem Druck von Militär und Priesterschaft und setzt die alten Götter wieder in ihre Rechte ein. Dem Ex-General Haremhab gelingt die Konsolidierung des Landes.
1292–1190 v. Chr. (19. Dynastie) Gewaltige Bauprojekte und Kriege prägen diese Zeit. Zu Beginn der 66-jährigen Regierung Ramses' II. steht die Konfrontation mit den Hethitern. Sie führt zum ersten schriftlich überlieferten Friedensvertrag der Weltgeschichte, inklusive Beistandspakt und politischer Eheschließung.
1190–1075 v. Chr. (20. Dynastie) Misswirtschaft und schlechte Ernten schwächen Ägypten. Ramses III. muss die angreifenden ›Seevölker‹ abwehren. Die Priesterschaft des Amun wird zu einer eigenen Macht im Staat, die den Zerfall des Reichs beschleunigt.

Dritte Zwischenzeit

1075–944 v. Chr. (21. Dynastie) Von ihrer Residenz Tanis im Ostdelta regieren die Pharaonen den Norden, während in Theben die Hohepriester des Amun einen ›Gottesstaat‹ errichten.
944–716 v. Chr. (22. Dynastie) Militärs libyscher Abstammung etablieren in Bubastis eine Dynastie.

Frühe Stätten der Christenheit: Die Zeitrechnung der koptischen Kirche beginnt mit der Regierungszeit Diokletians (284–305 n.Chr.)

823–723 v. Chr. (23. Dynastie) Den libyschen Herrschern gelingt es nicht, Oberägypten stärker an ihr Königshaus zu binden.

727–716 v. Chr. (24. Dynastie) In Sais im West-Delta macht eine weitere Dynastie den Bubastiden Konkurrenz.

Spätzeit

ca. 745–655 v. Chr. (25. Dynastie) Aus dem Süden dringen die in Napata residierenden Herrscher von Kusch zunächst bis nach Theben vor. Ab 716 v. Chr. kontrollieren sie ganz Ägypten. Gemäß altägyptischer Traditionen beleben sie die Bautätigkeit an den Tempeln und initiieren eine neue künstlerische Blüte. Der Angriff der Assyrer lässt im Delta rivalisierende Lokaldynastien entstehen.

664–525 v. Chr. (26. Dynastie) Die Saïten, Nachfolger der 24. Dynastie, kommen an die Macht. Ihre Anknüpfung an klassische Epochen pharaonischer Geschichte spiegelt sich in der Wiederbelebung jahrhundertealter Kunststile wider.

525–404 v. Chr. (27. Dynastie) Erste Perserzeit: Kambyses und Darius entsenden ihre Statthalter in die neu eroberte Satrapie Ägypten.

404–342 v. Chr. (28.–30. Dynastie) Der Zusammenbruch des persischen Großreichs lässt ein letztes Mal einheimische Herrscher an die Macht gelangen.

342–332 v. Chr. Zweite Perserzeit: Für rund ein Jahrzehnt regieren erneut Perser in Ägypten.

Griechisch-römische Zeit

332–323 v. Chr. Alexander der Große besiegt die Perser und wird in Memphis zum König gekrönt. Vom Orakel des Amun in Siwa lässt er sich als Pharao bestätigen.

323–30 v. Chr. Die Ptolemäer setzen sich nach dem Zerfall von Alexanders Weltreich in Ägypten fest. Ein Bauboom bricht aus. Die Landwirtschaft wird durch Urbarmachung großer Sumpfgebiete gefördert. Blutige Thronfolgestreitigkeiten erschüttern ab 200 v. Chr. das Herrscherhaus. In Oberägypten kommt es zu Aufständen. Als letzte Pharaonin regiert Kleopatra VII. Die aufstrebende Weltmacht Rom greift immer stärker in die ägyptische Innenpolitik ein. Kleopatra kann Caesar und Mark Anton für sich gewinnen, doch Octavian wird ihr unversöhnlicher Feind.

30 v. Chr.–395 n. Chr. Römerzeit: Vor Actium schlägt Octavian, der spätere Kaiser Augustus, die Flotte von Kleopatra und Mark Anton. Ägypten wird dem Römischen Imperium einverleibt. Als ›Kornkammer Roms‹ wird es durch hohe Steuern ausgeblutet. Aber römische Kaiser lassen die ägyptischen Tempel ausbauen oder erneuern. Der Kult der Göttin Isis breitet sich im gesamten Römischen Reich aus. Sehr früh hält das Christentum in Ägypten Einzug. Frühchristliche und heidnische Gemeinden beeinflussen sich trotz heftiger Auseinandersetzungen.

284–305 n. Chr. Die Regierungszeit Diokletians ist von grausamen Christenverfolgungen geprägt. Sie steht in der koptischen (ägyptischen) Kirche als ›Ära der Märtyrer‹ am Beginn der kirchlichen Zeitrechnung.

320 Der Mönch Pachom gründet in Tabennese das erste christliche Kloster.

395–640 Byzantinische Herrschaft: Nach der Spaltung des Römischen Reichs fällt Ägypten an Konstantinopel. Theologische Auseinandersetzungen führen 451 beim Konzil zu Chalkedon zur Kirchenspaltung.

Islamische Zeit

641–644 Amr Ibn el-As erobert Ägypten für den Kalifen Omar, den zweiten Nachfolger des Propheten Mohammed, und errichtet Fustat als Hauptstadt.

645–657 Kalifat von Osman und Ali.

658–750 Von Damaskus aus verwalten die Omaiyaden das Land.

750–868 Die Abbasiden von Bagdad setzen türkische Statthalter in Ägypten ein. Es kommt zu schweren Auseinandersetzungen zwischen Christen und Muslimen. Die arabische Sprache verdrängt zunehmend das Koptische.

868–905 Ahmed Ibn Tulun gründet seine eigene Dynastie und sagt sich von

Bagdad los. Im Zentrum seiner Hauptstadt El-Qatai entsteht die große Ibn Tulun-Moschee.

905–935 Die Abbasiden gewinnen die Oberhoheit über Ägypten zurück.

935–969 Ägypten macht sich unter dem Statthalter El-Ichshid selbstständig.

969–1171 Die aus Tunesien stammenden schiitischen Fatimiden gründen El-Qahira und eröffnen in der El-Azhar-Moschee eine Hochschule. Eine kulturelle und wissenschaftliche Blütezeit findet unter dem unberechenbaren El-Hakim ihr Ende. Er verfolgt Juden, Christen und Frauen mit aberwitzigen Erlässen.

1163 Syrische Truppen vertreiben die von Amalrich I. geführten Kreuzritter aus Ägypten.

1169–71 Salah ed-Din (Saladin) sorgt unter dem letzten fatimidischen Kalifen für Ordnung. Nach dessen Tod verwaltet er Ägypten für den syrischen Kalifen Nur ed-Din.

1171–1250 Salah ed-Din begründet die Dynastie der Aiyubiden. Die Wiedereinführung des sunnitischen Ritus des Islam sowie der Bau der Zitadelle von Kairo fallen in seine Zeit. Wirtschaftlichen Aufschwung bringt das Monopol für den Seehandel mit Indien. Als Berufssoldaten werden Mamluken ins Land geholt, die zunehmend an Macht gewinnen. Der letzte Aiyubide wird ermordet, seine Witwe heiratet den Mamluken Aibek.

1250–1382 Die Bahri-Mamluken, eine Fraktion dieser Militärsklaven, erringen die Macht. Sultan Baibars kämpft erfolgreich gegen Mongolen und Kreuzritter. Die Ausplünderung Ägyptens durch die Mamluken erbringt Gelder für den Bau prachtvoller Moscheen, Mausoleen und Schulen. In der fatimidischen Altstadt und unterhalb der Zitadelle entstehen in Kairo Meisterwerke der islamischen Architektur. Sultan Qala'un richtet ein über die Grenzen Ägyptens hinaus berühmtes Krankenhaus ein.

1382–1517 Die tscherkessischen Burgi-Mamluken kämpfen gegen die Mongolen Timur Lenks und die aufstrebenden Osmanen. Unter Sultanen wie Barquq, Qaitbay und El-Ghuri erreicht die islamische Baukunst in Kairo einen Höhepunkt.

1517–1769 Unter Sultan Selim I. wird Ägypten Teil des Osmanischen Reichs. Die Mamluken arrangieren sich mit den neuen Herren und ziehen weiterhin hemmungslos ihren persönlichen Gewinn aus dem Land. Kairo verkommt zu einer dahinsiechenden Provinzstadt, die Bevölkerungszahlen sinken drastisch.

1798–1801 Napoleon fällt mit französischen Truppen ins Land ein, um »die Ägypter vom Joch der Fremdherrschaft zu erlösen«. Der britische Admiral Horatio Nelson unterstützt die osmanischen Truppen und schlägt vor Abu Qir die französische Flotte vernichtend. In Europa lösen die Berichte der napoleonischen Expedition eine Welle der Ägyptenbegeisterung aus.

1805–48 Der albanische Kaufmannssohn Mohammed Ali kann 1807 mithilfe der Mamluken die Briten vertreiben. Bei einem Blutbad auf der Zitadelle entledigt er sich vier Jahre später dieser machtgierigen Militärsklaven. Sein Hauptziel ist der Aufbau einer modernen Industrie und Bildungselite, um Ägypten zur Unabhängigkeit zu führen.

Bild aus vergangenen Tagen, als die Kairoer Totenstadt noch außerhalb der Stadtgrenzen lag

1822 Der junge französische Gelehrte Jean-François Champollion entziffert die Hieroglyphen.

Neuzeit

1832 Istanbul muss Ägypten in die Unabhängigkeit entlassen und 1841 die Familiendynastie Mohammed Alis akzeptieren. Baumwolle erzielt Höchstpreise, und Ägyptens Wirtschaft boomt.

1854–63 Said Pascha setzt das Modernisierungsprogramm seines Vaters fort. Schwerpunkte sind der Eisenbahnbau, die Landwirtschaft und der Ausbau des Bewässerungssystems. Für den Bau des Suezkanals verschuldet sich Ägypten enorm.

17. Nov. 1869 Der Suezkanal wird eröffnet.

1875 Immense Schulden zwingen Ägypten, die Suezkanalgesellschaft an Großbritannien zu übergeben. Eine internationale Kommission verhängt drastische Sparmaßnahmen.

1882 Oberst Ahmed Orabi führt einen nationalistischen Aufstand und erzwingt den Rücktritt der von Ausländern gesteuerten Regierung.

1882–1922 Ausschreitungen gegen Ausländer liefern den Briten einen Vorwand zur militärischen Intervention. Ägypten wird britisches Protektorat. Nach dem Ersten Weltkrieg sammeln sich um Saad Saghlul in der Wafd-Partei nationalistische Kräfte.

1922–54 Großbritannien entlässt die neue Monarchie in eine Schein-Unabhängigkeit. König Fuad, ein Urenkel Mohammed Alis, macht Saad Saghlul zu seinem Ministerpräsidenten.

1936–52 Unter dem unfähigen Faruq wird Ägypten in den Zweiten Weltkrieg gezogen und muss den Briten die volle Nutzung aller nationalen militärischen Einrichtungen gestatten. Im ägyptischen Militär formiert sich Widerstand.

26. Jan. 1952 Anti-britische Demonstrationen heizen den Zorn der Bevölkerung an. Beim ›Brand von Kairo‹ werden am ›Schwarzen Samstag‹ gezielt britische Einrichtungen zerstört.

Ägypten seit Nasser

23. Juli 1952 König Faruq wird von den ›Freien Offizieren‹ mit General Ali Mohammed Nagib und Gamal Abd en-Nasser an der Spitze zur Abdankung gezwungen. Die Auflösung von Großgrundbesitz ist das Ziel der ersten Landreform.

18. Juni 1953 Der neue Staatspräsident Nasser ruft die Republik aus.

1954 Die Organisation der Muslimbrüder wird verboten.

1956 Dem Ausbau der Landwirtschaft soll der Bau des Staudamms bei Assuan dienen. Wegen diplomatischer Unstimmigkeiten ziehen die Westmächte die zugesagte Finanzierung zurück. Nasser verstaatlicht daraufhin die Suezkanalgesellschaft. Frankreich, Großbritannien und Israel beginnen den Suez-Krieg.

1958 Die Sowjetunion ist zur Finanzierung des Staudamms bereit. Die Rettungsaktion der nubischen Baudenkmäler beginnt.

ab 1960 Banken und Industriebetriebe werden verstaatlicht, weitere Landreformen durchgeführt.

1967 Im Sechs-Tage-Krieg (5.–10. Juli) verliert Ägypten den Sinai an Israel. Nasser verkündet seinen Rücktritt, wird aber ins Amt zurückgerufen. Die Kämpfe dauern bis 1970 an.

1970 Gamal Abd en-Nasser stirbt, Anwar es-Sadat wird neuer Präsident.

1971 Der Hochdamm von Assuan wird eröffnet.

1869 wurde der Suezkanal mit einer feierlichen Eröffnung für den Schiffsverkehr freigegeben

Staatspräsident Gamal Abd en-Nasser – bis heute ein Idol

6. Okt. 1973 Durch die Erfolge im Oktoberkrieg gewinnt Sadat an Ansehen.
1974 Die Infitah-Politik leitet die wirtschaftliche Liberalisierung und die Öffnung zum Westen ein.
19./20. 11. 1977 Sadat spricht vor der Knesseth in Jerusalem.
26. März 1979 Der Friedensvertrag zwischen Ägypten und Israel wird in Camp David unterzeichnet. Die Arabische Liga beschließt den Boykott Ägyptens.
6. Okt. 1981 Militante Islamisten ermorden Präsident Sadat. Sein Nachfolger wird Hosni Mubarak.
1982 Rückgabe des Sinai an Ägypten.
1988 Nagib Mahfus erhält den Nobelpreis für Literatur.
1989 Wiederaufnahme Ägyptens in die Arabische Liga.
1991/92 Während des Zweiten Golfkriegs unterstützt Ägypten Kuwait und Saudi-Arabien. Im Irak arbeitende Ägypter fliehen zu Abertausenden.
1993 Islamistische Terrorattentate beantwortet der Staat mit Gegengewalt.

Auf Kairos Tahrir-Platz feiern Ägypter am 25.1.2012 den Jahrestag der Revolution

1996 Die Privatisierung gibt der Wirtschaft neue Impulse und lockt ausländische Investoren an.
1997 Anschläge gegen Touristen erschüttern das Land.
2002 In Alexandria wird die neue Bibliothek eröffnet, in Giseh der Grundstein für den Neubau des Ägyptischen Museums gelegt.
2004 Die Mumie Ramses' I. kehrt nach 140-jährigem ›Exil‹ in diversen Museen nach Luxor zurück.
2005 Anschläge in Kairo und Sharm esh-Sheikh. Demonstrationen begleiten die Präsidentschaftswahl, bei der erstmals mehrere Kandidaten zugelassen sind.
2006 Im April erschüttert ein Bombenanschlag Dahab. Im August wird die Statue Ramses' II. von Kairo nach Giseh gebracht.
2008 Global gestiegene Getreidepreise führen zu Engpässen in der Versorgung. Die Unzufriedenheit mit der Regierung wächst. Immer mehr Ägypter leben unter der Armutsgrenze. Die Menschen protestieren gegen die zunehmenden sozialen Missstände.
2009 Am 3. Januar sperrt Ägypten seine Grenze zum Gaza-Streifen.
2011 Am 25. Januar beginnt die ägyptische Revolution, schon am 11. Februar tritt Mubarak zurück. – Der Oberste Militärrat (Supreme Council of the Armed Forces, SCAF) unter Gen. Tantawi verspricht Neuwahlen. Der Inlandsgeheimdienst wird aufgelöst.
2012 Bei den Wahlen zum Parlament gewinnt die Partei für Freiheit und Gerechtigkeit der Muslimbrüder 193 von 427 Sitzen. – Im März stirbt Schenuda III., das Oberhaupt der Kopten. – Ende Mai werden die seit 1981 geltenden Notstandsgesetze aufgehoben. – Mubarak wird zu lebenslanger Haft verurteilt. Der SCAF erklärt das neu gewählte Parlament für ungültig. Mohammed Mursi gewinnt die Präsidentschaftswahl, er ernennt Hischam Kandil zum Ministerpräsidenten. Das Militär sichert sich die Posten des Verteidigungs- und Innenministers und behält so weitreichenden Einfluss. Nach schweren Unruhen auf dem Sinai entlässt Präsident Mursi Gen. Tantawi als Verteidigungsminister und annulliert vom Militärrat erlassene Verfassungszusätze, die die Macht des Präsidenten stark beschnitten. – Im November wird Bischof Tawadros II. aus Beheira zum neuen Oberhaupt der Kopten bestimmt.

Neben Ausflügen in seine abwechslungsreiche Geschichte bietet Ägyptens Natur Gelegenheit zur Entspannung

Unterwegs

Alexandria – das Tor zum Mittelmeer

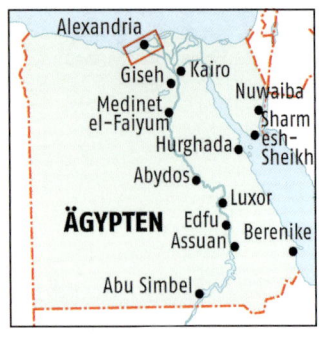

Berühmte Namen der hellenistischen und römischen Geschichte sind untrennbar mit Alexandria, der ägyptischen Metropole am Mittelmeer, verbunden. Gegründet wurde die Stadt von **Alexander dem Großen**. Unter der Herrschaft der Ptolemäer erlebte sie drei Jahrhunderte fortwährender Blüte, bis die Römer kamen, um Ägypten ihrem Weltreich einzuverleiben. Der erste Versuch der Eroberung schlug fehl, sowohl **Caesar** als auch Mark Anton verfielen dem Charme **Kleopatras**. Augustus schließlich besiegte die Flotte der Pharaonin und eroberte von Alexandria aus das ganze Land. Mit der Gründung Kairos im 7. Jh. und der Verlegung des Hafens ins 50 km entfernte Rashid verlor die einst so glanzvolle ›Perle des Mittelmeers‹ allmählich an Bedeutung. Doch Archäologen und Stadtplaner verliehen der **zweitgrößten Stadt** des Landes seit Mitte der 1990er-Jahre neue Impulse, sodass Alexandria die Besucher heute mit seiner ganz eigenen Mischung aus vergangener Größe und erwachter Moderne fasziniert.

1 Alexandria
El-Iskandariya

Ein leicht morbider Charme, ein geschäftiger Hafen und Tausende von Sommerurlaubern.

Für viele Ägypter ist Alexandria die schönste Stadt des Landes, die mit Meer und angenehmen Temperaturen im Sommer lockt. Verschwunden sind heute die bedeutendsten Monumente, abgebrannt die berühmten **Bibliotheken**, zerfallen der **Leuchtturm**. Von der königlichen Begräbnisstätte (›Sema‹) mit dem *Grab Alexanders*, dessen Leichnam Ptolemaios 323 v. Chr. von Babylon nach Ägypten holte, fehlt jede Spur. Unterwasserarchäologen haben jedoch seit 1992 mit spektakulären Tauchaktionen das antike Alexandria wieder ins Rampenlicht gerückt.

Geschichte Alexandria wurde 331 v. Chr. von Alexander dem Großen gegründet. Nach seinem Tod wählte sein Feldherr **Ptolemaios** sie als Residenz für sein neues Herrscherhaus. Alexandria profitierte gewaltig vom Ansehen des pharaonischen Ägypten als Wiege der Weisheit.

Die Stadt erlebte in den folgenden Jahrhunderten einen immensen wirtschaftlichen Aufschwung und entwickelte sich zum **geistigen Zentrum**. Gelehrte wie der griechische Mathematiker Euklid ka-

Blick von der Corniche auf die Hafenstadt – ein Meer aus Neubauten und alten Moscheen

men zu Forschungszwecken hierher. In den Bibliotheken Alexandrias, allen voran der *Großen Bibliothek* der Gelehrtenakademie *Museion*, war das Wissen der damaligen Zeit auf rund 900 000 Schriftrollen gesammelt. Doch bereits 49 v. Chr. gingen diese unersetzbaren Schätze in den Wirren der Thronstreitigkeiten zwischen Kleopatra und ihrem Bruder Ptolemaios XIV. in Flammen auf.

Der *Evangelist Markus* missionierte viele Alexandriner schon früh zum Christentum. Bis heute verehrt die koptische Kirche ihn als ihren Stammvater. Ursprünglich in Alexandria bestattet, wurden seine Gebeine 828 von Venezianern entwendet und im Markusdom beigesetzt – erst 1140 Jahre später kamen sie nach Kairo zurück. Die frühen **Christen** Alexandrias zeichneten sich durch heftige Ablehnung antik-heidnischer Traditionen aus; auf ihr Konto ging um 390 n. Chr. unter Patriarch Teophilus die Zerstörung der kleineren Tempelbibliothek des Serapeums.

Mit der arabischen Eroberung und dem Verlust der Hauptstadtwürde an Fustat [s. S. 14] verlor Alexandria an Bedeutung. Erst im 19. Jh. brachte die **Baumwolle** einen neuen Aufschwung und zog zahlreiche ägyptische sowie ausländische Händler in die Hafenstadt. Um das ›weiße Gold‹ schneller auf den Weltmarkt bringen zu können, ließ **Mohammed Ali** bis 1829 den *Mahmudiya-Kanal* zwischen Rosetta und Alexandria ausheben. Heute ist Alexandria mit über 4 Mio. Einwohnern die zweitgrößte Stadt des Landes. Sie erstreckt sich über knapp 50 km vom Montazah-Palast bis zu den Stränden des Vororts Sheikh Mabruk.

Besichtigung Günstiger Ausgangspunkt für eine Stadtbesichtigung von Alexandria ist der **Midan Saad Saghlul** ❶, der sich zur Corniche hin öffnet. Hier liegen etliche Hotels und auch einige **Kaffeehäuser** mit nostalgischem Charme.

Das Nordende der Corniche bildet heute die ehemals der Stadt vorgelagerte **Insel Pharos**. Durch einen 1300 m langen, künstlichen Damm wurde sie in der Antike mit dem Festland verbunden. Schlammablagerungen verwandelten den Damm während der letzten 2000 Jahre in eine breite Landzunge. Auf ihr liegt das Viertel von Anfushi, das östliches und westliches Hafenbecken trennt.

Zu den wenigen älteren islamischen Bauten der Stadt zählt die **Ibrahim Terbana-Moschee** ❷ in der Sharia Faransa. Sie wurde Ende des 17. Jh. unter Verwendung antiker griechischer und römischer Säulen errichtet. Der *Mihrab*, der in Richtung

Alexandria

Die Abu el-Abbas el-Mursi-Moschee aus dem 20. Jh. ist der größte Sakralbau Alexandrias

Mekka weist, ist mit Kacheln im marokkanischen Stil geschmückt.

Weiter nördlich, an einem kleinen Platz nahe der Corniche, ragt das Minarett der größten alexandrinischen Moschee auf. Die im mamlukischen Stil gehaltene **Abu el-Abbas el-Mursi-Moschee** ❸ ersetzt seit 1943 den Vorgängerbau, der Ende des 18. Jh. über dem Grab des verehrten Heiligen aus dem 13. Jh. errichtet worden war. Filigrane geometrische Muster überziehen die steilen Kuppeln, das hohe Portal, Fensternischen und den umlaufenden Zinnenkranz.

Das bedeutendste Bauwerk Alexandrias war lange Zeit der nicht mehr erhaltene **Leuchtturm von Pharos**, der zu den Sieben Weltwundern der Antike zählt. Entstanden unter Ptolemaios II. in den Jahren 297–280 v. Chr., erhob er sich weithin sichtbar am östlichen Ende der damals noch nicht mit der Stadt verbundenen Insel Pharos. Der griechische Dichter Lukian überlieferte in einer Weihinschrift den Namen des Architekten: »Sostratos von Knidos … den Rettenden Göttern, zum Wohl derer, die zur See fahren«. Die Erbauung des vermutlich 110 m hohen Turms kostete rund 21 000 kg Silber. Dennoch musste das technische Meisterwerk in den folgenden Jahrhunderten wiederholt restauriert werden. Nach mehreren schweren Erdbeben stürzte es schließlich 1326 ein. Aus und auf seinem Schutt erwuchs im 15. Jh. das **Fort Qaitbay** ❹, ein quadratischer Festungsbau mit runden Ecktürmen, der heute ein Marinemuseum (Sa–Do 9–16, Fr 9–11.30 und 14–16, Fei 9–15 Uhr) beherbergt. Von hier bietet sich ein herrlicher Blick über den Inneren Hafen und die Corniche.

Die Westspitze des einstigen Pharos nimmt der **Ras et-Tin-Palast** ❺ aus der Zeit Mohammed Alis (1805–48) ein. Die prunkvolle Palastanlage diente den ägyptischen Herrschern als Residenz in Alexandria. Hier unterzeichnete der letzte ägyptische König Faruq nach dem Putsch vom Juli 1952 seine Abdankungsurkunde, bevor er das Land für immer verließ.

Östlich des Palastes liegt die **Anfushi-Nekropole** ❻ (tgl. 9–16.30 Uhr) aus dem 2. Jh. v. Chr. Ihre Gräber zeigen eine Mischung griechischer und ägyptischer Dekorationselemente. Die über ein gemeinsames Atrium zugänglichen Vorräume wurden mit Imitationen von Marmor- und Holzverkleidungen im ›modernen‹ griechischen Stil gestaltet, während einige Bilder in den Sargkammern altägyptischer Tradition folgen.

Besser erhalten sind die im 1. und 2. Jh. n. Chr. in den Felsuntergrund getriebenen **Kom esh-Shuqafa-Katakomben** ❼ (tgl. 9–17 Uhr). Eine Wendeltreppe führt zwei Stockwerke in die Tiefe zu einer überkuppelten Rotunde. Zwischen den Nischen mit Särgen und Stelen öffnen sich Durchgänge zu weiteren Räumen. Links liegt das für die Bestattungsfeierlichkeiten genutzte *Triclinium funebre* mit seinen aufgemauerten Bänken. Gegenüber befinden sich die sog. *Caracalla-Kammern*, die bei ihrer Entdeckung im Jahr 1900 noch voller Knochen waren. Man schloss daraus, dass es sich um eine Massenbestattung handelte im Gefolge der von Caracalla angeordneten Massaker unter den für ihren beißenden Spott gegen den Kaiser berüchtigten Alexandrinern. Untersuchungen widerlegten die schaurige These – ein Großteil der Knochen stammt von Tieropferungen.

Eine breite Treppe führt von der Mittelrotunde in den Hauptteil der Anlage hinunter (wegen des gestiegenen Grundwasserspiegels geschlossen). Ein zentraler Grabraum mit drei römischen Nischensarkophagen zeigt die herrschende Mischung der Stile. Eine U-förmige Galerie mit 91 Schiebegräbern, den sog. *Loculi*, umzieht die Sargkammer.

Nur wenige Meter entfernt an der Sharia Amud es-Sawari ragt inmitten eines ummauerten Ruinengeländes die zu Ehren von Kaiser Diokletian aufgestellte 27 m hohe **Pompeius-Säule** 8 aus Rosengranit empor. Die Kreuzritter, die vermuteten, das Grabmonument des zur Schlichtung zwischen Kleopatra und ihrem Bruder ausgesandten römischen Generals Pompeius entdeckt zu haben, verhalfen ihr zu ihrem heutigen Namen. Die Säule erhebt sich an der Stelle, an der bis zu seiner Zerstörung durch die Christen der Tempel des Serapis mit angeschlossener Bibliothek stand.

Überbleibsel aus der Blütezeit Alexandrias: die 27 m hohe Pompeius-Säule

Das kleine römische **Theater von Kom ed-Dikka** 9 (Sh. Abdel Moneim, tgl. 9–16.30 Uhr) bot auf seinen Marmorrängen rund 800 Zuschauern Platz. Neben dieser für Ägypten einzigartigen Theateranlage liegen die Überreste römischer Thermen beachtlichen Ausmaßes und die ›Villa der Vögel‹ mit ihren farbenprächtigen Wand- und Fußbodenmosaiken.

Einen umfassenden Überblick über Alexandrias Kunstschaffen von der ptolemäischen bis zur christlichen Zeit bietet

Fort Qaitbay wuchs aus dem Schutt des antiken Leuchtturms von Pharos

Alexandria

das 1893 gegründete **Museum für griechisch-römische Altertümer** ❿ (5 Sh. el-Mathaf, zzt. wegen Restaurierung geschl.). Im Eingangsbereich des Museums sind prähistorische Funde sowie eine Kopie des *Steins von Rosetta* [s. S. 25] ausgestellt, dessen Original sich heute im Londoner British Museum befindet. Eindrucksvoll verkörpern die mächtigen Statuen von Ramses II. und eines hl. Apis-Stiers die altägyptische Tradition. Eine Abteilung der Kleinkunst ist den *Tanagra-Figuren* gewidmet, Statuetten aus gebranntem Ton, die Damen in verschiedenen Trachten, grotesk überzeichnete Personen oder auch Götter abbilden. Im 4./3. Jh. v. Chr. vielleicht als eine Art ›Edel-Nippes‹ entstanden, wurden die Figuren später ihren Besitzern mit ins Grab gegeben. Hellenistische Sarkophage, eine kolossale Marmorstatue des römischen Kaisers Mark Aurel und der Bronzekopf des Hadrian sind weitere Prachtstücke der Ausstellung. Aus christlicher Zeit stammen die ›Menas-Flaschen‹, die für den Devotionalienhandel im nahe gelegenen Pilgerort *Abu Mena* [s. S. 27] in großer Menge angefertigt wurden.

Das **Alexandria National Museum** ⓫ (Sh. el-Hurriya, tgl. 9–16, Fei 9–15 Uhr) wurde 2003 im einstigen Palast des Holzhändlers Asad Bassili Pasha eröffnet. Das stilvolle Gebäude von 1926, jahrzehntelang Sitz der US-Botschaft, birgt heute 1800 Exponate von der pharaonischen Zeit bis ins 20. Jh. Zu den Highlights gehören Statuen der römischen Kaiser Hadrian und Caracalla, die aus dem Meer geborgene Kultstatue der Göttin Isis sowie die schöne Kleinplastik einer Frau aus ptolemäischer Zeit.

Die 2002 vollendete **Bibliotheca Alexandrina** ⓬ (Sa–Do 11–19, Fr 15–19 Uhr, www.bibalex.gov.eg) knüpft mit ihrer Sammlung alter Handschriften an die berühmte *Große Bibliothek* [s. S. 21] der Antike an, die hier am Osthafen gegenüber der Halbinsel Silsila einst gestanden haben soll. Die Architektur des weitgehend unterirdisch angelegten Bauwerks entspricht in seiner monumentalen Formdynamik ganz den futuristischen Baustilen der Gegenwart. Im Hauptgebäude wurde 2003 das *Antiken-Museum* (Sa–Do 9–16, im Ramadan 10–14.30 Uhr) eröffnet, das Skulpturen, Mosaike und Kunsthandwerk aller großen Epochen des Altertums zeigt. Schwerpunkte bilden die Exponate der hellenistischen Zeit und der Unterwasserarchäologie, vor allem aus dem heutigen Osthafen von Alexandria. Auch die Handschriftensammlung bietet ausgewählte Schätze. Der angeschlossene, auffällig kugelförmige Bau beherbergt das *Planetarium* mit dem *Naturhistorischen Museum* (Sa–Do 10–15 Uhr), dessen Hauptaugenmerk der museumspädagogischen Arbeit rund um Themen wie Himmelsbeobachtungen und Umwelt, aber auch Mathematik oder Hirnforschung gilt.

Kunstwerke ägyptischer und europäischer Maler und Bildhauer des 16.–19. Jh. zeigt das **Museum der Schönen Künste** ⓭ (Hussein Sobhy Museum of Fine Arts, 6 Sh. Mensha, Moharram Bay, Sa–Do 9–14 Uhr), in dem neben Wechselausstellungen auch Konzerte geboten werden. Das **Königliche Schmuck-Museum** ⓮

> ### Kleopatras Palast oder Probleme der Unterwasserarchäologie
>
> Seit Mitte der 1990er-Jahre schlägt das Mittelmeer vor Alexandria Wellen besonderer Art: Unterwasserarchäologen meinten das nasse Grab des **Palasts der Kleopatra** im Osthafen entdeckt zu haben. Ihre Funde waren zeitweise heiß umstritten. Wissenschaftler diskutierten, ob sie zum weltwunderbaren Leuchtturm vor Fort Qaitbay gehörten oder Caesar und Kleopatra Unterkunft gewährten. Sicher war nur, dass die Säulen, Obelisken- und Statuenfragmente aus der letzten Pharaonendynastie der **Ptolemäer** datieren.
>
> Inzwischen ergab die Rekonstruktion der antiken Anlage, dass sich die Palastinsel Antirhodos fast in der Mitte des heutigen Hafenbeckens nach Osten erstreckte und der Galeerenhafen bei der Halbinsel **Lochias** lag. Die Überreste gelangten wohl durch Absinken der Küste infolge von Erdbeben und Flutwellen ins Wasser und wurden im 14./15. Jh. n. Chr. als Wellenbrecher zweckentfremdet.
>
> Einige der aus dem Meer geborgenen Funde sind in der Antikensammlung der **Bibliotheca Alexandrina** ausgestellt. Zu den kostbaren Exponaten zählen eine Basalt-Statue der Königin Arsinoë II. und ein Kopf des Gottes Serapis.

Futuristischer Tempel des Wissens: die neue Bibliotheca Alexandrina

(21 Sh. Ahmed Yahya, tgl. 9–16 Uhr) befindet sich im Stadtteil Zizinia. Es zeigt Preziosen aus der Zeit von Mohammed Ali bis König Faruq.

In den heißen Sommermonaten zieht es nicht nur sonnenhungrige Europäer ans Mittelmeer. Die Strände rund um Alexandria werden dann überwiegend von Kairoern bevölkert, die hier bei angenehmen Temperaturen Erholung suchen. Am exklusiven Strand beim **Montazah-Palast** 15 findet sich aber meist noch ein ruhiges Fleckchen. Der Palast selbst entstand als königliche Sommerresidenz gegen Ende des 19. Jh. unter dem Khediven Abbas II.

Ausflüge

16 km östlich von Montazah erstreckt sich der Ma'amura-Strand bis nach **Abu Qir**, einem Vorort Alexandrias, der durch den Sieg Admiral Nelsons über Napoleons Flotte im Jahr 1798 und – in jüngerer Zeit – wegen seiner ausgezeichneten Fischrestaurants Berühmtheit erlangte. Bei Abu Qir befand sich der in der Antike wichtige Hafen von Kanopos.

Weitere 40 km Richtung Osten liegt an der Mündung eines Nilarms die Stadt **Rashid** (Rosetta). Napoleons Gelehrte entdeckten hier den in Griechisch, Hieroglyphisch und Demotisch beschrifteten ›Stein von Rosetta‹. Die im Hieroglyphentext durch eine Umrahmung (Kartusche) hervorgehobenen Herrschernamen Ptolemaios, Berenike und Arsinoë lieferten den Schlüssel für die Entzifferung des Altägyptischen durch *Jean-François Champollion*. Die Kleinstadt besitzt einige mit hölzernen Maschrabiya-Gittern schön verzierte Häuser aus dem 17. bis 19. Jh. Einblicke in die damalige Wohnkultur liefert das *Rosetta National Museum* (Midan Gomhoreya, tgl. 9–16 Uhr) im Arab Kulli Haus aus dem frühen 18. Jh., das nach seinem einstigen Bewohner, einem türkischen Händler, benannt wurde.

110 km westlich von Alexandria fanden bei **El-Alamein** 1942 die entscheidenden Schlachten des Zweiten Weltkriegs zwischen den britischen Truppen unter Montgomery und den deutschen Verbänden unter ›Wüstenfuchs‹ Rommel statt. Je ein britischer, deutscher und italienischer Soldatenfriedhof für 80 000 Gefallene sind eindringliche Mahnmale.

Königliche Sommerresidenz am Strand – der prunkvolle Montazah-Palast

1 Alexandria

ℹ Praktische Hinweise

Information

Tourist Office Alexandria, Midan Saad Saghlul, Tel. 03/484 33 80 (tgl. 8–18 Uhr) – Mahattat Misr (Hauptbahnhof), Tel. 03/392 59 85 (tgl. 8–20 Uhr)

Flughäfen

El Nouzha Airport, 7 km südöstl. von Alexandria, Tel. 03/420 87 64. Taxis vor dem Flughafen. Überwiegend Inlandsflüge.

Borg El Arab Airport, 25 km südwestl. von Alexandria, Tel. 03/420 10 36. Vor dem Flughafen warten Taxis. Derzeit keine Direktflüge von und nach Europa.

Bahnhof

Mahattat Misr (Hauptbahnhof), ca. 1,5 km südl. Midan Ramla. Mehrmals tgl. Zugverbindung nach Kairo, einmal wöchentlich nach Assuan.

Hotels

*****Helnan Palestine**, Montazah, Alexandria, Tel. 03/547 35 00, www.helnan.com. Das Nobelhotel liegt im Park des ehem. königlichen Montazah-Palasts.

****Sofitel Cecil**, 16 Midan Saad Saghlul, Alexandria, Tel. 03/487 71 73, www.sofitel.com. Nostalgisch-charmantes, zentral gelegenes Haus im Kolonialstil.

Transit Hotel Alexandria, 1 Sh. Gamal Ed Din Yassin, Alexandria, Tel. 03/485 11 98, www.hotel-alexandria.net. Sauberes Budget-Hotel, kleine Badezimmer, gutes Frühstück nahe Midan Saad Saghlul.

Restaurants

Ibn Hamido Restaurant, 2 Sh. Corniche, Mustafa Kamel, Alexandria, Tel. 03/541 33 38. Fisch und Meeresfrüchte – köstlich und frisch! Im 3. Stock mit schönem Blick.

Santa Lucia, 40, Sh. Safia Saghlul, Ramleh, Alexandria, Tel. 03/486 03 32. Gediegene Atmosphäre, ausgezeichnete internationale Küche.

Kaffeehäuser

Delices, 46 Sh. Saad Saghlul, Ramleh, Alexandria, www.delicesgroup.com.

Der Hauptbahnhof von Alexandria im Stadtzentrum erinnert an die Kolonialzeit

Lust auf Kaffee und etwas Süßes? Seit 1922 is(s)t man dann hier richtig.

Trianon, 52 Midan Saad Saghlul, Alexandria. Herrliches, seit 1905 bestehendes Kaffeehaus, das seine Gäste u. a. mit köstlicher Schokolade und frischen Fruchtsäften verwöhnt.

2 Abu Mena

Heilwasser aus der Wüste lockte bereits im 6. Jh. Pilger aus der gesamten christlichen Welt in die Stadt des hl. Menas.

Abu Mena, eine der größten bislang bekannten koptischen Siedlungen der Antike und wichtiges **Pilgerzentrum** der frühen Christen im Orient, liegt 48 km südwestlich von Alexandria und etwa 15 km westlich der Hauptstraße nach Kairo. Menas, vermutlich ägyptischer Soldat in römischen Diensten, bekannte sich zum Christentum und starb 297 zu Zeiten Diokletians als **Märtyrer**. Bis heute wird er als Heiliger in Ägypten verehrt. Nach seinem gewaltsamen Tod ereignete sich eine Reihe von wundersamen Heilungen an seinem Grab.

Spätestens im 4. Jh. entstand über dem Grab eine Kirche, die mehrfach erneuert wurde. Im 5. und 6. Jh. erlangte der Ort seine größte Bedeutung und man baute eine **Basilika** zu Ehren des Heiligen – angeblich der größte Kirchenbau im damaligen Ägypten. Es entstanden Unterkünfte für die zahlreich herbeiströmenden Pilger, Badeanlagen und Produktionsstätten für die typischen linsenförmigen ›Pilgerfläschchen‹. In ihnen trugen die Gläubigen das **heilkräftige Wasser** aus den Quellen der Umgebung mit sich in die Welt. Arabische Eroberung und Beduinenüberfälle führten zum Zerfall der Anlage, die nach dem 12./13. Jh. fast völlig in Vergessenheit geriet.

Im Jahr 1905 entdeckte der deutsche Archäologe Kaufmann das Gelände wieder – systematische Grabungen werden aber erst seit 1961 durch das Deutsche Archäologische Institut Kairo durchgeführt. Freigelegt wurden bislang die *Große Basilika* östlich der Gruftkirche und ein zweiter Kirchenkomplex im Norden, der als *Bischofssitz* gedeutet wird, die Ostkirche und Nebengebäude wie *Baptisterium*, Badeanlagen und Pilgerunterkünfte. Die Archäologen entdeckten zudem Säulenstraßen, Wohnquartiere und Werkstätten, die Aufschluss über die einstige Stadt geben. Die Wissenschaftler müssen ihre Funde gegen das Grundwasser sichern, das durch die Einleitung von Wasser zur landwirtschaftlichen Erschließung der Wüstenzonen seit 2001 stark anstieg.

1959 wurde durch den Patriarchen Kyrill VI. ein neues Kloster in Abu Mena begründet, dessen Mönche dem frühchristlichen Wallfahrtsort neues Leben einhauchen.

Kairo – die ›Mutter der Welt‹

Kairo ist überwältigend! Die Hauptstadt Ägyptens ist mit rund 20 Millionen Einwohnern die größte Stadt des Landes. Als die ›Mutter der Welt‹ rühmten sie schon die Erzählungen von **1001 Nacht**: »Hast du Kairo nicht gesehen, hast du die Welt nicht gesehen« heißt es da. Unzählige liebevoll restaurierte Moscheen und Kaufmannshäuser künden von der einstigen **mittelalterlichen Pracht**. Heute fasziniert die Mischung aus **Tradition und Moderne**, erschüttert das alltägliche Chaos, in dem das Leben dennoch funktioniert. Seit 2011 beobachtet die Welt gebannt die politisch-gesellschaftlichen Umwälzungen am Nil, die sich in Kairo – das wie ein **Kaleidoskop** ganz Ägypten vereint – entfalten. Stolz und gelassen trägt die Stadt ihre Geschichte und lädt zur Spurensuche ein.

Kairo
El-Qahira

An den Ufern des Nils treffen glanzvolle Vergangenheit und smoggeschwängerte Gegenwart hart aufeinander.

Kairo platzt aus allen Nähten. Schätzungsweise ein Viertel der **ägyptischen Bevölkerung** lebt in der Metropole am Nil, und täglich strömen Abertausende aus den umliegenden Städten und Dörfern zu ihren Arbeitsplätzen in die Hauptstadt. Raumnot, chronisch verstopfte Straßen, Smog und Müllprobleme sind die unschönen Folgen dieser Attraktivität. In den letzten Jahrzehnten wurde die Metro – die erste in Afrika! – erbaut. Unterhalb der Zitadelle entstand mit dem Azhar-Park eine neue grüne Lunge, zudem wurden riesige neue Stadtviertel in wüstennahen Randgebieten der Stadt erschlossen. Das alles brachte eine deutliche Entlastung – sogar der Smog hat dank gasbetriebener Busse und Taxis sowie besserer Filter in den Fabrikschloten nachgelassen. Dennoch gilt: Geduld, Kreativität und ein gerüttelt Maß an Ergebenheit ins Unabänderliche sind Grundbedingungen für das Leben in dieser Stadt.

Prächtige Kuppeln und Minarette der Qanibay-Madrasa und der Sultan Hasan-Moschee

Zeit ist eine relative Größe – und bedenken Sie auch – Verspätungen unter einer Stunde gelten bei der Bahn als fahrplanmäßig. ›Es-sabr gamil‹, die Geduld ist schön. In Kairo begreift man schnell die tiefe Bedeutung des Sprichworts!

Geschichte Mitte des 7. Jh. eroberten muslimische Araber Ägypten. Heerführer Amr Ibn el-As gründete 641 südlich des heutigen Stadtzentrums beim alten Römerhafen die Garnisonsstadt Fustat. Bereits 100 Jahre später ging sie bei der Eroberung durch die **Abbasiden** in Flammen auf. Mitte des 9. Jh. löste sich Ahmed Ibn Tulun von den fernen Herren in Bagdad und gründete eine neue Residenz nördlich von Fustat.

Auch die **Fatimiden**, die 969 die Macht am Nil übernahmen, brauchten ihr eigenes Machtzentrum: Al-Qahira, die bis heute namengebende Gründung [s. S. 39], wurde zu ihrem Herrschaftssitz. Die damals gegründete El-Azhar-Moschee und Universität zählt bis heute zu den wichtigsten Institutionen der islamischen Welt. Kairo entwickelte sich zu einem bedeutenden geistigen und wirtschaftlichen Zentrum. Die Aiyubiden unter **Salah ed-Din** ließen zwar die Zitadelle erbauen, verlegten ihren Regierungssitz jedoch nach Syrien. Sie übergaben Ägypten ihren Militärsklaven, den **Mamluken**, die schließlich im 13. Jh. die Unabhängigkeit erreichten. Prachtvolle Bauwerke entstanden – auf Kosten der einheimi-

3 Kairo

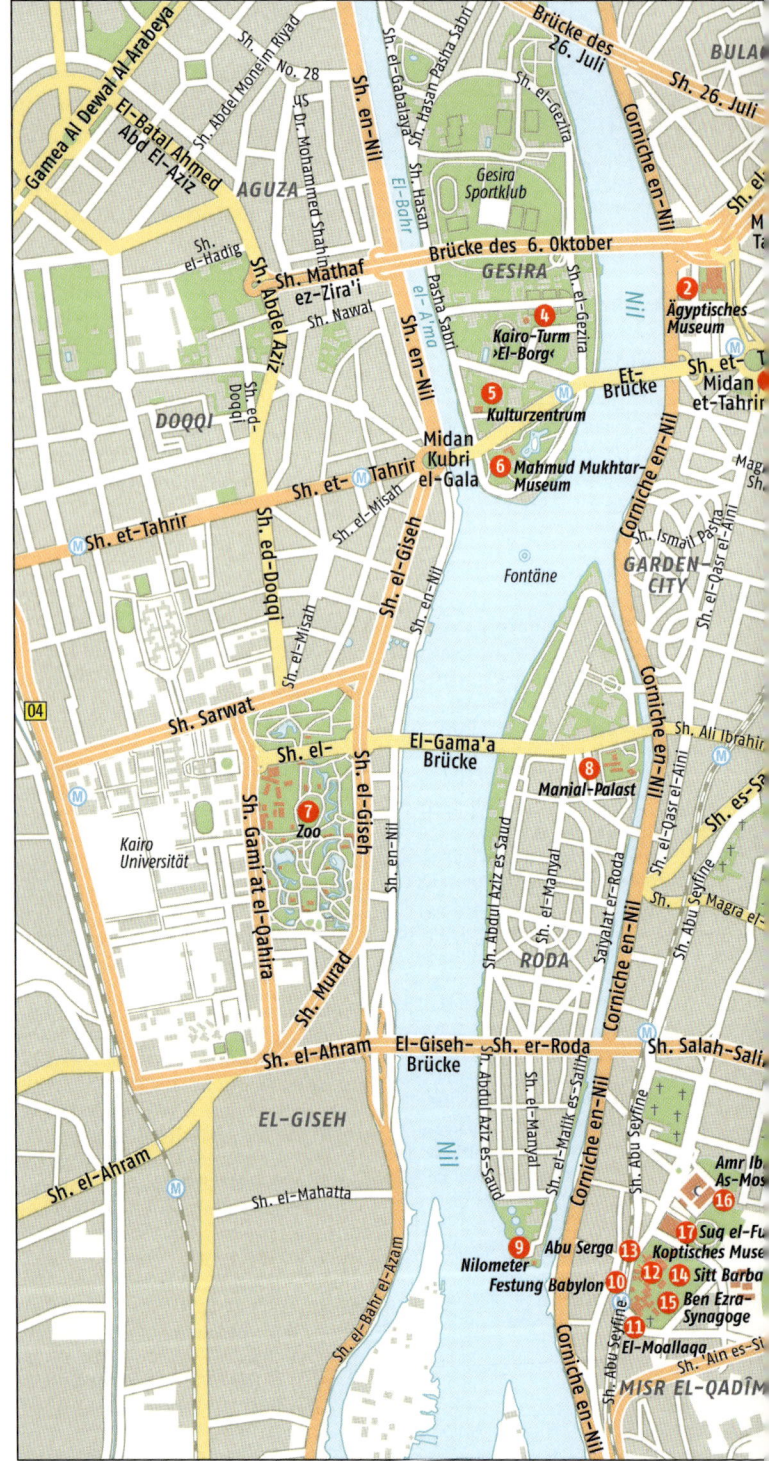

schen Bevölkerung, deren Lebensbedingungen sich dramatisch verschlechterten. Dies änderte sich auch nicht unter der Oberherrschaft der Osmanen, die 1571 Ägypten einnahmen. Dem Gastspiel Napoleons (1798–1801) folgte ein junger Kommandant aus der osmanischen Armee, *Mohammed Ali*. Nach Jahrhunderten der skrupellosen Ausbeutung erlebte Ägypten eine Phase des Aufbaus: Mohammed Ali wollte das Land – durchaus im eigenen Interesse – zu einer modernen Großmacht aufbauen. Reformen des Gesundheitswesens, der Landwirtschaft und eine Förderung der Ausbildung kamen aber allen zugute.

Besichtigung In Kairo drängen sich Meisterwerke islamischer Baukunst und Museen von Weltrang. Daneben gibt es lebendige Märkte, moderne Wolkenkratzer und alte Kaffeehäuser. Doch die Sehenswürdigkeiten Kairos sind ohne Verkehrschaos, schlechte Luft und Lärmkulisse nicht zu haben. Vier Tage sollte man mindestens einplanen für den Besuch von Pyramiden, Museen, frühchristlichen Kirchen und Moscheen. Um die am Stadtrand liegenden antiken Stätten zu erreichen, empfiehlt es sich, ganztägig ein Taxi zum Festpreis anzuheuern. Das koptische Viertel mit Museum und Kirchen erreicht man vom Zentrum bequem mit der Metro Richtung Heluan (Station Mar Girgis), für die islamische Altstadt und den Basar Khan el-Khalili ist wieder das Taxi am praktischsten.

Stadtzentrum um den Midan et-Tahrir

Schön ist er nicht, der berühmte **Midan et-Tahrir** ❶, dafür haben Stadtplaner in den letzten 50 Jahren gesorgt. Einst war er vom Khediven Ismail (1863–79) als Zentrum eines mondänen, begrünten Stadtviertels geplant. Heute ist er eine Dauerbaustelle, an der Bauzäune den Ton angeben. Zum Nil hin versperren das Hochhaus der Arabischen Liga und ein Hotelbau den Blick, im Süden ragt der im stalinistischen Monumentalstil erbaute graubraune Kasten der Mogamma, Ägyptens Verwaltungszentrale, auf. Viele Buslinien der Stadt kreuzen den Tahrir, und die Metro entlässt hier an der Station Sadat ihre Passagiere.

Plan S. 30/31   **3** Kairo

Im Zentrum akzentuieren moderne Hochhäuser die Skyline Kairos

Zeit zum Bildprogramm offizieller Staatskunst. Der ›Feind‹ steht dabei auch für bedrohliche Naturereignisse, vor denen der König als Stellvertreter der Götter sein Volk schützen musste.

Links im Gang leitet die *Statue des Djoser* mit ihrer schweren Perücke und dem Königskopftuch in die Zeit des **Alten Reichs** (2750–2195 v. Chr.) über. Den anschließenden Gang flankieren Steinsarkophage hoher Beamter.

Bier brauende und Brot backende Diener sollen den Grabbesitzer im Jenseits mit den jeweiligen Produkten versorgen. Aus dem Pyramidenareal Gisehs kommen die *Statuen des Mykerinos* in Begleitung von je zwei Gottheiten. Im ersten Seitenraum des westlichen Gangs ist eines der Meisterwerke altägyptischer Plastik ausgestellt: die aus schwarzweiß geädertem Diorit gefertigte **Statue des Chephren**, in dessen Nacken ein Falke schützend seine Schwingen ausbreitet. Im angrenzenden Nebenraum versteckt sich zwischen dem eleganten Mobiliar aus dem Grab der Königsmutter Hetepheres die nur 6 cm

An der Nordseite des Platzes trotzt ein Gebäude aus der Zeit Abbas' II. der gesichtslosen Moderne. 1902 siedelte das 1858 von dem französischen Ägyptologen Auguste Mariette begründete **Ägyptische Museum** ❷ (tgl. 9–19, im Ramadan bis 17 Uhr) in den neoklassizistischen Neubau über. Heute ist die Sammlung auf über 120 000 Exponate angewachsen. Die drangvolle Enge soll mit dem Neubau des Grand Egyptian Museum in Sichtweite der Pyramiden von Giseh ein Ende finden, das 2015 eröffnet werden soll. Aber auch das bestehende Haus wird modernisiert. Links hinten im Garten finden sich eine Cafeteria, ein Restaurant und Räume für Souvenir- und Buchläden. Die Wegführung im Museum entlässt den Besucher nun über einen Ausgang bei der rückwärtigen Quergalerie direkt in diesen Bereich.

Der Rundgang durch das Museum verläuft im Uhrzeigersinn vom Alten Reich bis zur Spätzeit. Den Auftakt bildet die große *Prunkpalette des Narmer* (um 3000 v. Chr.). Die Szene der Feindvernichtung, die Ordnung und Sicherheit Ägyptens garantieren soll, gehört seit dieser

Das Ägyptische Museum birgt wertvolle Schätze aus Pyramiden und Gräbern

kleine *Elfenbeinfigur des Cheops*. Ganz aus Holz, einem raren und daher teuren Material im baumarmen Ägypten, ist dagegen die *Grabstatue des Ka-aper*. In all seiner Würde als beleibter Priester strahlt er eine unglaubliche Präsenz aus.

Zwischen 1880 und 1800 v. Chr. entstanden die *Statuen von Sesostris III.* und *Amenemhet III.*, Pharaonen des **Mittleren Reichs** (1987–1640 v. Chr.), die durch ihre individuell geprägten Gesichter auffallen. Ungewöhnlich sind auch die Statuen Amenemhets III.: Sphingen mit wuchtigen Mähnen und Löwenohren betonen das Raubtierhafte. Mit schwerer Zopfperücke und muskulösem Oberkörper erscheint der Herrscher als Priester. Feiner wirkt der in der Zeit des **Neuen Reichs** (1540–1075 v. Chr.) geschaffene überlebensgroße *Kopf der Königin Hatschepsut*, deren Architekt Senenmut ihre Tochter Nofru-Re auf dem Schoß hält.

Die Quergalerie zeigt Stücke der **Amarna-Zeit**. *Echnaton* und seine Gemahlin *Nofretete* sind in einem radikal anderen Stil dargestellt, der durch den religiösen Wandel bedingt ist. Mit betonter Hüftpartie und angedeuteten Brüsten wurde Echnaton unter den Strahlen des Sonnengottes Aton als zweigeschlechtliches Wesen zum Garant der Fruchtbarkeit. Mit Goldblech und Edelsteineinlagen verziert, ist der Sarg aus dem Grab KV 55 im Tal der Könige ein echtes Glanzstück. Ursprünglich war er für Echnaton gearbeitet worden. In den Wirren nach seinem Tod wurde er jedoch für einen nicht eindeutig identifizierten Nachfolger benutzt.

In der östlichen Seitengalerie erscheint *Ramses II.* als Kind im Schutz des riesigen Horusfalken. Die folgenden Seitenräume zeigen Funde aus der **Spätzeit** (745–332 v. Chr.), darunter zwei eindrucksvolle Bildnisse des *Montemhet*, der um 670 v. Chr. Bürgermeister von Theben war. Den Kulturen Nubiens sind weitere Räume und ein Teil des Gangs gewidmet.

Über den östlichen Treppenaufgang erreicht man den **Mumiensaal** (gesonderter Eintritt), in dem acht Herrscher und drei Königinnen aus der Zeit des Neuen Reichs in ihren Vitrinen ruhen.

Drangvolle Enge: Im Ägyptischen Museum stehen sich die Statuen fast auf den Füßen; im Zentrum des Besucherinteresses: Kalksteinstatue der Prinzessin Nofret, Schmuck, Totenmaske und Thronsessel aus dem Grabschatz des Tutanchamun

Die östliche und nördliche Galerie des Obergeschosses sind dem **Grabschatz des Tutanchamun** vorbehalten. Den beiden ›Wächterfiguren‹, die ursprünglich den Zugang zur Grabkammer flankierten, folgt eine Fülle von Götter- und Königsfiguren, Truhen und Waffen. Der goldene Thronsessel des jungen Herrschers zeigt ihn mit seiner Königin Anchesenamun noch unter den ›Strahlenarmen‹ von Echnatons Sonnengott.

Mit Blattgold überzogen sind die mit Szenen aus den Unterweltsbüchern verzierten Schreine, die den Quarzitsarg des Tutanchamun umhüllten. Seine *Goldmaske* und der Goldsarg sind zusammen mit Schmuck aus verschiedenen Epochen im mittleren der drei Schmucksäle zu sehen. Den westlichen Gang nehmen u. a. Särge der *griechisch-römischen Epoche* ein. In zwei Seitenräumen stellen hölzerne Modelle aus dem Mittleren Reich Berufsgruppen wie Weber, Fischer und Rinderhirten vor, aber auch einen Trupp nubischer Bogenschützen.

Nach so viel Geschichte führt ein Bummel durch das lebhafte Einkaufszentrum rund um den **Midan Talaat Harb** zurück in die Gegenwart. In der Umgebung des nach einem führenden Nationalisten benannten Platzes befinden sich zahlreiche Reisebüros, Fluglinien, Boutiquen, Schuhgeschäfte und Restaurants sowie auch das *Café Groppi* mit seiner Jugendstilfassade und das liebevoll restaurierte *Café Riche*.

Nicht von ungefähr gilt Kairo als ›Hollywood am Nil‹ – Kino im Stadtzentrum

Nur selten aus der Ruhe zu bringen – Händler in der Kairoer Innenstadt

Echt ägyptisch

In sha Allah – wenn Gott will: Ohne diesen Ausdruck in seinen Wortschatz aufgenommen zu haben, wird kein Reisender Ägypten verlassen! Denn, so Gott will, wird sein Taxifahrer ihn vom Flughafen auch ohne Navi in der richtigen Pension abgeliefert haben. Und das – **in sha Allah** – ohne in einen der üblichen ausufernden Vormittags-, Nachmittags- oder Abendstaus geraten zu sein, die Kairos Verkehr regelmäßig zum Erliegen bringen. Doch für den Fall, dass bereits nach 5 km mitten in der schönsten Blechlawine der Wagen zusammenbricht und selbst nach intensivem Betrachten der unter der Motorhaube verborgenen Geheimnisse den Dienst verweigert – **malesh**, egal! Ein anderer Taxifahrer wird sich über die unverhoffte Einnahmequelle freuen. Vielleicht erlöst auch ein hilfsbereiter Kairoer den Fremden aus seinem Unglück. **El-hamdu-li-llah**, Gott sei Dank, kann der Reisende dann am Ziel erleichtert ausstoßen. Und hat damit bereits profunde Kenntnisse der Landessprache erworben.

Die allgegenwärtigen Floskeln sind mehr als leere Worthülsen: Es drückt sich in ihnen tiefe Gläubigkeit und **Ergebung** in den **göttlichen Willen** aus. Angesichts chaotischer Zustände sind sie aber auch für den Nicht-Muslim eine landestypische Anleitung zu mehr Gelassenheit und entspannter Demut!

Nilinseln Gesira und Roda sowie westliches Nilufer

Ende des 18. Jh. durch die Ablagerung von Nilschlamm entstanden, erreichte die **Gesira** ›Insel‹ schnell ihre jetzige Größe. Der Khedive Ismail ließ hier Parkanlagen, Seen und Pavillons errichten. Wie die große Pyramidenstraße verdankt auch der *Palast von Zamalek* seine Entstehung dem Bau des Suezkanals, schließlich sollten die gekrönten Häupter und Staatsmänner aus aller Welt zur Eröffnung dieses Jahrhundertbauwerks angemessen untergebracht werden. Heute bildet der prächtige Palast das Herzstück des Luxushotels Marriott.

Noch immer sind in Gesira mehr Straßenbäume, Sportklubs und öffentliche Grünanlagen zu sehen als in anderen Vierteln. Prominent ragt der 1961 unter Präsident Nasser in Form einer langstieligen Lotosblüte errichtete **Kairo-Turm** ›El-Borg‹ ❹ **TOP TIPP** auf. Von der Aussichtsterrasse des 187 m hohen ehemaligen Fernsehturms bietet sich bei klarem Wetter eine fantastische Rundsicht über Kairo.

Südlich des Turms liegt das 1988 eingeweihte **Kulturzentrum** ❺, dessen Mittelpunkt die große Oper mit drei Theatersälen bildet. Auf dem Programm stehen Oper, Ballett und Konzerte. Das ebenfalls im Kulturzentrum untergebrachte **Museum für Moderne Kunst** (Di–So 9–15 und 17–21 Uhr) zeigt Gemälde, Grafiken und Zeichnungen ägyptischer Künstler des 20./21. Jh. und Wechselausstellungen.

Dem bedeutendsten Bildhauer des modernen Ägypten ist das **Mahmud Mukhtar-Museum** ❻ (Di–So 10–13 und 17–21 Uhr) an der Südspitze der Insel gewidmet. Bronzefiguren, Marmorbüsten und Reliefs zählen zum Werk des Künstlers. Seine Figur ›Ägyptens Erwachen‹ ziert den Platz westlich der Universitäts-Brücke ganz in der Nähe vom Kairoer **Zoo** ❼. Der Stadtteil Zamalek im Norden der Insel versammelt eine Reihe von Botschaften und Kulturinstituten, sowie angesagte Restaurants, Clubs und das ägyptische Kulturzentrum **Sakkiat El-Sawy** (Ostende der 15. Mai Brücke, www.culturewheel.com/eng), das mit Konzerten, Workshops, Lesungen, Kunstausstellungen und vielen anderen Aktivitäten für eine Vielfalt von Besuchern interessante Veranstaltungen bietet. Gut eignet sich Zamalek auch zum Einkaufen, denn eine Reihe kleiner Geschäfte v.a. nördlich der Sh. 26. Julio bieten schöne Souvenirs.

An eine Lotosblüte gemahnt der Kairo-Turm ›El-Borg‹, ein kühner Betonbau aus dem Jahr 1961

Die Preise sind fest, und niemand drängelt! Unbedingt einen Besuch wert ist die **Galerie Nomad** (14, Saraya el-Gesira, 1. Stock, tgl. 9–20 Uhr) südlich des Hotels Marriott. Die Produkte kommen aus verschiedenen Kooperativen Ägyptens.

Südlich der Gesira liegt die zweite große Nilinsel im Zentrum Kairos. Ihr Name Roda (›Garten‹) mag heute nicht mehr ganz zutreffend sein, doch hat die Insel einen erfreulichen Baumbestand bewahrt. Südlich der Sharia es-Saray verbirgt sich hinter einer massiven Schutzmauer der **Manial-Palast** ❽ des Prinzen Mohammed Ali (1875–1955). Zum im osmanischen Stil ausgestatteten Palast gehört ein sehr schöner Garten mit tropischen Pflanzen (zzt. geschlossen).

Der im Jahr 861 von Sultan El-Mutawakkil erbaute **Nilometer** ❾ liegt an der Südspitze der Insel Roda neben den Überresten des *Manastirli-Palasts*. Noch bis zum Ende des 19. Jh. wurde der Nil-

Hier wurde bis zum 19. Jh. die Höhe der Nilflut gemessen: Nilometer auf der Insel Roda

3 Kairo

Die Maria geweihte Kirche im koptischen Viertel trägt den Beinamen El-Moallaqa

Alt-Kairo

Auf halbem Weg zwischen Heliopolis und Memphis entstand zur Zeit der Pharaonen ein bedeutender Flusshafen. Von den Römern wurde er ausgebaut und mit einer Festung gesichert. Die Fundamente und Umfassungsmauern sowie zwei Türme der **Festung Babylon** ⑩ sind noch heute zu sehen. Nach dem Zerfall des Römischen Reichs zogen sich Christen in den Schutz der Mauern zurück und errichteten dort ihre Kirchen, was dem Areal den arabischen Namen *Qasr esh-Shama*, ›Festung der Kerzen‹, eintrug. An Freitagen und Sonntagen besuchen die gläubigen Christen stundenlange Gottesdienste, die nach koptisch-orthodoxem Ritus, aber in arabischer Sprache abgehalten werden.

El-Moallaqa ⑪, die ›Hängende‹, wird die Kirche der hl. Jungfrau Maria genannt, da sie auf die Mauerstümpfe der römischen Festung aufgesetzt wurde. Sie entstand im 9. Jh. und wurde bis 1775 mehrmals umgebaut. Antike Säulen tragen das asymmetrische Kirchenschiff, dessen Kapellen für Christus, Johannes den Täufer (rechts) und den hl. Georg (links) durch eine prachtvolle Ikonostase aus dem 13. Jh. abgetrennt sind. Die Seitenkapelle war neben dem äthiopischen Heiligen Takla Haimanot dem hl. Markus, dem Stammvater der koptischen Kirche, standmesser genutzt, um die Höhe der im Juli einsetzenden Nilflut und damit die jährlichen Steuerabgaben der Fellachen zu bemessen.

Frühchristliches Fresko mit der Darstellung Christi und zweier Engel im Koptischen Museum

Nomen est Omen

Im Laufe ihrer langen Geschichte hörte Ägyptens Hauptstadt auf viele Namen. Herrscher und Dynastien wechselten, fremde Sprachen kamen mit den Eroberern. Einige der alten Namen überdauerten auch die größten Kultursprünge – allerdings leicht entstellt aufgrund der Unfähigkeit der Eindringlinge, die Landessprache richtig auszusprechen.

So verhörten die Griechen schon **Mennefer** zu dem ihnen vertrauten Memphis, übersetzten **Junu** recht frei in Heliopolis, da dort der Sonnengott verehrt wurde, und verballhornten schließlich auch noch den Namen des wichtigsten Tempels der Stadt am Nil – **Hut ka Ptah** – zu Aigyptos. Die Priester des Gottes Ptah würden das Resultat wohl mit Gelassenheit aufnehmen, schließlich hört heute das ganze Land auf diesen Namen. Obwohl, genau genommen hört es seit fast 1400 Jahren nicht mehr auf diesen Namen. Ägypten heißt in der Landessprache **Masr**. Ein arabisches Wort, das ursprünglich zivilisiertes Gebiet oder eine Großstadt bezeichnet. Und wer wollte schon bestreiten, dass Ägypten, pardon Masr, das Ursprungsland der Zivilisation ist? Oder dass Kairo, das schon eher als ganz Ägypten diesen Namen trug, seit frühester Zeit zu den bedeutendsten Metropolen der Welt zählt.

Kairo ist auch ein solches Ungeschick der Übersetzer. Italienische Reisende des 15. Jh. fühlten sich offenbar außerstande **El-Qahira** fehlerfrei auszusprechen. So hatten die Fatimiden die neue Residenz getauft, die das prachtvolle Zentrum ihres Reiches werden sollte. Legenden umranken diese Namensgebung: Um das Schicksal günstig zu beeinflussen, sollten Astronomen durch die Beobachtung der Gestirne einen Glück verheißenden Zeitpunkt zur Gründung der Stadt bestimmen. Der Bauplatz wurde abgesteckt, zwischen den Holzpflöcken Stricke gespannt. An den Stricken befestigte Glöckchen sollten den Beginn der Arbeiten einläuten. Doch noch bevor das hohe Gremium der Sterndeuter das verabredete Zeichen geben konnte, ließ sich ein Rabe – seit jeher als Unglücksvogel verschrien – auf einem der Seile nieder und verpfuschte die ganze Staatsaktion. Die Geburtsstunde der mächtigen Stadt stand im Zeichen des kriegerischen, Unheil verkündenden Mars, arabisch **El-Qahir**. Es blieb keine andere Wahl, die neue Stadt wurde nach dem Planeten benannt. Eine Notlösung, gar ein Missgriff, der eine schlechte Zukunft prophezeite? Oder – nach über 1000 Jahren sei ein vorsichtiges Urteil gewagt – doch noch ein Glücksgriff der Taufpaten?

El-Qahira bedeutet die **Siegreiche** – angesichts der vielen Krisen und Probleme, die diese Stadt im Laufe ihrer wechselvollen Geschichte zu bewältigen hatte und in Zukunft noch haben wird, vielleicht doch keine so unglückliche Namenswahl für die Metropole am Nil!

---

geweiht. 1983 freigelegte Fresken aus dem 14. Jh. zeigen die Geburt Christi.

Das **Koptische Museum** 12 (tgl. 9–17 Uhr) besitzt eine Fülle *frühchristlicher Grabsteine* und Architekturfragmente. Interessant zu beobachten ist hier die Vermischung pharaonischer, griechisch-römischer und christlicher Elemente. Fein gewebte und bestickte *Textilien* mit vorwiegend aus der griechischen und römischen Mythologie entlehnten Mustern wurden den Kopten in der Römerzeit als Sondersteuer abverlangt. *Ikonen* belegen die für die orthodoxen Kirchen typische, stark ausgeprägte Heiligenverehrung. Von unschätzbarem Wert sind die koptischen und arabischen *Handschriften*. Bereits im 2. Jh. wurden erste Texte der Heiligen Schrift ins Koptische übertragen.

Eine Treppe führt von der Straße außerhalb der Festungsmauern zu dem deutlich tiefer liegenden alten Koptenviertel. Dort liegt **Abu Serga** 13, die den syrischen Märtyrern Sergius und Bacchus geweihte älteste Kirche Kairos. Sie wurde Ende des 7. Jh. über jener Höhle errichtet, in der nach koptischer Überlieferung die Heilige Familie auf ihrer Flucht nach Ägypten Unterschlupf gefunden hatte. Mehrere Brände sind dafür verantwortlich, dass von dem ursprünglichen Bau nichts mehr erhalten ist. In jüngster Zeit hat der Kirchenbau jedoch weniger mit Feuer als mit Wasser zu kämpfen. Der

Die älteste Kirche Kairos, Abu Serga, zeigt nach mehreren Bränden heute den Stil des 12.–14. Jh.

gestiegene Grundwasserspiegel setzte besonders dem Mauerwerk der Krypta unter dem Mittelsanktuar zu.

Über den Fundamenten eines Vorgängerbaus aus dem 4. Jh. erwuchs im 11. Jh. die Kirche **Sitt Barbara** ⑭, die zunächst den Märtyrern Kyrill und Johannes geweiht war. Die Reliquien der hl. Barbara gelangten im 11. Jh. hierher. Daraufhin wurde die Kirche umbenannt.

Die im 7. Jh. errichtete Michaelskirche wurde im 12. Jh. zur **Ben Ezra-Synagoge** ⑮ umgebaut. 1894 entdeckte man 200 000 Pergamentfragmente in arabischer, aramäischer und hebräischer Schrift. Texte aus dem 8.–18. Jh. waren in der *Geniza* (Ort, an dem heilige Schriften aufbewahrt werden) gesammelt worden. Sie belegen u. a., dass der berühmte Philosoph Moses Maimonides (1135–1204) als Vorsteher der Gemeinde wirkte. Ihren Namen erhielt die Synagoge nach dem Schreiber Ezra, der eine – leider verschwundene – wundertätige Abschrift der Thora angefertigt haben soll.

Die Ben Ezra-Synagoge besticht durch ihre kostbare Ausstattung

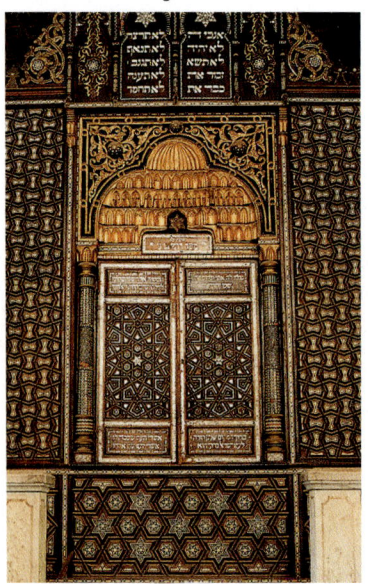

Nördlich von Qasr esh-Shama schließt sich das Gebiet der ältesten islamischen Stadtgründung an. In *Fustat*, das bis vor Kurzem noch von qualmenden Töpfereien beherrscht wurde, steht die 641 gegründete und nach dem Eroberer Ägyptens benannte **Amr Ibn el-As-Moschee** ⑯. Fromme Legenden umranken die älteste Moschee Afrikas. So soll z. B. ihr Brunnen von dem der heiligen Moschee in Mekka gespeist werden und eine der Säulen vom Kalifen Omar mit einem Peitschenhieb von Medina bis nach Kairo befördert worden sein. Im 9. Jh. wurde die Moschee auf die doppelte Größe erweitert, aber nach der Verlegung der Residenz seit dem 10. Jh. vernachlässigt. Vom ursprünglichen Bau sind nach einem Brand im 12. und einem Erdbeben im 14. Jh. nur noch die Fundamente erhalten.

Nebenan lockt der im traditionellen Stil errichtete **Suq el-Fustat** 17 zum Einkaufsbummel. Hier gibt es Kunsthandwerk und Produkte gemeinnütziger Kooperativen zu angemessenen Festpreisen.

Islamisches Erbe im Umfeld der Zitadelle

Die Erzähler der Geschichten aus 1001 Nacht versetzten ihre Helden seit dem 11. Jh. nach *El-Qahira*. Dieser glanzvollen Hauptstadt der Fatimiden schenkten kunstsinnige Mamluken ab dem 13. Jh. weitere Prachtbauten. Zu Recht wurde Kairo alsbald ›Stadt der 1000 Minarette‹ genannt.

TOP TIPP Die **Ibn Tulun-Moschee** 18 ist eine der ältesten erhaltenen Hofmoscheen der islamischen Welt. Ahmed Ibn Tulun war als abbasidischer Statthalter nach Ägypten geschickt worden, hatte sich dann aber selbstständig gemacht und eine eigene Dynastie begründet.

In seiner prachtvoll geplanten Hauptstadt sollte die 876–879 in Ziegelbauweise errichtete Moschee das Zentrum sein. Schon von Weitem fällt ihr ungewöhnliches *spiralförmiges Minarett* auf, das sich an dem Vorbild der Großen Moschee von Samarra (Irak) orientiert. Durch zwei Mauerzüge geschützt, öffnet sich der weite, von Arkaden gesäumte Hof der Moschee. Feine, in Stuck geschnittene Muster zieren die Innenseite der Spitzbögen. Auch die Gitter der 128 Fenster bezeugen die Kreativität der Stuckateure – keines der verwendeten Ornamente wurde wiederholt. In Kufi-Schrift geschnitzte Texte aus dem Koran trägt der an der äußeren Innenwand der Arkaden umlaufende Fries aus Sykomorenholz.

Sultan Lagin restaurierte 1296 die vom Verfall bedrohte Moschee. Aus seiner Zeit stammen die mit Mosaiken verzierte Gebetsnische, der sog. **Mihrab**, sowie die hölzerne Gebetskanzel mit dem typischen Sternendekor und auch das in der Hofmitte errichtete Brunnenhaus. In den folgenden Jahrhunderten wurde die Moschee als Weberei, Lagerplatz, Pilgerstation und Irrenhaus missbraucht.

An ihrer Nordostecke liegen zwei miteinander verbundene Wohnhäuser aus dem 16. und 17. Jh., die der britische Major Gayer-Anderson in den Jahren 1935–42 bewohnte. Heute ist seine reiche Sammlung orientalischer Kunstgegenstände in dem zum **Gayer-Anderson-Museum** 19 (Sa–Do 8–17, Fr 8–11.30 Uhr) umfunktionierten Komplex ausgestellt.

TOP TIPP Nach dem Vorbild syrischer Stadtfestungen wurde die **Zitadelle** 20 (tgl. 8–17 Uhr) im Jahr 1176 unter Salah ed-Din auf einem Ausläufer der *Mo-*

Ihr für Ägypten eigenwilliger Baustil zeichnet die Kairoer Ibn Tulun-Moschee aus

Kairo

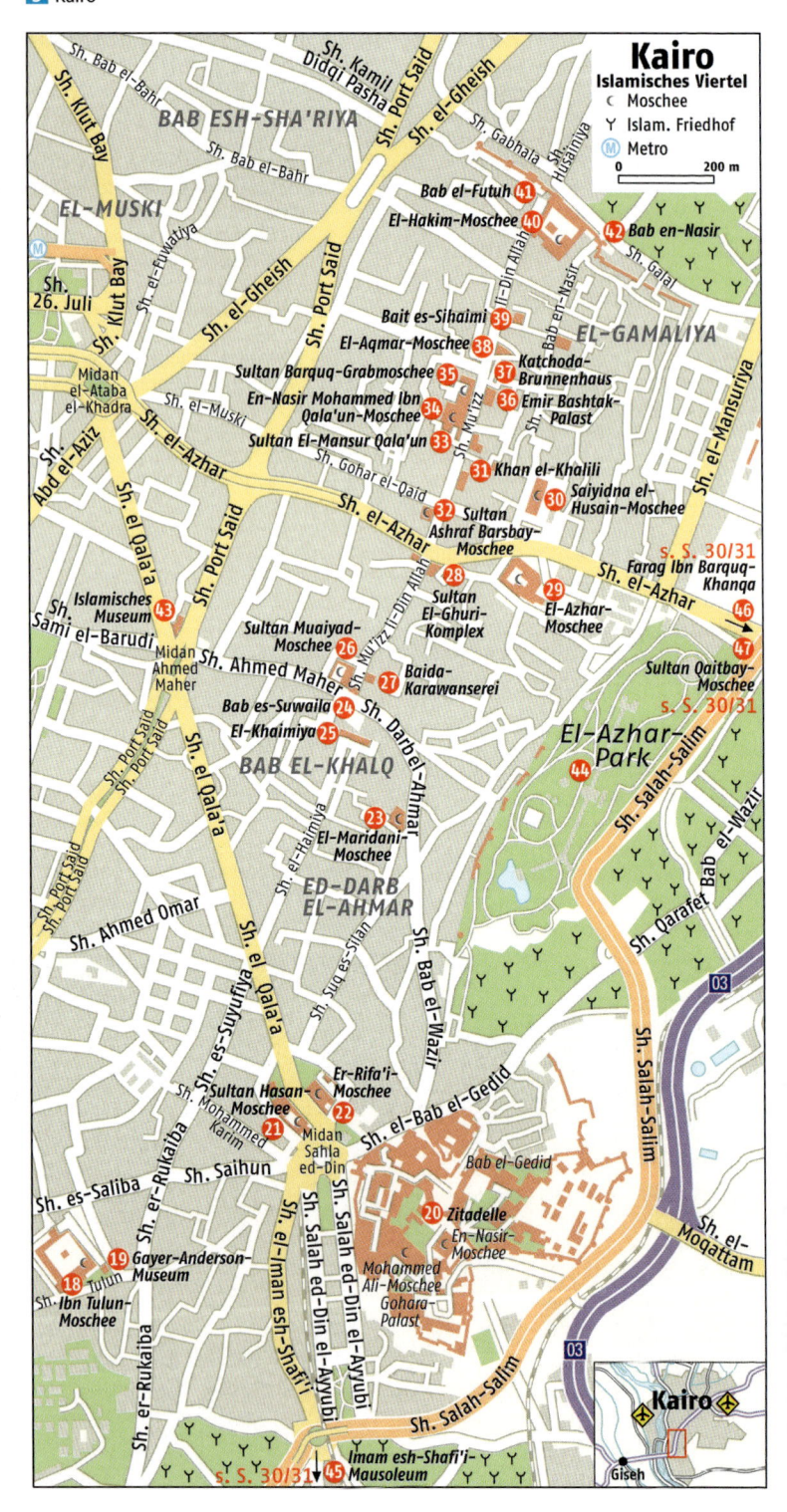

Islamisches Viertel

- (Moschee
- Y Islam. Friedhof
- Ⓜ Metro

0 — 200 m

qattam-Berge begonnen und in den folgenden Jahrhunderten immer wieder erweitert. Über die Umgehungsstraße Salah Salam erreicht man den Haupteingang beim *Bab el-Gebel* (Bergtor) gegenüber den Ausläufern der Moqattam-Berge. Vorbei an den ehem. Küchenbauten der Mamlukenzeit biegt der Weg nach rechts ab und führt bis zur **Moschee des en-Nasir Mohammed Ibn Qala'un** (1299–1340). Bescheiden in den Ausmaßen, zeigt sie dennoch den Kunstsinn ihres Auftraggebers: Für die grünen Fliesen an Kuppel und Minaretten ließ En-Nasir einen Spezialisten aus Persien kommen. Die Säulen im Gebetssaal übernahm man von antiken Bauten, ihre ungleiche Größe musste durch Sockel ausgeglichen werden. Die Marmorverkleidung der Innenwände wurde in osmanischer Zeit abgerissen und nach Istanbul gebracht.

Dafür entstand im nördlichen Teil der Zitadelle, noch hinter dem durch das *Bab el-Qulla* zu erreichenden *Militärmuseum*, die erste Moschee Ägyptens im osmanischen Stil. **Sulaiman Pascha**, Befehlshaber der Eliteregimenter der Janitscharen, bezog in seine Moschee das ältere Mausoleum des Propheten-Nachkommen Saiyid Sarai mit ein.

Das dominierende Bauwerk der Zitadelle ist jedoch die gewaltige, auch als Alabastermoschee bekannte **Mohammed Ali-Moschee**. Hoch über der Stadt

Das Brunnenhaus in der Mohammed Ali-Moschee für die rituellen Waschungen

sollte sie Ägyptens neues Selbstbewusstsein demonstrieren. 82 m ragen die Minarette empor, und eine mächtige *Kuppel* schwingt sich zu einer Höhe von 52 m auf. Die eigenwillige Übernahme europäisch-barocker Dekorationselemente wie Blumengirlanden und Sonnensymbole belegen Mohammed Alis Vorliebe für französische Prachtentfaltung. Den Uhrturm an der Westseite des Hofs sandte der französische König Louis Philippe nach

Beeindruckend ist das von mehreren Kuppeln überspannte Innere der Mohammed Ali-Moschee

Die Minarette der Sultan Hasan-Moschee und der Er-Rifa'i-Moschee vor Hochhaustürmen

Ägypten – zum Dank für den Obelisken von Luxor, der heute die Pariser Place de la Concorde schmückt. 1849, 19 Jahre nach Baubeginn, aber noch vor Vollendung der Moschee, verstarb Mohammed Ali. Sein Grabmal nimmt die Westecke der Gebetshalle ein.

Südlich der Moschee liegt der **Gohara-Palast**, dessen Westflügel eine Sammlung von Möbeln, Uhren, Gemälden und Porzellan aus dem Besitz der königlichen Familie beherbergt.

Von der **Terrasse** des kleinen Polizeimuseums nördlich der Mohammed Ali-Moschee genießt man einen wunderbaren Blick auf die zu Füßen der Zitadelle liegenden Moscheen und den mittelalterlichen Stadtkern. Dort erhebt sich eines der Glanzstücke mamlukischer Architektur, die 1356–63 errichtete **Sultan Hasan-Moschee** ㉑. Arabesken, Kalligrafien und Trauben von Stalaktiten zieren das imposante Portal. Ursprünglich sollten vier 80 m hohe *Minarette* die Grabmoschee schmücken. Nachdem jedoch einer der Türme eingestürzt war und Hunderte von Menschen unter sich begraben hatte, gab man den Plan auf und begnügte sich mit zwei Minaretten.

Im Unterschied zum Typ der Hofmoschee handelt es sich hier um eine Kombination aus Moschee und Lehranstalt, eine sog. *Madrasa-Moschee*. Zu ihr gehörten Unterkünfte für Lehrer und Schüler wie auch Unterrichtsräume. Sie sind von den Seiten des Innenhofs aus zugänglich, in dessen Mitte sich das Brunnenhaus für die rituellen Waschungen erhebt. Die Gebetsnische wird durch ein hölzernes Schriftband betont, das die ersten sechs Verse der ›Siegessure‹ des Koran wiedergibt. Noch vor Fertigstellung seiner Grabmoschee wurde der als Despot verhasste Sultan Hasan ermordet, sein Leichnam nie aufgefunden. Im Mausoleum sind zwei seiner Söhne bestattet.

Genauso imposant erscheint die um 500 Jahre jüngere, nur durch eine schmale Gasse von der Sultan Hasan-Moschee getrennte **Er-Rifa'i-Moschee** ㉒. Die Mutter des Khediven Ismail gab sie 1869 in Auftrag. Der ältere Heiligenschrein des Scheich Rifa'i wurde damals in den Neubau integriert. Die Moschee dient König Fuad und dem im Exil verstorbenen persischen Schah Reza Pahlevi als letzte Ruhestätte.

Nördlich der Rifa'i-Moschee führt die nach den im Mittelalter hier ansässigen Waffenschmieden benannte Gasse *Suq es-Silah* zum Bab es-Suwaila, einem der drei erhaltenen fatimidischen Stadttore. An der Einmündung des Suq es-Silah in die mit Moscheen und Palästen des 13.–19. Jh. reich bebaute Darb el-Ahmar-Gasse liegt die 1339 entstandene **El-Marida-**

ni-Moschee ㉓, deren Gebetsraum von einem kunstvoll geschnitzten Holzgitter (*Maschrabiya*) gegen den Hof hin abgeschirmt wird.

Nach einer Biegung des Darb el-Ahmar, der mit seinen kleinen Läden und Werkstätten auf das geschäftige Treiben des Basars vorbereitet, taucht das **Bab es-Suwaila** ㉔ auf, das im Jahr 1092 errichtete südliche Stadttor der alten Fatimidenstadt. Die aus Tunesien vorgedrungenen *schiitischen Fatimiden* kapselten sich hinter massiven Mauern von der sunnitischen Bevölkerung Ägyptens ab. Erst nach der Machtübernahme durch den sunnitischen Salah ed-Din Ende des 12. Jh. wurde die ›heilige Stadt‹ geöffnet und entwickelte sich bald zum wirtschaftlichen Zentrum Kairos. Hier beginnt die *Sharia Mu'izz li-Din Allah*. In ihrem südlichen Verlauf haben die **El-Khaimiya** ㉕, die Zeltmacher, ihre Werkstätten. In liebevoller Handarbeit applizieren sie auf Kissen, Decken und riesigen Stoffbahnen für Festzelte Arabesken.

Sultan Muaiyad setzte Anfang des 15. Jh. kühn die Minarette seiner Moschee auf die massiven Mauern des Bab es-Suwaila. Offensichtlich hatte ihm sein unfreiwilliger Aufenthalt im benachbarten Militärgefängnis – er war wegen Trunkenheit verurteilt worden – nicht behagt. Selbst an die Macht gelangt, ließ er das Gefängnis niederreißen und die prachtvolle **Sultan Muaiyad Moschee** ㉖ errichten. Den reich dekorierten, hochaufragenden Eingang ziert das meisterhaft gearbeitete Bronzetor der Sultan Hasan-Moschee, das Muaiyad für wenig Geld erworben hatte. Gegenüber der Moschee liegt die als *Sukkariya*, ›Zuckerhaus‹, bekannte **Baida-Karawanserei** ㉗. Nafisa Baida führte Ende des 18. Jh. die Handelsgeschäfte für ihren vor Napoleon geflüchteten Gatten weiter.

Fatimiden und Mamluken rund um den Khan el-Khalili

Noch vor der breiten Verkehrsader der Sharia el-Azhar liegt der **Sultan El-Ghuri-Komplex** ㉘ (1501–16) zu beiden Seiten der Sharia Mu'izz li-Din Allah. Ende der *burgi-mamlukischen* Epoche (1382–1517) erbaut, umfasst er Madrasa-Moschee, Khanqa (Sufi-Konvent) und Mausoleum. Bei Restaurierungsarbeiten im 18. Jh. erhielt das rechteckige Minarett seine auffällige Bekrönung mit fünf kleinen Kuppelknäufen.

Ornamentfreude: der reich geschmückte Mihrab der Sultan Hasan-Moschee

Das Bab es-Suwaila, gekrönt von den Minaretten der benachbarten Muaiyad Moschee

Nach Osten führt die Sharia el-Azhar zum religiösen Herz der Stadt. Hier erhebt sich die 970 unter den Fatimiden erbaute **El-Azhar-Moschee** ㉙. In der angegliederten *Universität* wurde zunächst in der schiitischen Tradition des Islam unterrichtet, seit Salah ed-Din aber in der sunnitischen Glaubensrichtung. Noch heute zieht diese Lehranstalt muslimische Studenten aus aller Welt an. Sie birgt eine der größten und ältesten islamischen *Handschriften-Sammlungen* der Welt. Im Übrigen: Der Einfluss des Oberhaupts der Azhar-Moschee auf die Politik des Landes darf nicht unterschätzt werden. In den vergangenen Jahren war die im Islam geforderte Einheit von Religion und Staat wieder deutlicher zu spüren.

Im Stadtbild Kairos ist die El-Azhar, die ›Blühende‹, gut an ihrem von Sultan El-Ghuri gestifteten Minarett mit den *Zwillingstürmchen* über dem prachtvollen Haupteingang, dem ›Tor der Barbiere‹, zu erkennen. Sultan Qaitbay (1468–96) hatte es in Auftrag gegeben, ebenso wie das sich links über dem Tor erhebende, wohl schönste der insgesamt fünf Minarette.

Jenseits der Straße erhebt sich die **Saiyidna el-Husain-Moschee** ㉚, die Freitagsmoschee Kairos. Die Predigten ihrer Scheichs werden in ganz Ägypten gehört, und hochrangige Politiker verrichten hier ihre Gebete. Die Moschee ist Husain, dem Enkel des Propheten, der als Nachfolger Alis von den Schiiten hoch verehrt wird, geweiht. Mitte des 19. Jh. wurde die alte Moschee aus der Fatimidenzeit durch einen Neubau im osmanischen Stil ersetzt.

TOP TIPP Westlich der Husain-Moschee erstreckt sich der Basar **Khan el-Khalili** ㉛ mit seinem Gewirr kleinster Gassen und Gässchen. Emir Djarkas el-Khalili ließ hier 1382 eines der größten Handelshäuser (*Khan*) erbauen. Kairo war bereits im 12. Jh. zum *Hauptumschlagplatz* für Waren aus Indien und Europa aufgestiegen. Noch heute blinken die auf Hochglanz polierten Messing-, Kupfer- und Silberteller und locken verführerische Düfte in die Parfumläden entlang der lebhaften *Sharia el-Muski*.

Über dem Gewürzmarkt ragt die 1425 errichtete **Sultan Ashraf Barsbay-Moschee** ㉜ empor. Der Aufstieg auf ihr Minarett lohnt sich wegen des Rundblicks über das Zentrum des Basars.

In dieser Gegend wuchs einer der berühmtesten Söhne der Stadt auf, *Nagib Mahfus*. Der Literatur-Nobelpreisträger von 1988 beschreibt in seinen Romanen das Leben der Menschen in den geschichtsträchtigen Straßen der islamischen Altstadt. **TOP TIPP** **Bain el-Qasrain**, der Titel eines seiner Bücher, ist der Name eines von Meisterwerken mamlukischer Architektur gesäumten Teilstücks der Sharia Mu'izz li-Din Allah. An ihrer Kreuzung mit der Sharia el-Muski werben Goldgeschäfte mit üppig dekorierten Auslagen. Richtung Norden folgt der *Suq en-Nahasin* mit seinen Kupfer- und Messingwaren, hinter dem sich linker Hand

Ort der Ruhe – Studenten nutzen den Innenhof der El-Azhar-Moschee zum Lernen

Messingwaren, Einlegearbeiten und bestickte Gewänder bieten die Läden im Khan el-Khalili

der 1285 errichtete Baukomplex von **Sultan El-Mansur Qala'un** ㉝ erhebt. Hinter der imposanten Fassade verbergen sich eine Madrasa und das Mausoleum des Sultans. Bereits im Hof der frisch restaurierten Moschee zeigt die zweistöckige Bogenreihe eine ungewöhnliche Betonung der Vertikalen. Im Bereich des Mausoleums faszinieren die hohen Torbögen, deren Stuckverzierungen wie feinste Spitze wirken. Im überkuppelten Grabraum mit seinen bunten Glasfenstern, Marmor- und Perlmuttintarsien sowie kunstvoll verschnörkelten Inschriftenbändern schützen wunderschöne *Maschrabiya-Gitter* die Sarkophage des Sultans und seines Sohns.

Direkt anschließend ließ Qala'uns Sohn 1304 seine Grabmadrasa erbauen. Das Minarett der **En-Nasir Mohammed Ibn Qala'un-Moschee** ㉞ mit seinen in Stuck geschnittenen Sternenmustern, Pflanzenranken und Inschriftenbändern zeigt eindrucksvoll die Fertigkeit der Steinmetze der *bahri-mamlukischen* Epoche (1250–1382). 90 Jahre später wählte Sultan Barquq den benachbarten Platz für den Bau seiner letzten Ruhestätte, der **Sultan Barquq-Grabmoschee** ㉟. Besonders beachtenswert: die im Sternenmuster verzierten Bronzetüren.

Von 1334 bis 39 dauerten die Arbeiten an dem gegenüber der Moschee liegenden **Emir Bashtak-Palast** ㊱. Die hohe Empfangshalle, in der mit Plänen und Zeichnungen die Restaurierungsmaßnahmen dokumentiert sind, vermittelt einen Eindruck der herrschaftlichen Profanarchitektur der Mamlukenzeit.

Umzingelt – mehrstöckige Wohnhäuser dicht gedrängt um diese Moschee in der Altstadt

Mitten in der Gasse Bain el-Qasrain erhebt sich das Brunnenhaus des Katchoda

Die einstmals schlanken Minarette der El-Hakim-Moschee wurden massiv ummauert

In einer Gabelung der Straße ließ *Abd er-Rahman Katchoda* 1744 das reizvolle **Katchoda-Brunnenhaus** 37 errichten. Den Menschen Zugang zu Wasser und Bildung zu ermöglichen, gilt nach dem Koran als besonders verdienstvolle Tat. In osmanischer Zeit entstand daher eine Reihe von eleganten Gebäuden, die ein Brunnenhaus mit darüberliegenden Unterrichtsräumen kombinierten und so das Ansehen ihres Stifters förderten.

Nach knapp 100 m folgt rechts die **El-Aqmar-Moschee** 38, die der fatimidische Wesir El-Bataihi 1125 erbauen ließ. Die Dekorationselemente ihrer Fassade – Muschelnischen mit strahlenförmigen Rippen, Rechtecke mit tief eingeschnittenen Stalaktiten, ein umlaufendes Schriftband als oberer Abschluss – tauchen hier zum ersten Mal in Kairos Architektur auf.

Die kleine Quergasse *Darb el-Asfar* beherbergt eines der schönsten Wohnhäuser der osmanischen Zeit, das 1648 errichtete **Bait es-Suhaimi** 39. Bei dem Erdbeben von 1992 schwer in Mitleidenschaft gezogen, wurde das Gebäude längst umfassend restauriert.

Im neuen Glanz erstrahlt auch der frisch gepflasterte kleine Platz vor dem Bab el-Futuh und der **El-Hakim-Moschee** 40. Der Fatimidenkalif El-Hakim ließ die noch von seinem Vater begonnene Moschee fertigstellen und mehrfach umbauen. So verschwanden die älteren, schlanken *Minarette* in massiven Ummantelungen. Ihren oberen, gerippten Abschluss erhielten sie nach dem Erdbeben von 1303. Als Gefängnis für Kreuzritter und als Pferdestall zweckentfremdet, wurde der Bau ab 1979 von den ismailitischen Bohara wieder instand gesetzt.

Mächtig erheben sich die Überreste der fatimidischen Stadtmauer, die die ältere Ziegelumwallung ersetzte. Ein Großteil der Kalksteinblöcke stammt von pharaonischen Bauten, Hieroglyphen und Reliefs bezeugen ihre Herkunft. Zwischen dem **Bab el-Futuh** 41, dem ›Tor der Eroberungen‹, und dem **Bab en-Nasir** 42, dem ›Siegestor‹, erstreckt sich die in die Befestigung einbezogene Nordwand der El-Hakim-Moschee.

Wer an der glanzvollen mittelalterlichen Geschichte Kairos Geschmack gefunden hat, sollte einen Besuch im **Islamischen Museum** 43 (Kreuzung Sh. Port Said/Sh. Ahmed Maher, Sa–Do 9–17, Fr 9–12 und 13–17 Uhr) anschließen. Zu den Exponaten gehören eine hölzerne *Gebetsnische*,

Eine beliebte Freizeitoase ist der El-Azhar-Park mit Grünflächen, Wasserbecken und Restaurants

die der Kalif El-Amir 1125 in der El-Azhar-Moschee einbauen ließ, die handbemalten *Glaslampen* aus der Sultan Hasan-Moschee sowie geschnitztes *Mobiliar* aus Moscheen und Wohnhäusern. Die fatimidischen Schnitzer setzten sich über das Verbot, Menschen und Tiere abzubilden, hinweg. Jagdszenen, ja sogar Tänzerinnen und Musikanten wurden dargestellt. Neben der Rekonstruktion eines *arabischen Zimmers* sind die *Koranhandschriften* die kostbarsten der weit über 80 000 Ausstellungsstücke.

Wer dem städtischen Trubel entfliehen möchte, findet im **El-Azhar-Park** 44 (Zugang: Sh. Salah-Salim) ein angenehmes Plätzchen zum Verschnaufen. Kairos neue grüne Lunge erstreckt sich im Osten des Islamischen Viertels auf einem ehemaligen Schuttberg. Mit seiner Umwandlung in eine weitläufige Grünanlage leistete die Stadt einen wichtigen Beitrag zur Verbesserung der Luft und Lebensqualität inmitten von Kairo. Hier kann man unter Palmen und um einen künstlichen See lustwandeln, in eines der Restaurants einkehren oder – für Ägypter ein besonderes Vergnügen – einfach auf dem grünen Rasen sitzen. Der Ausblick auf die Zitadelle, die nahen Minarette und Kuppeln ist traumhaft.

Totenstädte

In der Mamlukenzeit hatten Paläste, Moscheen und Warenlager jedes freie Fleckchen innerhalb der Stadtmauern besetzt. Die Sultane und ihre Emire erschlossen daher ihrer Baulust neue Standorte.

Bereits unter Salah ed-Din wurde für den als Heiligen verehrten Begründer einer der vier orthodoxen islamischen Rechtsschulen, den 820 in Kairo verstorbenen *Imam esh-Shafi'i*, südlich der Zitadelle eine Grabmoschee errichtet. Noch heute zieht das **Imam esh-Shafi'i-Mausoleum** 45 die Gläubigen in die Qarafa, die *südliche Totenstadt*. Schon von Weitem ist das mehrfach umgestaltete Gebäude an dem Metallboot auf seiner mächtigen Kuppel zu erkennen.

Hier, wie auch in der Totenstadt jenseits der großen Umgehungsstraße im Norden der Zitadelle, finden seit Jahrhunderten nicht nur die Toten Unterkunft. Die Pflege der um Schulen, Quartiere für Sufis und großartige Moscheen erweiterten Mausoleen verlangte Personal und zog auch Händler und Handwerker an. Mittlerweile leben auf den beiden Friedhöfen Zehntausende von Menschen. Ihre Häuser zwischen den stolz aufragenden Minaretten und reich verzierten Kuppeln sind an die städtische Kanalisation und ans Stromnetz angeschlossen.

Kairo

Die Krönung islamischer Baukunst – Kuppel der Qaitbay-Moschee

Die **Farag Ibn Barquq-Khanqa** 46, eine Unterkunft für Sufis, ist der beherrschende und zugleich älteste Komplex der *nördlichen Totenstadt*. Sultan Farag (1399–1412) ließ hier eine Grabmoschee für seinen Vater Barquq errichten. Unter den hochaufragenden, mit geometrischen Mustern verzierten Kuppeln ruhen – nach Geschlechtern getrennt – weitere Familienmitglieder des Sultans.

Einen absoluten Höhepunkt islamischer Architektur stellt die 1472 errichtete **Sultan Qaitbay-Moschee** 47 dar. Sie besteht aus einem Komplex von Schule, Brunnenhaus, Madrasa-Moschee und Mausoleum. Das monumentale *Portal* unter dem sternförmig angeordneten Kreuzgerippe, die steile, von einem filigranen Netz aus Sternen und Blumenranken überzogene Kuppel und das schlanke, 40 m hohe *Minarett* betonen die Erhabenheit dieses Bauwerks. Der kreuzförmige Gebetsraum wird von einem hoch über dem Hof angebrachten Oberlicht gekrönt. Vom wunderbar ornamentierten Minarett schweift der Blick von der Bergkette des Moqattam über die Zitadelle mit der Mohammed Ali-Moschee zur Silhouette von Kairo.

Praktische Hinweise

Information
Tourist Office, 5 Sh. Adli, Kairo, Tel. 02/23 91 34 54

Flughafen
Cairo International Airport, Heliopolis (20 km nordöstl. von Kairo), Tel. 02/22 91 42 55, www.cairo-airport.com. Alle halbe Stunde fahren Shuttle-Busse (Reservierung: Hotline 02/199 70) ins Zentrum. Alternativ empfehlen sich die neuen weißen Taxis, die korrekt nach Taxameter abrechnen.

Bahnhof
Ramses Station (Hauptbahnhof), Midan Ramses, Kairo, Tel. 02/25 74 94 74

Öffentliche Verkehrsmittel
Die Züge der **Metro** fahren zwischen 5.30 und 24 Uhr im 5- bis 10-Minuten-Takt, Tickets sind günstig. Die **U-Bahn-Linie 1** verbindet die Stadtviertel El-Marg im Norden und Helwan im Süden. Linie 2 unterquert den Nil zwischen Shubra und el Mounib, 2012 eröffnete das erste Teilstück von Linie 3 zwischen Attaba und Abbasiya. Die Station Mubarak wurde umbenannt in Al-Shohadaa (›Die Märtyrer‹). Verwirrend ist die Benennung der Stationen *Sadat* (= Midan et-Tahrir), *Nasser* (= Kreuzung Sh. 26. Juli / Sh. Ramses) und *Al-Shohadaa* (= Ramses Hauptbahnhof).

Hotels
*******Sofitel El Gezirah**, 3 Sh. El Thawra Council, Zamalek, Kairo, Tel. 02/27 37 37 37, www.accorhotels.com/de. An der Südspitze der Insel ragt dieses elegante Hotel empor. Der Service ist hervorragend, das schöne Restaurant besitzt eine Terrasse am Nil.

*******Marriott**, 16 Sh. Saraya el-Gezira, Zamalek, Kairo, Tel. 02/27 28 30 00, www.marriott.de. Der frühere Palast des Khediven Ismail in einem tropischen Gartens bezaubert seine Gäste noch immer mit königlichem Prunk. Zum Komplex gehört das *Omar Khayyam Casino*.

******Le Riad Hotel**, 114, Sh. Muiz Li Din Allah (Höhe Bait es-Suhaimi), Kairo, Tel. 02/27 87 60 74, www.leriad-hoteldecharme.com. Stilvolles Boutique-Hotel mit 17 Suiten und Dachterrasse inmitten des renovierten Altstadtviertels.

***(*)**Golden Tulip Flamenco Hotel**, 2 Sh. Gezira el-Wusta, Zamalek, Kairo, Tel. 02/27 35 08 15, www.goldentulipflamenco.com. Angenehmes Haus im Diplomaten- und Einkaufsviertel der Nilinsel Gesira.

Metro Kairo

Embaba

New El Marg — **1**
- El Marg
- Ezbet El Nakhi
- Ain Shams
- El Matareyya
- Helmiet El Zaitoun
- Hadayeq El Zaitoun
- Saray El Qobba
- Hammamat El Qobba
- Kobri El Qobba
- Manshiet El Sadr
- El Demerdash
- Ghamra

2 — Shubra
- Koleyet El Zeraah
- El Mazallat
- El Khalafawi
- St. Theresa
- Rod El Farag
- Massara
- Ghamra
- Al Shohadaa

Airport (geplant)
- Al Ahram
- Koleyet El Banat
- Cairo Stadium
- Cairo Fairgrounds
- **Abbasiya**
- Abdo Pasha
- El Geish
- Bab El Sha'reya
- **3** Attaba
- Orabi / Emad Eldin
- **Nasser**
- Opera
- **Sadat**

Kit Kat, *Zamalek*, *Boulaq*, *Mohandiseen*

- El Bohoos
- Dokki
- Cairo University
- Faysal
- Giza
- Omm El Misryeen
- Sakiet Mekki
- **El Monib** — **2**

NIL →

- M. Naguib
- Saad Zaghloul
- Sayyeda Zeinab
- El Malek El Saleh
- Mar Girgis
- El Zahraa
- Dar El Salam
- Hadayeq El Maadi
- El Maadi
- Sakanat El Maadi
- Tora El Balad
- Kozzika
- Tora El Asmant
- El Maasara
- Hadayeq Helwan
- Wadi Hof
- Helwan University
- Ain Helwan
- **1** Helwan

Übergang zur Eisenbahn
2012 © UrbanRail.Net (R. Schwandl)

Restaurants

Café Fishawi, Midan Hussein, Khan el-Khalili, Kairo, Tel. 02/25 90 67 55. Nobelpreisträger Nagib Machfus setzte dem ältesten Kairoer Café ein literarisches Denkmal. Bei *Sisha* (Wasserpfeife), Tee und einem kleinen Imbiss blickt man gelassen auf das quirlige Treiben im Basar.

Felfela Restaurant, 15 Sh. Hoda Sharawi/Ecke Sh. Talaat Harb, Kairo, Tel. 02/23 92 28 33. Das im Zentrum gelegene, urige Restaurant bietet typisch ägyptische Küche auch zum Mitnehmen. Ideal, um verschiedene Gerichte zu probieren.

> **TOP TIPP** **Khan el-Khalili Restaurant**, 5 Sh. el-Badistan, Khan el-Khalili, Kairo, Tel. 02/25 93 22 62. Sehr gute orientalische Küche mitten im Basar mit viel Atmosphäre. Das angeschlossene Nagib Mahfus Café bietet Snacks (tgl. 10–2 Uhr)

Makani, 118, Sh. 26. Julio, Zamalek, Kairo, Tel. 02/166 69. Auf zwei Etagen angelegtes rauchfreies Lokal mit leckerem Frühstück, Salaten, Crepes, Sushi und Desserts. Auf Bestellung wird geliefert (tgl. 8–2 Uhr).

> **TOP TIPP** **Taboula**, 1, Sh. Latin America, Garden City, Kairo, Tel. 02/792 52 61, www.taboula-eg.com. In diesem Kellerlokal um die Ecke von US-Botschaft und Semiramis-Hotel serviert man libanesische Küche in schöner Atmosphäre – unbedingt die Mezze ausprobieren.

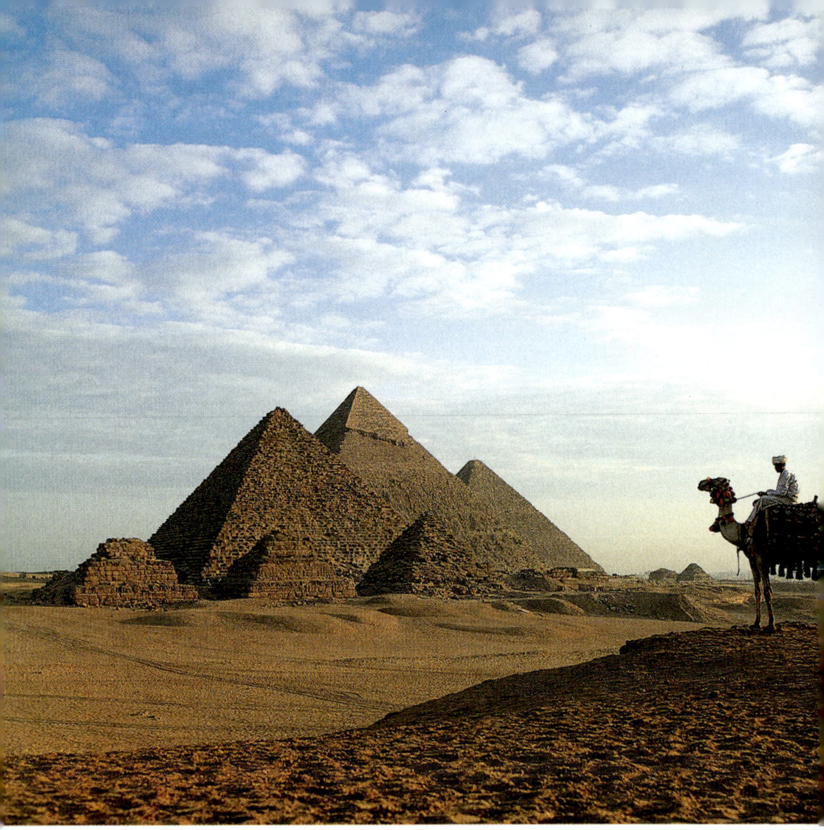
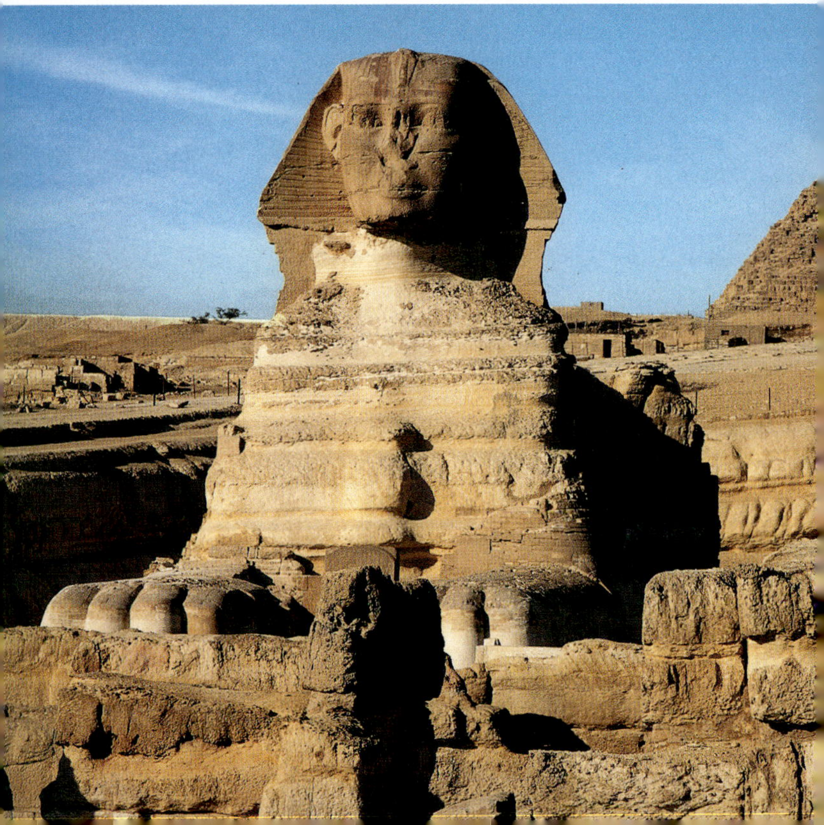

Giseh, Memphis und Saqqara – die Ahnen von Kairo

Wer in Kairo den Nil überquert, wechselt von einer Millionenstadt zur nächsten, denn am Westufer liegt **Giseh**. Die Hauptstadt der gleichnamigen Provinz besitzt eine eigene Verwaltung – und ihre eigene ruhmvolle Geschichte! Denn die **Pyramiden** – Weltwunder der Antike – gehören zu Giseh. In ihrer Sichtweite wird am Grand Egyptian Museum gebaut, das den Schätzen des Ägyptischen Museums in Kairo ab 2015 endlich genug Platz bieten soll. Südlich von Giseh liegt die alte Hauptstadt **Memphis** oder besser gesagt, das, was Steinräuber von der antiken Weltstadt übrig ließen. Kairos mittelalterliche Bauherren haben sich hier bedient. So wurden Tempel zu Moscheen, Stadtmauern und Palästen.

Das Grabungsgelände von **Saqqara** mit dem ältesten monumentalen Pyramidenbau Ägyptens, der Stufenpyramide des Djoser, bietet Archäologen und Besuchern regelmäßig neue Entdeckungen. Nicht so oft besucht wird das Gebiet von **Dahshur**, das mit den beiden Pyramiden des Snofru begeistert.

4 Giseh

»Sie sind ein Bau, vor dem die Zeit sich selber fürchtet; und alles hier auf Erden fürchtet sonst die Zeit!«
(Erzählungen aus 1001 Nacht)

Seit Jahrtausenden sind die **Pyramiden von Giseh** Ägyptens Wahrzeichen. Von den Griechen zu den *Sieben Weltwundern* gezählt, ziehen sie noch heute die Menschen in ihren Bann. Vor 50 Jahren ging die Fahrt vom Nil zum Pyramidenplateau durch grünes Ackerland und staubgraue Wüste. Heute leben in Gizeh knapp 4 Mio. Menschen. Hochhäuser säumen die 1869 angelegte *Pyramidenstraße* bis zu den Monumenten am Westrand von Giseh. Zum Schutz der Anlage und um den Besucherstrom kontrollieren zu können, wurde das Areal eingezäunt. Oberhalb vom Hotel Mena House Oberoi nahe der Cheops-Pyramide befindet sich der Haupteingang (tgl. 8.30–16.30 Uhr). Nur hier gibt es Tickets für die Innenbesichtigung der Pyramiden (max. 200 Tickets/Tag für die Cheops-Pyramide).

Errichtet für die Ewigkeit: Pyramiden und Sphinx von Giseh trotzen seit über 4500 Jahren der Zeit

TOP TIPP Kaum ein Bauwerk wurde gründlicher als die **Cheops-Pyramide** [1] untersucht und vermessen. Doch immer wieder verblüffen neue Entdeckungen: Anfang der 1990er-Jahre wurden im vermeintlich massiven Bau mit Sand gefüllte Kammern aufgespürt – ein genialer Einfall zur Arbeitserleichterung, ohne die Stabilität zu gefährden.

Cheops (um 2560–2535 v. Chr.) wählte als Erster das leicht erhöhte Felsplateau von Giseh für den Bau seiner Pyramide. Steinbrüche der Umgebung lieferten einen Großteil des Materials. Doch wurden im ganzen Land Steine für Pharaos Grab gehauen – insgesamt 2,5 Mio. m³. Ein Kanal erleichterte den Transport. Auf dem nivellierten Baugrund wurden die durchschnittlich 1 t schweren und 1,5 m hohen Blöcke aufeinandergetürmt. Welche Art von Rampen beim Bau eingesetzt wurden, beschäftigt Architekten und Ägyptologen nach wie vor – eine umlaufende Innenrampe gilt gegenwärtig vielen Fachleuten als Favorit.

Exakt nach Norden ausgerichtet, misst die **Grundfläche** der Pyramide 230,4 × 230,4 m. Bei einem Neigungswinkel von 51° 52' erreichte sie eine **Höhe** von 146,6 m. Ihrer äußeren Verkleidung beraubt, ragt sie heute nur noch 137 m in den Himmel.

4 Giseh

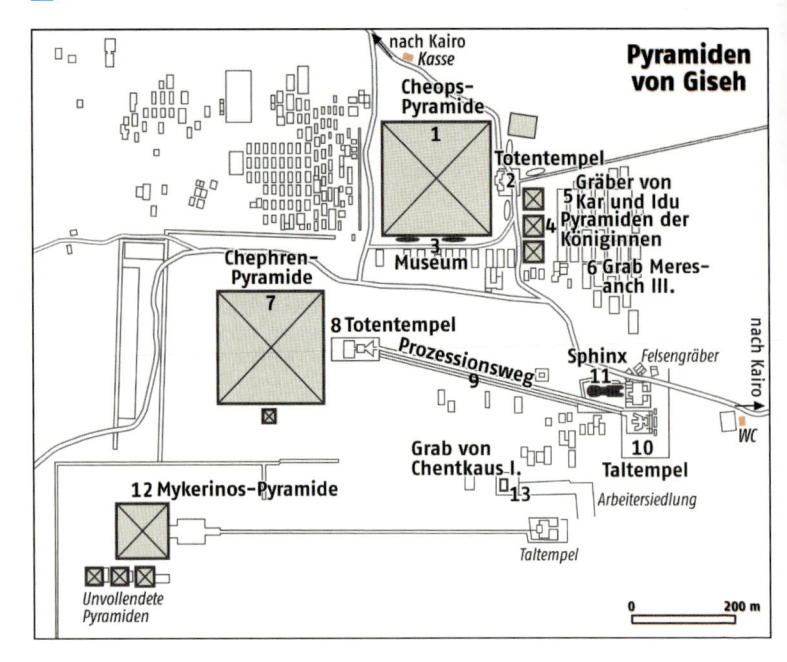

Pyramiden von Giseh

- Cheops-Pyramide (1)
- Totentempel (2)
- Museum (3)
- Pyramiden der Königinnen (4)
- Gräber von Kar und Idu (5)
- Grab Meresanch III. (6)
- Chephren-Pyramide (7)
- Totentempel (8)
- Prozessionsweg (9)
- Taltempel (10)
- Sphinx (11), Felsengräber
- Mykerinos-Pyramide (12)
- Grab von Chentkaus I.
- Taltempel (13)
- Arbeitersiedlung
- Unvollendete Pyramiden

Durch einen **Grabräubereingang** betritt man heute die Pyramide. Den drei Kammern im Inneren liegen verschiedene religiöse Konzeptionen zugrunde. Unterweltlichen Jenseitsvorstellungen entspricht die unterirdische, nie fertiggestellte Felskammer. Die *Königinnenkammer*, nur wenig höher als der Originaleingang gelegen, war wegen ihrer geringen Größe wohl nie für die Bestattung geplant. Die **Sargkammer** ist über eine steil ansteigende *Große Galerie* zu erreichen. Dieser einst von drei massiven Granitfallsteinen blockierte Raum liegt 105 m unter der Spitze der Pyramide. Von der Bestattung des Cheops blieb nichts außer der Sargwanne erhalten.

Neben den spärlichen Überresten des **Totentempels** [2] an der Ostseite der Pyramide fallen zwei tiefe Gruben auf. Sie sind steinerne und damit ewige Nachbildungen von Schiffen, in denen der König im Jenseits den Sonnengott bei dessen Fahrten begleiten wollte. Dazu diente

Zedernholz aus dem Libanon wurde für Cheops' elegante Niljacht verwendet

auch das in einem kleinen **Museum** [3] an der Südseite der Pyramide ausgestellte, 43 m lange *Schiff aus Zedernholz*. In seine 1224 Einzelteile zerlegt, entdeckte man es in einer luftdicht abgeschlossenen Grube direkt unter dem Museum. Ein zweites Boot wird direkt nebenan geborgen.

Die drei kleinen **Pyramiden der Königinnen** [4] waren die Begräbnisstätten für Cheops' Mutter und zwei seiner Gemahlinnen. Seine Söhne und deren Familien wurden im benachbarten Ostfriedhof beigesetzt. Die kleinen, sehenswerten **Gräber von Kar und Idu** [5] mit Statuen des Grabherrn und seiner Familie entstanden in der 6. Dynastie (2360–2195 v. Chr.). Das **Grab Meres-anch III.** [6], Enkelin des Cheops und Gemahlin Chephrens, zeigt die hohe Dame im Leopardenfell-Gewand einer Priesterin. Aus der Sargkammer wurde die Mumie der Meres-anch geborgen.

Die **Chephren-Pyramide** [7] (ca. 2525–2500 v. Chr.) wirkt trotz ihrer geringeren Höhe von 136,5 m (ursprünglich 143,5 m) aufgrund ihres erhöhten Standplatzes größer als die des *Cheops*. Im Basisbereich sind Reste der Ummantelung aus Rosengranit erhalten, für die Verkleidung der oberen Partien nutzte man weißen Kalkstein. Die unteren Lagen wurden z. T. aus dem gewachsenen Fels gearbeitet. Eine knapp unter dem Bodenniveau angelegte **Grabkammer** ist an die Stelle der wesentlich komplizierteren Kammersysteme älterer Pyramiden getreten. Von der königlichen Bestattung sind außer dem *Granitsarg* keine Spuren erhalten.

Unter *Ramses II.* (1279–1213 v. Chr.) wurden in Giseh Restaurierungsmaßnahmen durchgeführt. Zum Abbruch vorbereitete Blöcke und Inschriften der Bauleiter an den Wänden nordwestlich der Chephren-Pyramide stammen aus dieser Zeit.

Peitschen für den Pyramidenbau?

Peitschenschwingend, nur auf den schnellen Fortgang des Pyramidenbaus bedacht, schindet der grausame Aufseher die ihm unterstellten Sklaven – so zeigen reißerische Historienschinken à la **Hollywood** den Betrieb auf Pharaos Großbaustelle. Das Bild des größenwahnsinnigen und despotischen Herrschers, der mit seinen Untertanen nach Belieben und nicht zimperlich umspringt, scheint die Pyramidenbauer trefflich zu charakterisieren. Tatsächlich?

Nein, denn sogar göttergleiche Pharaonen verließen sich besser auf gesunden Menschenverstand: Gut ausgebildete **Spezialisten**, für Planung und Durchführung eines solchen Baus unentbehrlich, waren rar. Die Mär vom Hinmorden des treu ergebenen Architekten oder Bauleiters kann man daher getrost als moderne Fälschung vergessen – schließlich wurden diese Männer noch für andere wichtige Aufgaben benötigt. Aber auch die ungelernten Kräfte, die schwerste körperliche Arbeit verrichteten, wurden nicht einfach ›aufgearbeitet‹. Man stellte ihnen Unterkünfte bereit und versorgte sie mit Nahrung, bei Unfällen erhielten sie medizinische Hilfe. Während der viermonatigen Überschwemmungszeit wurden Männer aus dem ganzen Land auf der Baustelle zusammengezogen.

Ob der ›religiöse Zivildienst für Pharao‹ bei ihnen auf ungeteilte Begeisterung stieß, mag bezweifelt werden. Dennoch werden die Menschen damals den Sinn eines solchen Bauvorhabens eher erfasst haben als wir das heute können oder wollen: **Pharao**, der Stellvertreter der Götter auf Erden, hatte als absoluter Herrscher das Recht und die Pflicht, sich um alle Belange seiner Untertanen zu kümmern und darüber hinaus den Erhalt des Landes zu garantieren. Diese **Fürsorgepflicht** bestand auch nach seinem Tod weiter. Zwangsläufig entstand so das Bedürfnis der Ägypter, Pharaos Macht für immer zu erhalten. Und dafür musste eben auch Schwerstarbeit geleistet werden.

Das ganze Jahr über waren an dem Pyramidenprojekt bis zu 20 000 Menschen beschäftigt, in Giseh selbst arbeiteten auch zu saisonalen Stoßzeiten kaum mehr als 5000 Menschen. Sie verwandelten 2,5 Mio. m³ Gestein in das **unvergängliche Grab** ihres Herrschers, gemäß dem Auftrag des Cheops: »Man baue mir ein unzerstörbares Denkmal, wie seit der Zeit des Gottes nichts dergleichen geschaffen wurde. Auf dass man sage: ›Er hat sein Ewigkeitsdenkmal geschaffen, um seine Identität mit der großen göttlichen Neunheit zu bekräftigen.‹«

4 Giseh

Abendlicher Plausch der Kamelführer vor den farbig illuminierten Pyramiden von Giseh

Riesige Kalksteinblöcke wurden für den Bau des **Totentempels** [8] an der Ostseite verwendet. Ein überdachter **Prozessionsweg** [9] verband ihn mit dem tiefer gelegenen Tempel neben dem Sphinx. Wuchtig wirkt dieser nur während der Bestattungsfeierlichkeiten genutzte **Taltempel** [10] aus unregelmäßigen Blöcken. Aussparungen im Fußboden dienten der Verankerung von 23 Statuen des *thronenden Herrschers*. Eine dieser Figuren wurde im Vorraum des Taltempels entdeckt. Der sog. *Falkenchephren* ist heute eines der Glanzstücke des Ägyptischen Museums [s. S. 33].

In unmittelbarer Nachbarschaft zum Taltempel ruht – durch Wind, Sand und Luftverschmutzung schwer angegriffen – der große **Sphinx** [11]. Halb Löwe, halb König – und daher unbedingt männlich – war mit seinem Bau wohl schon unter Cheops begonnen worden. Seine Verbindung mit dem vor seinen Tatzen liegenden Sonnentempel brachte ihm ab dem 16. Jh. v. Chr. die Umdeutung zu einem Abbild des Gottes Harmachis, einer Erscheinungsform des Sonnengottes Horus, ein. Als solcher erschien er *Thutmosis IV.* im Traum, wovon die Stele zwischen den Tatzen berichtet. Bis zum Hals vom Wüstensand zugeweht, versprach der Sphinx dem jungen Prinzen den Thron, wenn er seine Freilegung veranlassen würde. Dass Verlass war auf ägyptische Prinzen und Götter, belegt der weitere Verlauf der Geschichte.

Men-kau-Re, von den Griechen Mykerinos genannt, war der Bauherr der kleinen **Mykerinos-Pyramide** [12]. Auf einer Basis von 102,2 x 104,6 m erreichte sie eine Höhe von etwa 65,5 m. Auch sie war bis zur 16. Steinlage mit Granit und darüber mit Kalkstein verkleidet. Knapp 4 m über dem Bodenniveau liegt der Eingang zur unterirdischen Felskammer, die durch Fallsteine blockiert war. Ein zweiter Gang führt von dort hinab zur *Sargkammer*.

Totentempel, Aufweg und Taltempel wurden erst in der Regierungszeit von *Schepseskaf*, dem Sohn des Mykerinos, fertiggestellt. Aus dem Taltempel stammen die sog. *Mykerinos-Triaden*, die den Pharao mit je zwei Gottheiten zeigen (im Ägyptischen Museum, Kairo). Nördlich davon ragt das **Grab von Chentkaus I.** [13] auf. Beim Grabmal der Königin legen Archäologen eine der antiken Siedlungen bei den Pyramiden frei.

Etwa 2,5 km nordwestlich der Pyramiden entsteht das **Grand Egyptian Museum**, dessen Eröffnung für 2015 geplant ist.

Praktische Hinweise

Hotels

*******Mena House Oberoi**, 5 Sh. el-Ahram, Giseh, Tel. 02/33 77 32 22, www.oberoimenahouse.com. Bietet einen unvergleichlichen Blick auf die großen Pyramiden. In den Moghul Rooms wird zudem die beste indische Küche Ägyptens serviert.

Pyramids Inn Motel, 219 Sh. Mansuriya, Giseh, Tel. 02/33 85 39 87, www.pyramidsinn.com. Günstiges, sauberes Hotel mit tollem Blick von der Dachterrasse zu den nahen Pyramiden. Allerdings ist etwas Verkehrslärm zu hören.

Restaurants
Felfela, 27 Alexandria Rd, Giseh. Gartenrestaurant und Straßenverkauf.

Sphinx Sun, 9 Sh. Abu el-Hol es-Siahi, Naslat Saman. Am Platz unterhalb des Sphinx. Auf zwei Etagen mit einer kleinen Terrasse gibt es hier Buffet oder à la carte zu moderaten Preisen.

5 Memphis

Malerisch unter Palmen liegen die spärlichen Reste von Ägyptens erster Hauptstadt.

28 km südlich von Gizeh beim Dorf *Mit Rahina* liegt Memphis. Von der einstigen **Weltstadt** mit Tempeln für ägyptische und ausländische Götter – Diplomaten und Händler verschiedenster Nationen hatten sich hier niedergelassen – hat nur wenig die Jahrtausende überdauert. Selbst der alte Name *Inebu-hedsch* (›Die weiße Mauer‹) ging verloren. *Men-nefer-Pepi*, der benachbarte Pyramidenbezirk von Pepi I., wurde zum neuen Taufpaten.

Als erste Hauptstadt des vereinigten Ägypten besaß Memphis über Jahrtausende unangefochten Bedeutung als *Krönungsstadt*. Nur wer Memphis besaß, konnte sich mit Recht als Herrscher über das Nilland fühlen. Der *Tempel des Ptah*, eines der wichtigsten Heiligtümer des Landes, wurde ständig erweitert. Das im Schatten einer Palme aufgestellte **Apries-Dekret** aus der 26. Dynastie berichtet von großzügigen Schenkungen und Steuerbefreiungen. Hut-Ka-Ptah, der Name des Tempels, wurde schließlich als *Aigyptos* auf das ganze Land übertragen.

Vor dem Eingang des Heiligtums stand einst die heute noch 10,5 m hohe **Statue Ramses' II.** (1279–1213 v. Chr.). Vom Zahn der Zeit angenagt, liegt der große König nun auf dem Rücken. Der 1912 entdeckte Alabastersphinx wird aufgrund stilistischer Untersuchungen Amenophis II. (1428–1402 v. Chr.) zugewiesen. Nördlich der Straße finden sich noch Überreste der Balsamierungsstätte für die Apis-Stiere, die heiligen Tiere des Ptah.

Die Fahrt entlang der Bewässerungskanäle zu den Ruinen von Memphis gewährt Einblick ins *ländliche Ägypten*: Am Rand der Großstadt behaupten sich Dattelpalmenhaine, Weizen- und Sonnenblumenfelder. In einfachen Lehmhäusern wohnen Fellachen, die ihre Ernte auf den Märkten Kairos verkaufen. Ihnen selbst bleibt wenig: Brot, Bohnen und Zwiebeln sind ihre Hauptnahrungsmittel. Fleischgerichte kommen nur zu hohen Festtagen auf den Tisch. Wasserbüffel dienen als Arbeitstiere, denn kaum ein einfacher Bauer kann sich einen Traktor leisten.

Unweit der alten Hauptstadt Memphis geht es noch heute beschaulich zu

Der kleine Bruder: nicht ganz so alt wie der Sphinx von Giseh, dafür aber besser erhalten

6 Saqqara

Die Stufenpyramide des Djoser lockte schon in der Antike ehrfürchtige Besucher zum bedeutendsten Friedhof Altägyptens.

25 km südlich von Giseh am Rand der Wüste entstand in Saqqara, benannt nach dem Totengott Sokar, einer der größten **Friedhöfe** Ägyptens, heute eine bedeutende Fundstätte. Am Eingang zum Grabungsgelände (tgl. 8–17 Uhr, im Ramadan kürzer) zeigt das **Imhotep-Museum** [1] Objekte aus den verschiedensten Epochen – frühzeitliche Steingefäße aus der Stufenpyramide, Stein- und Holzstatuen oder Reliefs vom Aufweg zur Unas-Pyramide. Spektakuläre Funde aktueller Grabungen sind ebenso vertreten wie eine Hommage an den französischen Archäologen Jean-Philippe Lauer, der sein Leben der Erforschung des Djoser-Komplexes widmete.

In der Frühzeit bauten die Pharaonen ihre Gräber sowohl in Saqqara als auch in Abydos, bis heute ist umstritten, wo sie tatsächlich bestattet wurden. Djoser, der zweite Herrscher der 3. Dynastie, entschied sich für Saqqara. Sein Architekt *Imhotep* schuf in dem von einer 1,64 km langen Mauer umgebenen Areal mit der **Stufenpyramide des Djoser** [2] den Prototyp des ägyptischen Königsgrabs. Im Südosten der Umfassungsmauer befindet sich der Eingang zum großen Hof vor der Pyramide. Im Süden des Hofs liegt das **Südgrab** [3], das vermutlich als eigenständige Grabform für den *Ka* (die Seele) des Königs gedacht war. Für die ewige Wiederholung des 30-jährigen Regierungsjubiläums (*Heb sed*) standen die Kapellen im **Heb-sed-Hof** [4] bereit. Der immerwährenden Herrschaft des Djoser dienten die östlich der Pyramide liegenden **Scheinpaläste** [5] – je eine für die beiden Landeshälften. Am Mauerwerk der Pyramide lassen sich verschiedene Baustufen feststellen. Ausgehend von der traditionellen Form der *Mastaba*, einem rechteckigen Pyramidenstumpf, wurde zunächst der Grundriss erweitert. Es entstand ein zweistufiges, etwa 10 m hohes Grab. Eine Steigerung bedeutete die vierstufige Überbauung, die jedoch zugunsten einer weiteren Vergrößerung aufgegeben wurde. Schließlich wuchs die *sechsstufige Pyramide* über einer Basis von 109,2 x 121 m bis auf 62,5 m an. An ihrer Nordseite neben den Resten des Totentempels lehnt das sog. *Serdab* mit einer Sitzstatue des Djoser (Original im Ägyptischen Museum, Kairo, s. S. 33).

Vom Wall westlich der Pyramide reicht der Blick bei klarem Wetter bis zu den Pyramiden von Giseh und bis Dahshur. Unmittelbar südlich des Djoser-Komplexes ließ Unas, der letzte König der 5. Dynastie, die vergleichsweise bescheidene **Unas-Pyramide** [6] errichten. In ihrer Grabkammer wurden erstmals die *Pyramidentexte* genannten Spruchsammlungen aufgezeichnet. Wie seit der 4. Dynastie üblich, steht der Totentempel im Osten der Pyramide. Ein überdachter Weg verband ihn mit dem 700 m östlich gelegenen Taltempel.

Von der 5. bis zur 26. Dynastie ließen Prinzessinnen und hohe Beamte ihre Gräber in der Nachbarschaft des Djoser-Bezirks anlegen. Zur Zeit Tutanchamuns war der Platz südlich des Unas-Aufwegs bei hohen Staatsbeamten beliebt: Noch als General begann der spätere Pharao Haremhab hier ein großes Hofgrab. Die Reliefs des **Haremhab-Grabes** [7] zeigen den überaus eleganten Stil dieser Zeit. Der Schatzmeister **Maya** und seine Gemahlin Merit sowie dessen unter Ramses II. amtierender Kollege **Tia** wählten Plätze direkt in der Nachbarschaft für ihre ewige Ruhe. Die Gräber von **Ptahemwia** und **Meryneith** stammen noch aus der Zeit des Ketzerkönigs Echnaton.

Der Prototyp der ägyptischen Pyramide – Architekt Imhotep schuf die Djoser-Stufenpyramide

Aus der 5. Dynastie stammt das **Doppelgrab von Chnumhotep und Ni-anch-Chnum** [8], das weiter östlich vom Aufweg zur Unas-Pyramide verdeckt wurde. Seine Reliefs zeigen die für diese Zeit typische hohe Qualität. Beide Herren dienten dem König als Nagelpfleger. In enger Umarmung und Nase an Nase dargestellt, stifteten sie unter den Ägyptologen einige Verwirrung. Unbegründet, wie sich an den Szenen mit der jeweiligen Familie ablesen lässt.

Zu den Höhepunkten altägyptischer Kunst gehören die Reliefs im **Doppelgrab von Achtihotep und Ptahhotep** [9] nordwestlich der Stufenpyramide. Im Eingangsbereich zeigt das Nebeneinander von Vorzeichnungen, begonnenen Reliefs und vollständig ausgearbeiteten Figuren, dass Zeichner und Bildhauer gleichzeitig an verschiedenen Teilen der Wand tätig waren. Im kleinen Kultraum des Ptahhotep bringen Diener dem Grabherrn an der Westwand zwischen den beiden ›Scheintüren‹ Opfergaben dar. Mit ihren liebevoll gestalteten Details sind besonders die Reliefs der Ostwand eine Augenweide. Oberhalb der Szenen vom Leben am Nil erscheinen die Tiere der Wüste. Zwei Löwen, Gazellen, aber auch Igel und Hasen werden gebunden oder in Käfigen Ptahhotep vorgeführt. Dieser ist über dem Eingang, umgeben von Dienern, bei der Morgentoilette dargestellt.

Ti gehörte als Besitzer großer Ländereien, hoher Beamter und Gatte der Prinzessin Neferhetepes zum Hofstaat der 5. Dynastie. Entsprechend großartig ist

Saqqara

1. Imhotep-Museum
2. Stufenpyramide des Djoser
3. Südgrab
4. Heb-sed-Hof
5. Scheinpaläste
6. Unas-Pyramide
7. Haremhab-Grab
8. Doppelgrab von Chnumhotep und Ni-anch-Chnum
9. Doppelgrab von Achtihotep und Ptahhotep
10. Grab des Ti
11. Pyramide des Teti
12. Grab des Mereruka

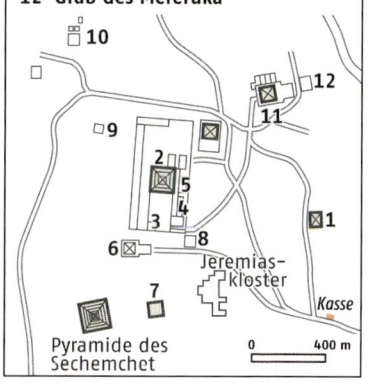

das **Grab des Ti** [10] ausgestattet. Vom Innenhof führt ein schmaler Gang vorbei an Scheintüren für seinen Sohn und seine Frau zum Kultraum. Auf dem Relief an dessen Nordwand fährt Ti in einem Boot durch ein stark stilisiertes *Papyrusdickicht* – mit Vögeln, Fischen, Krokodilen, Nilpferden und Fröschen das Symbol für die Vielfalt des Lebens. An der Ostwand finden Aussaat und Ernte statt, das Getreide wird zu Garben gebündelt und schließlich gedroschen. Rechts zeigen die Bilder vom *Schiffbau* eine der Eigenarten ägyptischer Kunst: Obwohl eifrig an den Schiffsrümpfen gearbeitet wird, sind die Boote längst fertig. Fehlerhaftes oder Unvollständiges darzustellen, widersprach der Auffassung, dass Bilder als Ersatz des wirklichen Lebens funktionieren sollten. Durch Schlitze in der Südwand fällt der Blick auf überlebensgroße Statuen des Grabherrn. Sie dienten als *Ersatzkörper* für die Seele des Ti.

Im Umfeld der stark verwitterten **Pyramide des Teti** [11] aus der 6. Dynastie liegen Gräber von hohen Beamten dieser Zeit. Das **Grab des Mereruka** [12], eines mit einer Tochter Tetis vermählten Wesirs, ist eine der größten Anlagen von Saqqara. 32 Räume umfasst das Familiengrab, an dessen Eingang Mereruka mit der Schreibbinse in der Hand vor einer Staffelei sitzt. Seine Kultkammer wird von der aus einer erhöhten Scheintür tretenden Statue beherrscht.

7 Dahshur

Unberührt vom Bauboom Kairos beherrschen die eindrucksvollen Monumente wie vor Tausenden von Jahren die Wüste.

Seit 1996 ist das im militärischen Sperrgebiet südlich von Saqqara liegende Pyramidenfeld aus dem *Alten* und *Mittleren Reich* für Zivilisten wieder zugänglich. Direkt beim Eingang liegt rechts der Straße die verwitterte **Ziegelpyramide von Sesostris III.** aus der 12. Dynastie (1878–1842 v. Chr.). Wesentlich imposanter sind die beiden Pyramiden des **Snofru**. Der erste Herrscher der 4. Dynastie (2640–2520 v. Chr.) ließ drei Pyramiden erbauen. Dennoch war er von seinen Untertanen keineswegs als Tyrann verdammt worden. Im Gegenteil, er galt als der ideale ›gute Pharao‹. Nach einem missglückten Versuch in Maidum [s. S. 63] wählte Snofru den Standort Dahshur als neuen Bauplatz.

Hier begannen die Arbeiten an der **Knickpyramide**, die ihre ungewöhnliche Form möglicherweise statischen Problemen verdankt. Sie war als erste reine Pyramide ohne Stufen geplant worden. Risse im Kernmauerwerk bedrohten jedoch die Stabilität. Um den Druck auf die Fundamente zu verringern, wurde die Basislänge auf 188 m erweitert, der Neigungswinkel auf 54° 31' reduziert. Nachdem eine Höhe von 49 m erreicht worden war,

Haremhab-Grab: Asiatische Gäste jubeln dem General bei seiner öffentlichen Auszeichnung zu

Statische Probleme? Die Pyramide von Dahshur besitzt eine ungewöhnliche Knickform

stellten sich die Schäden immer noch als zu gravierend heraus, sodass der Winkel nochmals um 10° verkleinert wurde.

Dennoch erschien die Pyramide als ewige Ruhestätte Pharaos nicht sicher genug und spätestens im 30. Regierungsjahr Snofrus begann der Bau der 4 km nördlich gelegenen **Roten Pyramide**. Auf einer Basis von 220 x 220 m erreicht sie eine Höhe von 108 m. In der Sargkammer mit Giebeldach konnten 1950 nur Reste einer Bestattung sichergestellt werden.

Östlich der Knickpyramide erhebt sich die bizarr geformte Silhouette der **Schwarzen Pyramide** von Amenemhet III. Aus großformatigen Lehmziegeln zu einer Höhe von ursprünglich etwa 90 m aufgebaut, besaß sie eine Verkleidung aus Kalksteinblöcken. Probleme mit dem weichen Tonschieferuntergrund führten wie schon rund 800 Jahre früher bei Snofru zu Schäden im Baukern. Amenemhet zog die Konsequenzen und verschloss die Pyramide. Zuvor waren Stabilisierungsmaßnahmen durchgeführt und immerhin drei Königinnen in dem Bau bestattet worden. Amenemhet selbst ließ sich in einer zweiten Ziegelpyramide bei Hawara im Faiyum [s. S. 65] beisetzen.

Die alte Bausubstanz will gepflegt werden – Steinmetz bei Restaurierungsarbeiten

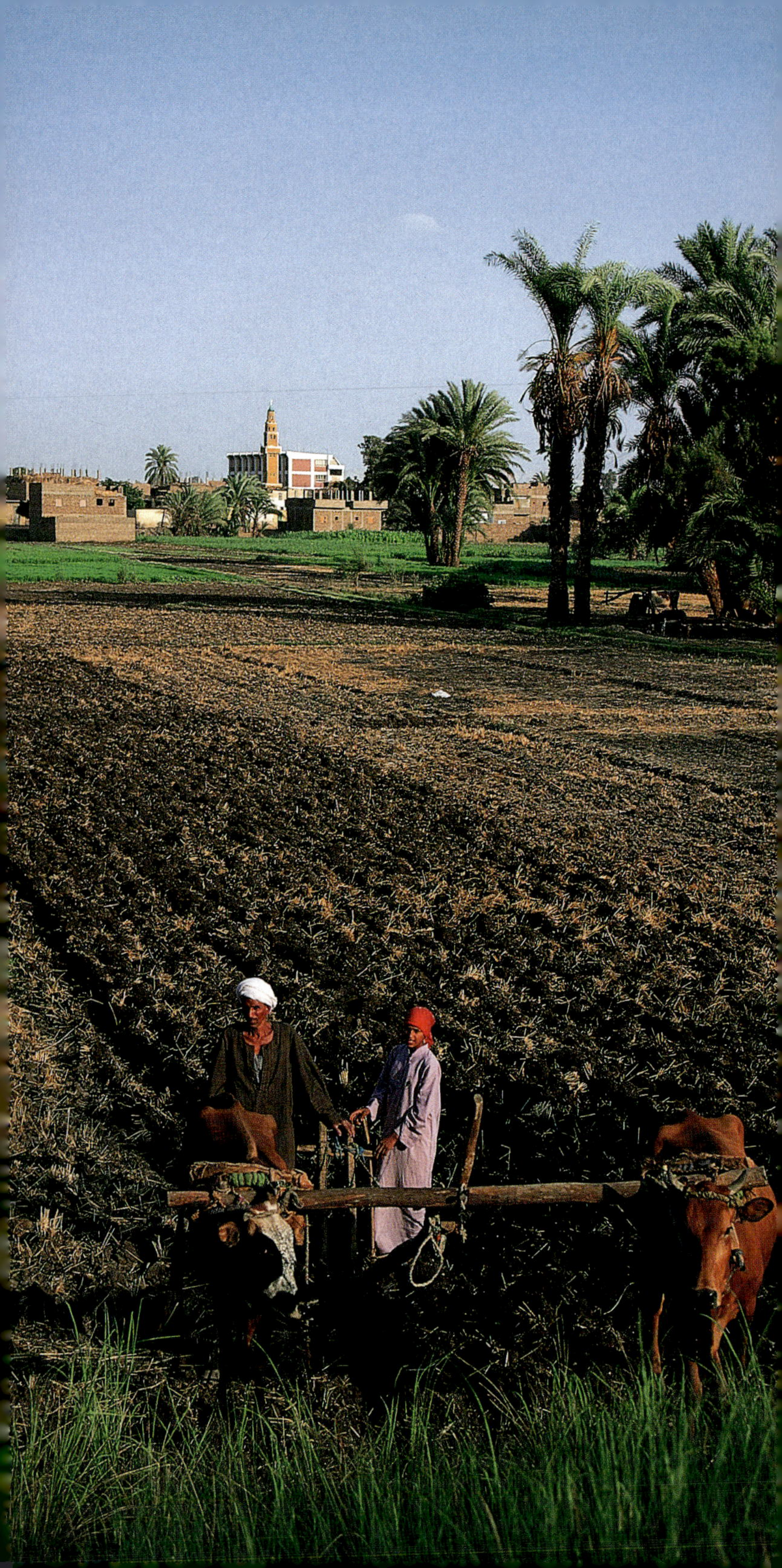

Mittelägypten –
Ländliche Idylle mit Krisenpotenzial

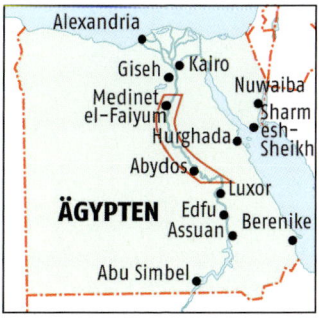

Südlich von Kairo erstreckt sich die weite, fruchtbare Schwemmebene, eines der wichtigsten landwirtschaftlichen Gebiete Ägyptens. Obwohl offiziell zu Oberägypten gehörig, welches das Niltal bis nach Assuan umfasst, hat sich für die Region zwischen **Beni Suef** und **Qena** der Begriff Mittelägypten eingebürgert. Dazu zählt auch das abseits des Flusstals in einer Senke der Libyschen Wüste liegende **Faiyum**, das durch den bei Assiut vom Nil abzweigenden Bahr Yusuf mit Wasser versorgt wird. Dort werden neben Zitrusfrüchten, Feigen- und Mangobäumen auch Tomaten, Baumwolle, Heilkräuter und Reis angebaut. Dagegen beherrschen entlang des Nils Zuckerrohrfelder das Bild. Mit Ausnahme von Textil- und Zuckerfabriken gibt es in dem rund 470 km langen Gebiet kaum Ansätze zur Industrialisierung. Generell ist die Region zwischen **El-Minya**, Assiut und Sohag im innerägyptischen Vergleich deutlich schlechter gestellt: So sind die Analphabetenrate wie auch die Kindersterblichkeit höher als im Landesdurchschnitt, und die Anzahl der unter der Armutsgrenze lebenden Menschen ist überproportional hoch. Die soziale Schieflage löste in den 1990er-Jahren schwere Unruhen aus, die zu Spannungen zwischen der koptischen und der muslimischen Bevölkerung führten.

TOP TIPP Losgelöst vom wechselhaften politischen Alltag mit seinen Machtkämpfen erscheint die **Nillandschaft**: Sattgrüne Felder strahlen vor der Kulisse der kargen, im Abendlicht rötlich schimmernden Wüstengebirge eine friedvolle Stille aus. Tatsächlich vermitteln die hinter ihren Ochsengespannen den Pflug führenden Bauern das Gefühl, durch eine längst vergangene Zeit zu reisen. Besuche in den antiken Stätten von **Beni Hasan, Tell el-Amarna, Tuna el-Gebel, Abydos** oder **Dendera** verstärken diesen Eindruck. Seit 2012 wird die lange Schiffsreise zwischen Kairo und Luxor-Assuan wieder angeboten – ideal, um die Sehenswürdigkeiten Mittelägyptens zu besuchen.

8 Maidum

Wie ein gigantischer Sandkuchen ragt die erste Pyramide des Snofru aus der Wüste am Rand der Oase Faiyum.

Pharao Snofru, der während seiner Regierungszeit drei Pyramiden errichten ließ, begann sein immenses Bauprogramm in Maidum. Da den Ägyptologen drei Pyramiden für Snofru zu viel erschienen, wurde immer wieder die Theorie vertreten, das Maidumer Bauwerk habe sein Vorgänger *Huni* begonnen und Snofru für seinen früh verstorbenen Schwiegervater nur fertiggestellt. Zwar wurden unfertige Kulteinrichtungen wie z. B. der Totentempel noch nach der Beisetzung eines Herrschers vervollständigt, doch lässt sich in keinem Fall nachweisen, dass man am Grab selbst weiterbaute. Altägyptische Quellen bringen die **Pyramide** von Maidum ausschließlich mit Snofru in Verbindung. Außer dem Bauherrn bereitet die Bauweise den Forschern Kopfzerbrechen. Der heute aus einem mächtigen Steinschuttring aufragende Rumpf erinnert kaum mehr an eine Pyramide. Bereits in der Antike rutschte die äußere Verkleidungsschicht am steilwandigen Kernbau ab. Dadurch sind ältere *Bauphasen* erkennbar. Der Kernbau wurde von sechs Stufen umhüllt, sodass eine siebenstufige

Noch das kleinste Fleckchen fruchtbaren Landes wird für den Anbau von Bohnen, Tomaten oder Zwiebeln genutzt

8 Maidum

Abgerutscht: Bereits in der Antike verlor die Pyramide von Maidum ihre Verkleidung

Pyramide entstand. Noch vor ihrer Vollendung wurde sie um eine weitere Stufe auf etwa 85 m aufgestockt. Jahre später erfolgte ein erneuter Umbau: Die Seitenlänge erreichte 144,3 m, der Neigungswinkel wurde von 75° auf 51°51′ reduziert. Die Pyramide ragte nun 92 m auf.

Ihre kleine *Grabkammer* ist über den in 15 m Höhe liegenden Eingang an der Nordseite zu erreichen (Taschenlampe!). Der **Totentempel** an der Ostseite ist wegen der Graffiti frommer Pilger im Eingangsbereich interessant.

Nördlich der Pyramide liegen **Ziegelmastabas** für Angehörige des Hofstaats, darunter zwei Söhne König Snofrus. *Prinz Nefermaat* ging als innovativer Künstler in die Geschichte ein: Tiefe, nur grob in den Stein geschnittene Reliefs wurden mit bunter Paste gefüllt, wodurch die Farben länger haltbar bleiben sollten. Wegen des trockenen Klimas bröckelten Farbpasten allerdings aus ihrer Fassung.

Aus der im konservativen Stil geschmückten **Grabkammer** von Nefermaats Gattin *Itet* stammt die berühmte Szene der ›Gänse aus Maidum‹. Von zeitloser Ebenmäßigkeit sind die Sitzfiguren von *Prinz Rahotep* und seiner Gemahlin *Nofret*, die in einem benachbarten Grab gefunden wurden (heute im Ägyptischen Museum, Kairo).

9 Faiyum

Das 173 000 ha große Gebiet bietet mit seinem See, den üppigen Feldern und Obstplantagen ein lohnendes Kontrastprogramm zum Großstadtgetriebe Kairos.

Seinen Namen erhielt das Faiyum bereits in pharaonischer Zeit: *Pajom*, ›das Meer‹, bezeichnete den in der Antike wesentlich größeren **Birket Qarun**. Dieser See entstand während des Pleistozäns, als der Nil das heutige Faiyumbecken bewässerte. Durch die spätere Verlagerung des Flusslaufs schrumpfte der See und sank bis heute um 67 m auf 45 m u. d. M., sodass der Salzgehalt des Wassers anstieg.

Am Nordufer des Sees entwickelte sich in vorgeschichtlicher Zeit eine der ältesten *Keramik* produzierenden Kulturen Ägyptens. Den Kult des Krokodilgottes Sobek soll *Pharao Narmer* eingeführt haben. Noch in der Römerzeit belegt der Name Krokodilopolis für die alte Provinzhauptstadt *Schedit* den Respekt vor dem gefährlichen Tier. In der 12. Dynastie begann *Sesostris II.* ein **Landgewinnungsprojekt**, das sein Enkel Amenemhet III. (1818–1770 v. Chr.) erfolgreich fortführte: Durch einen Damm, der bei Hawara den Wasserzufluss regulierte und die Trockenlegung des Sumpfs ermöglichte, entstand neues Ackerland. Eine verbesserte Nahrungsversorgung für die Bevölkerung und göttliche Verehrung für Amenemhet III. waren die Folgen. Knapp 1500 Jahre später, Anfang des 3. Jh. v. Chr., wurde unter den ersten Ptolemäern der Wasserspiegel nochmals um 12 m gesenkt und damit eine Verdopplung der Anbaufläche erzielt. Griechische Siedler kolonisierten das Neuland.

Aus dieser Zeit stammen die Ruinen von *Karanis*, die beim Dorf **Kom Aushim** direkt neben der Wüstenstraße nach Kairo liegen. Seine rund 3000 Einwohner verehrten neben Sobek auch *Serapis*, den neuen Reichsgott der Ptolemäer. Zahlreiche Papyri aus der Zeit vom 3. Jh. v. Chr. bis zum 5. Jh. n. Chr. vermitteln ein Bild vom Leben der griechischen Siedler und ihrer Nachfahren. Ein kleines **Museum** (tgl. 8–16 Uhr) zeigt neben Funden aus Karanis Stücke verschiedener Epochen aus dem gesamten Oasengebiet.

Die Fahrt nach Süden bis Medinet el-Faiyum führt durch Dörfer mit den typischen turmartigen *Taubenhäusern*, vorbei an sattgrünen Feldern und Obstgärten mit Mango- und Orangenbäumen.

Überreste der antiken Hauptstadt *Schedit*, die nördlich von **Medinet el-Faiyum** lag, sind kaum erhalten. Die moderne Stadt, Sitz der Provinzverwaltung, ist für ihre gewaltigen *Wasserräder* berühmt. Seit der Ptolemäerzeit schöpfen diese das kostbare Nass in bis zu 3 m höher gelegene Bewässerungskanäle.

Aus dem Dorf **Abgig** südwestlich der Hauptstadt stammt der *Obelisk Sesostris' I.*, ein 13 m hoher, mit Inschriften und Reliefs verzierter Granitpfeiler, der inmitten eines Kreisverkehrs an der Straße nach Kairo wieder aufgestellt wurde. Im Südwesten der Faijumsenke lohnt sich ein Abstecher nach **Medinet Maadi**. Der unter Amenemhet III. gegründete Ort war noch bis in die Römerzeit bewohnt. Hier verehrte man die schlangengestaltige Renenutet als Ernährerin und errichtete ihr neben Sobek ein Heiligtum. Von Sphingen gesäumt führt ein Prozessionsweg zum Tempel. Ein kleines Museum veranschaulicht die lange Geschichte des Ortes und eine kleine Cafeteria laden zum Verweilen.

Auch ein Abstecher ins Naturschutzgebiet **Wadi el-Rayan** mit dem sog. Tal der Wale, dem **Wadi al-Hitan**, das zum UNESCO-Weltnaturerbe zählt, bietet sich an. 40 Mio. Jahre alte Fossilien von Walen und Seekühen in eindrucksvoller Wüstenlandschaft faszinieren nicht nur die Forscher.

Die Straße nach Beni Suef führt zu den bedeutendsten antiken Monumenten des Faiyum: Bei **Hawara** am Ostrand des Fruchtlands erhebt sich die verwitterte Silhouette der aus Lehmziegeln errichteten *Pyramide Amenemhets III*. Die 4 m starke Kalksteinverkleidung der auf einer Grundfläche von 106 × 106 m ruhenden Pyramide ist völlig verschwunden. Seine bizarre Gestalt verdankt das Grabmal neben der natürlichen Erosion ›Sebbach‹-

Gestrandet – fossiles Walskelett im Wüstensand von Wadi al-Hitan

9 Faiyum

Felsengräber von Beni Hasan – Grab des Chnumhotep mit der Darstellung des Vogelfangs

Gräbern, Bauern, die die luftgetrockneten Nilschlammziegel als Dünger für ihre Felder abtransportieren.

Schon Sesostris II. hatte das Faiyum als Bauplatz für sein Grab gewählt. Bei **Illahun** in der Nähe des Dammes, der den Wasserzufluss zum einstigen Sumpfgebiet versperrte, ließ er seine mit einem Kalksteingerüst durchsetzte *Lehmziegelpyramide* errichten. Auch hier fehlt die Verkleidung, die einst die 48 m hohe Pyramide umgab. Im benachbarten Schachtgrab wurde die Prinzessin *Sat-Hathor-Junit* bestattet, deren kunstvoll gearbeiteter Schmuck im Ägyptischen Museum in Kairo zu bewundern ist.

Muslimbrüder in Ägypten

1928 gründete der Ägypter **Hasan el-Banna** die Gemeinschaft der **Muslimbrüder**, *al-Ihwan al-Muslimun*. Neben der Verbreitung islamischer Moralvorstellungen waren soziales Engagement und politische Unabhängigkeit die vorrangigen Ziele. Von Anfang an war die Vereinigung politisch aktiv. In den 1940er-Jahren prangerten sie ebenso wie die national gesinnte *Opposition* die **britische Dominanz** in Ägypten und den ausschweifenden Lebensstil **König Faruqs** an. Nur kurz hielt die Allianz mit den Freien Offizieren. Nach dem Sturz des Königs und der Ausrufung der Republik, verbot der neue Staatschef Nasser die ihm missliebigen Kritiker der Muslimbrüder.

Nach dem verlorenen **Suez-Krieg** von 1967 häuften sich Ägyptens Probleme: Die wirtschaftliche Lage bei sinkenden Einnahmen und steigender **Arbeitslosigkeit** war alles andere als rosig. Präsident Sadat versuchte ab 1974, wachsender Armut und sozialer Schieflage im Land mit einer politischen Kehrtwende zu entkommen. Doch enttäuschte die Öffnung zum Westen die Erwartungen – nicht der Aufbau einer starken Wirtschaftsmacht, sondern eines neuen Absatzmarkts war für die Industriestaaten von Interesse. Das rapide **Bevölkerungswachstum** verschlang das Wenige, das an Überschüssen produziert wurde. Trotz beständiger harter Arbeit sah der kleine Mann auf der Straße keine Verbesserung – Nassers Experiment mit dem Sozialismus und Sadats kapitalistische Versuche waren gescheitert. Gelder flossen ins Ausland, während die Not am Nil immer größer wurde. Kein Wunder, dass die geschickte Sozialpolitik **fundamentalistischer Bewegungen** ein positives Echo fand. Der Islam gebietet es dem wirtschaftlich Bessergestellten ausdrücklich, benachteiligte Mitmenschen zu unterstützen – eigentlich eine Aufgabe der Regierung! Zwischen 1985 und 1997 radikalisierten sich vor allem in den sozial benachtei-

10 El-Minya

Die Provinzhauptstadt eignet sich als Ausgangspunkt für Besuche von Beni Hasan, Tell el-Amarna, Tuna el-Gebel.

El-Minya gehört zu den größeren Städten Mittelägyptens. Von den fast 250 000 Einwohnern sind ein Fünftel **Kopten**. Neben Minaretten ragen daher einige Kirchtürme in den Himmel. Wichtigste Arbeitgeber sind außer städtischer und staatlicher Verwaltung die Universität sowie Textil- und Zuckerfabriken. 2013 soll am Ostufer des Nils das **Aton-Museum** eröffnet werden, das sich vor allem der Regierungszeit Echnatons widmet.

ℹ Praktische Hinweise

Hotels

**Horus Resort Menia, Corniche el-Nil, El-Minya, Tel. 086/231 66 60, www.horusresortmenia.com. Freundliche Bungalow-Anlage direkt am Nil mit einem auch bei Einheimischen beliebten Restaurants und Internet-Café.

**King Akhenaton Hotel, Corniche el-Nil, El-Minya, Tel. 086/236 59 18. Einfaches Hotel mit schönem Nilblick, gutem Essen und nettem Personal.

11 Beni Hasan

Von Minya führt am Ostufer des Nils eine Straße knapp 25 km bis zu den Felsengräbern von Beni Hasan.

Auf dem Weg passiert man den riesigen Friedhof von **Sawjet el-Maitin** mit seinen Tausenden von Kuppelgräbern. Hoch über dem Grün des Fruchtlands legten die Fürsten des sog. *Antilopengaus* während der 11. und 12. Dynastie (2081–1758 v. Chr.) ihre Gräber an. Entgegen der Tradition wurde der Friedhof nicht im Westen, sondern im Osten des Nils angesiedelt, denn das Ackerland am Westufer war zu kostbar, um dort ›Häuser für die Ewigkeit‹ zu errichten.

Baket III. (Nr. 15) und sein Sohn **Cheti** (Nr. 17) ließen in ihren geräumigen, von Lotosbündelsäulen gegliederten *Felsgräbern* die üblichen – durch ihren provinziellen Stil besonders reizvollen – Szenen aus Handwerk und Landwirtschaft anbringen. Tanzende und Ball spielende Mädchen erscheinen im Wechsel mit Friseuren, Webern und Spinnerinnen. Prominent an der Rückwand angebracht, bezeugen unübliche *Kampfdarstellungen* mit Ringern die Militärmacht der Provinzherrscher der 1. Zwischenzeit.

ligten Regionen Ägyptens Anhänger der Muslimbrüder und verschrieben sich dem *Dschihad* – einem Kampf auf Leben und Tod – mit einem klaren Ziel: Das Regime, das auch unter Mubarak eine eklatante Missachtung des einfachen Menschen vorlebte, sollte gestürzt werden! Zuerst wurden regierungstreue Amtspersonen zu Zielscheiben, bald aber auch die Kopten und die Fremden im Land. Die deutliche Aussage des Koran »**Es gibt keinen Zwang im Glauben**« (Sure 2, Vers 257) ignorierend, schüchterten militante Prediger und ihre Anhänger weite Teile der Bevölkerung ein.

Aus dieser Zeit rühren Angst und Misstrauen, die das Ausland den Muslimbrüdern gegenüber empfindet. Doch sind nicht alle ›Bartträger‹, wie sie oft spöttisch von den eigenen Landsleuten genannt werden, Verfechter eines militanten Weges. Vielen Mitgliedern erscheint eine Demokratie, die ihre religiösen Werte berücksichtigen kann, als das erstrebenswerte Ziel.

Der große Gründervater der Muslimbruderschaft ist der Ägypter Hasan el-Banna

11 Beni Hasan

Auch in der 12. Dynastie lässt **Amenemhet** (Nr. 2) seine Männer bei Kampfsportübungen und dem Angriff auf eine fremde Festung abbilden. Die Inschrift im Eingangsbereich erwähnt seine Teilnahme an einem Kriegszug unter Sesostris I. Gemeinsam mit seiner Gemahlin Hetepet und seiner Mutter erwartet der Grabherr in der Kultnische die Opfergaben.

Zwei Szenen aus dem Grab des **Chnumhotep** (Nr. 3) finden sich in fast allen Ägyptenbüchern: In bunte Gewänder gekleidet, führen bärtige Männer eine Karawane von Aamu-Beduinen aus der Ostwüste vor den Fürsten. Eine Inschrift bezeichnet ihren Anführer als *Heqa chasut*, ›Herrscher des Fremdlands‹. Die zweite Szene befindet sich über der Statuennische, wo das Bild zweier Bäume mit einer Vielzahl von Vögeln wie eine detaillierte Naturstudie erscheint.

›Der Sonnengesang des Echnaton‹

Häufig wird Echnaton als ›Erfinder des Monotheismus‹ gefeiert. Zu Unrecht, denn der Herrscher selbst ließ sich von seinen Untertanen als Gott verehren und nur ihm kam es zu, Aton anzubeten. Dennoch, in seiner Verdrängung aller anderen Gottheiten erscheint dieser ›Ketzer‹ erstaunlich modern. Und in seinem Hymnus an Aton, dem berühmten ›Sonnengesang des Echnaton‹, wurden oft Parallelen zu Bibeltexten gesehen.

»Schön erscheinst du im Horizont des Himmels, du lebendige Sonne, die vom Anbeginn lebt! Deine Strahlen umfassen die Länder bis ans Ende von allem, was du geschaffen hast. Fern bist du, doch deine Strahlen sind auf Erden; du scheinst auf die Gesichter, doch unerforschlich ist dein Lauf. (…) die Menschen stehen auf den Füßen, wenn du sie aufgerichtet hast. Rein ist ihr Leib, Kleider haben sie angelegt, ihre Arme sind anbetend erhoben bei deinem Erscheinen, das ganze Land tut seine Arbeit. (…) Alles Wild hüpft auf seinen Füßen, alles, was flattert und fliegt, lebt, wenn du für sie aufgegangen bist. (…) Wie zahlreich sind deine Werke, (…) du einziger Gott, dessengleichen nicht ist!«

12 Tuna el-Gebel

In die Spätzeit mit ihren Tierkulten entführt der Besuch der Tiernekropole von Tuna el-Gebel.

Rund 40 km südlich von El-Minya geht es bei El-Marhas nach Westen zu den Ruinen von Ashmunein und dann 7 km weiter in die Wüste. Als **Friedhof** zum benachbarten Ashmunein erlangte Tuna el-Gebel seit der Spätzeit immer größere Bedeutung. **Petosiris**, der um 300 v. Chr. als Hohepriester am Thot-Tempel von Hermopolis Dienst tat, baute hier für sich und seine Familie ein Grab. Die Reliefs des kapellenartigen Kultbaus zeigen eine Vermischung altägyptischer und griechischer Elemente. Das *Bildprogramm* folgt mit Ernteszenen, Weinlese und Darstellungen von Handwerkern pharaonischem Vorbild. Doch gerade diese Alltagsszenen sind stilistisch und ikonografisch in griechischem Stil gearbeitet. Traditioneller wirken die Bilder des Totenkults in der zweiten Kammer.

Die weit verzweigten, unterirdischen Galerien der **Tiernekropole** waren zunächst für die heiligen Tiere des Thot, Ibis und Pavian, gedacht. Bald schon weitete sich aber der Kreis der Tiere aus, die hier in rauen Mengen mumifiziert bestattet wurden. Endlos scheinende Reihen von kleinen Särgen oder Tontöpfen kamen bei den Ausgrabungen zutage. In ihnen entdeckten die Archäologen u. a. Falken, Krokodile, Mäuse und Schlangen. Doch auch einer der Priester, die sich zu zeremoniellen Feiern in der Kultkammer am Fuß der Eingangstreppe versammelten, fand hier unten seine letzte Ruhestätte. 2003 entdeckten Archäologen die Reste eines Gebäudes für die Priester mit 50 Kult- und Aufenthaltsräumen.

13 Tell el-Amarna

Das Ostgebirge umrahmt Gräber, Tempel, Palast- und Wohnanlagen der legendenumwobenen Hauptstadt des ›Ketzerkönigs‹ Echnaton.

Etwa 57 km südlich von El-Minya quert man beim Dorf Kafr Khozam den Nil und erreicht per Taxi oder Kleinbus die Ruinen von Tell el-Amarna östlich davon. Nur kurze Zeit war der neuen **Hauptstadt** beschieden. Auf dem Reißbrett sorgfältig geplant und etwa im 7. Jahr der Regierung des Echnaton (1353–1336 v. Chr.) bezogen, zerfiel die **Residenz Achet-Aton**, der ›Horizont des Aton‹, schon in der 19. Dynastie. Besonders die *Tempel* des Aton wurden geschleift und, in Stücke zerlegt, andernorts verbaut.

Vom Wüstensand begraben und geschützt, überlebten die Wohn- und Verwaltungsgebäude der Stadt. Unzählige *Tontäfelchen* bewahrten den in Keilschrift – der damaligen Diplomatensprache – verfassten Briefwechsel des Herrscherhauses mit dem Ausland. Auch die Werkstatt des königlichen Bildhauers Thutmosis barg einmalige Schätze: Hier entdeckte am 6. Dezember 1912 der deutsche Ägyptologe *Ludwig Borchardt* die **Büste der Königin Nofretete**, die heute im Ägyptischen Museum von Berlin zu sehen ist.

In zwei Gruppen liegen 25 **Beamtengräber** im Gebirgshang zu beiden Seiten des Wadis, das zu den – nie vollendeten – Königsgräbern führt. Die besterhaltenen Reliefs finden sich bei den *Nordgräbern*. Der Vorsteher des Harems **Huya** ließ in seinem Grab (Nr. 1) keinen Zweifel an seiner Loyalität: Dem Text des Sonnenhymnus im Durchgang folgt an den Eingangswänden die Darstellung von Echnaton, Nofretete und der Königinmutter Teje beim Festmahl. Gottgleich wurden sie von den Untertanen verehrt. »Ich bin ein Diener dessen, der mich entstehen ließ« lautet eine häufige Beischrift. Auf der linken Wand begibt sich der Pharao in einer Sänfte zum Palast, um dort ausländischen Gesandten Audienz zu gewähren. Die Rückwand schildert Huyas Auszeichnung: Die *Ehrengoldverleihung* war eine öffentliche Zeremonie, bei der der König seinen verdienten Beamten Goldketten überreichte.

Das sehr ähnlich gehaltene Grab von Huyas Amtsnachfolger **Merire II.** (Nr. 2) zeigt nur in der Säulenhalle Reliefs. Unter einem Baldachin thront das von seinen sechs Töchtern begleitete Königspaar. Gemeinsam empfangen sie die Geschenke fremder Diplomaten.

Seiner Stellung als Hohepriester des Aton entsprechend, erhielt **Merire I.** (Nr. 4) eines der größten Gräber von Achet-Aton. Mit seiner Gemahlin Senre erscheint er im Durchgang zum *Säulensaal*. An dessen Nordwand fahren Echnaton und Nofretete mit ihren Pferdegespannen zum großen Aton-Tempel, begleitet von sich devot verneigenden Soldaten, Dienern und Priestern. Pylontürme und offene Höfe, in denen zahllose Opfertische für Aton aufgestellt sind, erlauben einen Blick in das Innere des Heiligtums. An der rechten Rückwand findet sich die Abbildung von Merires stattlichem Anwesen mit einem parkähnlichen Garten.

Die **Königsgräber** im rund 10 km östlich gelegenen Seitental sind nur für echte Amarna-Freaks ein lohnendes Ziel. Nur einige wenige Reliefs zieren die Anlagen.

14 Abydos

Sethos I. errichtete hier einen der schönsten Tempel Ägyptens.

170 km südlich von Assiut und 165 km nördlich von Luxor biegt man beim Dorf *Balyana* in Richtung Westen nach Abydos ab, das seit frühester Zeit überregionale Bedeutung besaß. Von hier aus

Sieben Gottheiten wurden im Tempel Sethos' I. in Abydos verehrt – Kapelle der Isis

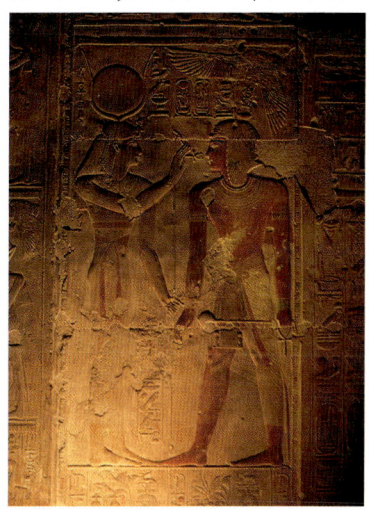

14 Abydos

nahm der Kult des Totengottes *Osiris Chontamenti*, des ›Ersten der Westlichen (= Toten)‹, seinen Ausgang. Ab dem Mittleren Reich hegten viele Gläubige den Wunsch, in der Nähe des Heiligtums des Jenseitsherrschers begraben zu werden oder zumindest einen persönlichen Gedenkstein in unmittelbarer Nähe des Tempels zu errichten.

TOP TIPP Das eindrucksvollste Denkmal von Abydos ist der **Tempel Sethos' I.** (1290–1279 v. Chr.), der sowohl dem Totenkult des Königs wie auch dem Gottesdienst an Osiris geweiht war. Der Eingangsbereich des Bauwerks, das Ramses II. für seinen Vater fertigstellte, ist heute nur noch in Grundmauern erhalten. Deutlich wird daher die ungewöhnliche Gliederung der hinteren Tempelhalle sichtbar. Siebenschiffig führt der *Säulensaal* bis zu den sieben Kapellen. Sieben Gottheiten sind es auch, die in ihren jeweiligen Allerheiligsten verehrt wurden (von rechts nach links): Horus, Isis und Osiris bilden die lokale Götterfamilie, Amun, Re-Harachte und Ptah die drei Hauptgötter der 19. Dynastie. Ganz links reiht sich der verstorbene und damit vergöttlichte Sethos in diese erhabene Gesellschaft ein.

Die unter Sethos I. ausgeführten *Reliefs* im hinteren Tempelbereich zählen zu den schönsten und qualitätvollsten Arbeiten des alten Ägypten. Sie schildern in den Allerheiligsten das tägliche Ritual vor dem Kultbild, bei dem der König als Priester die Tür des Schreins öffnet und vor dem Götterbild opfert, es reinigt und salbt, neu einkleidet und schmückt. Das Osiris geweihte Sanktuar findet eine rückwärtige Fortsetzung in einer quer gelagerten *Halle*. Als gesondertes Heiligtum mit drei kleinen Kapellen war es Isis, Horus und Osiris-Sethos geweiht.

An der Rückseite des Tempels befindet sich das sog. **Osireion**, ein Scheingrab für Sethos I. Es ist über den an der Südseite der Pfeilerhalle abzweigenden Gang zu erreichen, dessen rechte Wand die berühmte **Königsliste von Abydos** enthält. Sie nennt mit Ausnahme von Fremdherrschern, Hatschepsut und den Pharaonen der Amarna-Zeit alle Vorgänger Sethos' I. Szenen der Jagd und des Vogelfangs zieren die Wände längs des Treppenaufgangs. Als Abbild des vom Urozean umspülten Urhügels gedacht, war das Scheingrab über einen Kanal mit dem Nil verbunden. Ein 110 m langer, mit Inschriften aus *Amduat* [s. S. 86] und *Totenbuch* dekorierter Gang bot den einzigen Zugang zu dieser künstlichen Insel.

15 Dendera

Selbst Kleopatra, die Große, huldigte hier der Liebesgöttin Hathor.

An der Grenze zwischen Fruchtland und Wüste, 65 km nördlich von Luxor und 3 km westlich von Qena, umschließen mächtige Lehmziegelmauern den der Göttin **Hathor** geweihten heiligen Bezirk von Dendera. Hinter dem hohen Eingangstor liegt rechts das in der Römerzeit erbaute **Geburtshaus** (Mammisi). Mit kräftigen Reliefs verzierte Säulenschranken zeigen einen römischen Imperator vor Hathor und ihrem Sohn, dem Musikgott Ihi. Die Säulen zwischen den Trennwänden tragen die für die späte Bauzeit charakteristischen Kompositkapitelle.

Daneben folgen die stark zerstörten Überreste einer *Kirche* aus dem späten 5. Jh. Ein älteres Mammisi aus der Zeit des Nektanebos war durch den im 1. Jh. n. Chr. erfolgten Neubau des Haupttempels zerstört worden. Im *Sanatorium* suchten Kranke die Nähe zur Gottheit – der ›Heilschlaf‹ im Tempel erfreute sich großer Beliebtheit. Der heute wie ein Palmengarten wirkende *Heilige See* war als Sinnbild des Urozeans Nun, aus dem alles Leben entstand, unverzichtbarer Bestandteil eines altägyptischen Tempels. An der Rückseite des Tempels liegt ein kleines, der Isis geweihtes *Heiligtum*.

Göttin mit Rundumblick – Hathor-Kapitelle im Tempel von Dendera

An der Rückwand des **Haupttempels** schreiten von beiden Seiten *Kleopatra VII.* (51–30 v. Chr.) und ihr Sohn *Caesarion* mit Opfergaben auf die drei Götter von Dendera, Hathor, Horus und Ihi, zu. Die Fassade des großen Tempels beherrschen gewaltige *Sistrumsäulen*, deren Kapitele das für Hathor typische kuhohrige Gesicht zeigen. Vor dem Säulensaal lag einst ein von einem Pylon begrenzter offener Hof.

An den Innenwänden des von 24 Säulen getragenen *Pronaos* finden sich Szenen des opfernden Königs vor den Göttern. Beachtung verdienen die astronomischen Darstellungen an der Decke – in Barken ziehen die Sterne im Gefolge von Sonne und Mond über den Himmel. Der anschließende Saal mit kleinen Nebenräumen für die Unterbringung von Tempelgerät zeigt im unteren Bildstreifen der Eingangswand die Tempelgründung.

Ein Kranz von Kapellen umzieht das *Allerheiligste*. Eine enge Treppe im Boden der nordwestlichen Kapelle erlaubt den Zugang zur *Krypta*, deren ausgezeichnete Reliefs den wertvollen Schmuck, Götterstatuen und Gerätschaften, die hier unten sicher aufbewahrt wurden, zeigen. Vom zweiten Opfersaal führt ein Durchgang zu einem kleinen offenen Hof, dem sich die sog. *Neujahrskapelle* anschließt. An ihrer Decke beugt sich die Himmelsgöttin Nut über den zwischen zwei Hügeln nur durch das Gesicht der Göttin Hathor angedeuteten Tempel.

Um die im geheimnisvollen Dunkel des Allerheiligsten verborgene *Götterstatue* mit der Leben spendenden Sonnenenergie aufzuladen, trugen sie die Priester zum Neujahrsfest über eine Treppe hinauf auf das *Tempeldach*. Osiris, dem Garanten der Wiedergeburt, ist die zweite Kapelle auf dem Dach geweiht. Im Vorraum seiner Kultkammer findet sich der berühmte **Tierkreis von Dendera**, eine Himmelsdarstellung, die altägyptische Sternbilder mit den uns bekannten Tierkreiszeichen verbindet. Das Original befindet sich heute im Louvre in Paris.

Praktische Hinweise

Besuche von Abydos und Dendera lassen sich als Landausflug von Luxor aus kombinieren. Geruhsamer erreicht man den Hathor-Tempel in Dendera allerdings per Schiff. Alternativ mit Zug (Stationen Qena bzw. Balyan oder Sohag) und Taxi (www.enr.gov.eg/ticketing/public/smartSearch.jsf)

Oh Isis und Osiris!

Der Herrscher über die jenseitige Welt, **Osiris**, lieferte das Vorbild, dem jeder Ägypter nacheiferte: dem Tod ein Schnippchen zu schlagen und das ewige Leben zu erreichen. Dabei hatte der Gott auf denkbar unangenehme Weise den Schritt aus der Welt der Lebenden getan. Mit seinem jähzornigen Bruder **Seth** in langwierige Thronstreitigkeiten verwickelt, wurde der von den Menschen als Erfinder der Landwirtschaft hoch verehrte Osiris Opfer einer Gewalttat. Nachdem Seth nicht auf friedlichem Wege Alleinherrscher über das Niltal werden konnte, griff er zu drastischen Mitteln. Anlässlich eines Götterbanketts verleitete er Osiris, sich in einen Sarg zu legen. Kaum war der Rivale im Sarg, schloss sich auch schon der Deckel über ihm und Seths Gehilfen versenkten ihn kurzerhand im Nil. Zwar gelang es **Isis**, der mächtigen Zauberin unter den Göttern, ihren ertrunkenen Brudergemahl Osiris aufzuspüren und wieder zu beleben, doch weckte dies nur noch mehr den Zorn des gewalttätigen Seth. Diesmal musste sein Plan gelingen. Er ließ Osiris, in 14 Teile zerstückelt, in den Nil werfen. Wieder war es Isis, die mit Unterstützung ihrer Schwester Nephthys die Einzelteile des grausam Ermordeten zusammentrug. Doch ohne den Schakalgott **Anubis** wäre eine Rettung nicht möglich gewesen. Er fügte die göttlichen Gliedmaßen aneinander und umwickelte sie mit meterlangen, harzgetränkten Leinenbinden. Ein zweites Mal kehrte Osiris ins Leben zurück. Mit wiedererlangter Männlichkeit – wobei ein entscheidendes Körperteil notdürftig aus Nilschlamm hatte nachgeformt werden müssen – zeugte er seinen Sohn **Horus**. Diesem gelang es schließlich, nachdem ihn Seth jahrelang verfolgt hatte, seinen Vater zu rächen und als rechtmäßiger Nachfolger die Herrschaft in Ägypten zu übernehmen. Osiris selbst allerdings zog sich nach dem zweiten Mordanschlag zurück, um als oberster Richter beim Totengericht darüber zu wachen, dass solchen Übeltätern wie Seth der Einzug in das ewige Leben verweigert werde.

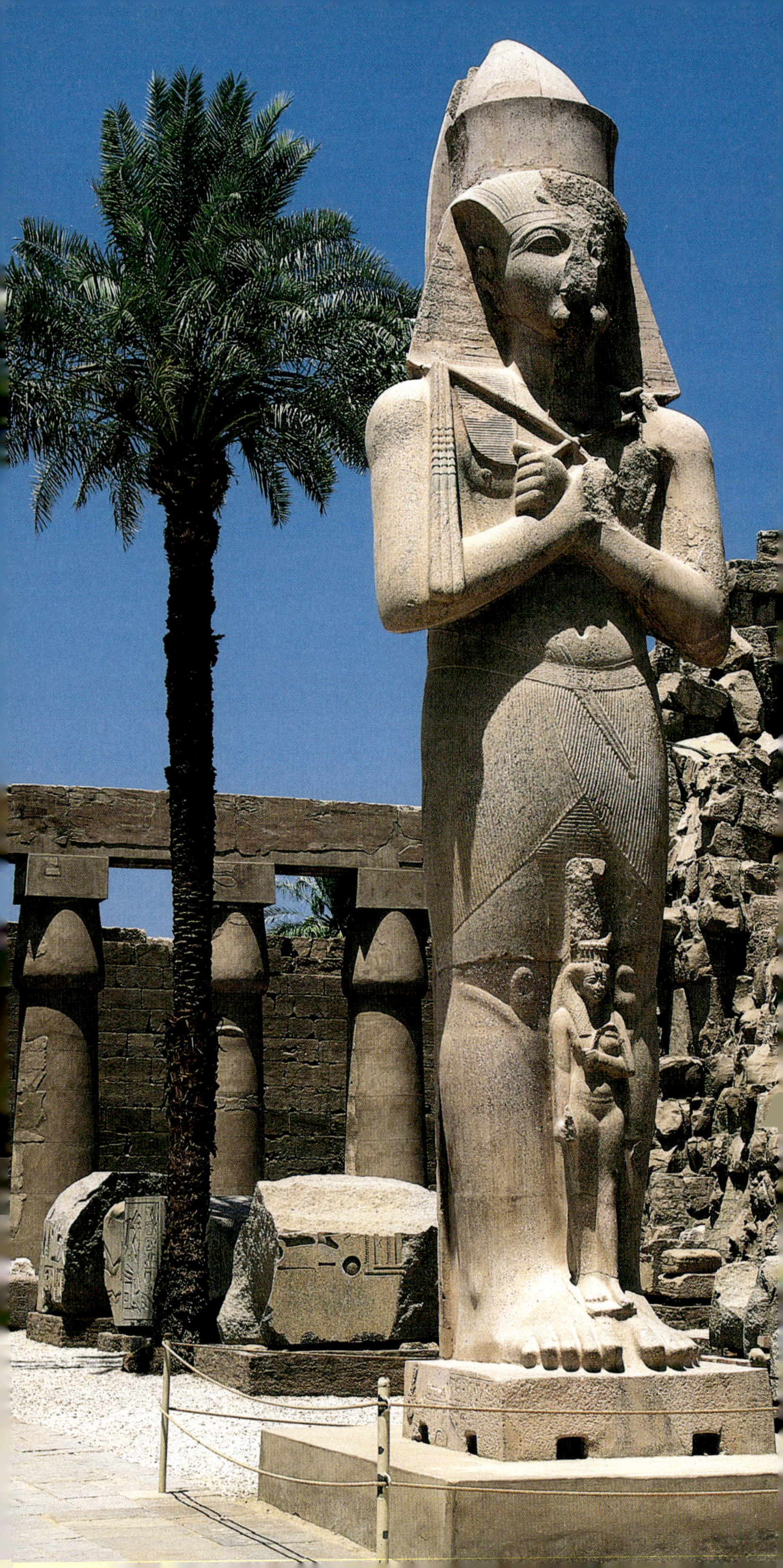

Luxor, Karnak, Theben-West – Altägypten intensiv

Luxor – an keinem Ort Ägyptens drängen sich die Zeugen der glanzvollen Vergangenheit in solcher Fülle wie hier: gewaltige **Säulenhallen**, farbenfrohe **Grabmalereien**, Tempelreliefs und Meisterwerke der Bildhauerkunst – dazu üppig grünes Fruchtland, karge Wüste und schroffes Gebirge.

Durch den Nil in zwei Hälften getrennt, liegt das städtische Zentrum von Luxor mit dem **Tempel des Amun** auf der Ostseite. Auf der Westseite führen Straßen durch das Fruchtland bis ins jenseitige Reich der Pharaonen, die im **Tal der Könige** ihre letzte Ruhe fanden. Nicht nur **Gräber**, sondern auch **Tempel** für die verstorbenen Herrscher und die großen Götter des Landes, wurden hier am Wüstenrand errichtet. Die steilen Abbrüche des an den Nil heranrückenden Felsplateaus bieten eine eindrucksvolle Kulisse. Besonders der Talkessel von **Deir el-Bahari** mit den Totentempeln für Mentuhotep, Hatschepsut und Thutmosis III. scheint wie für die Inszenierung altägyptischer Kulte geschaffen. Ihm direkt gegenüber liegt am Ostufer der riesige Tempel des Amun von **Karnak**, von wo aus einst prachtvolle Prozessionen über den Nil zur Feier des ›schönen Festes im Wüstental‹ führten. Verehrung der Gottheit, Erinnerung an die Verstorbenen und die Hoffnung auf ein ewiges Leben nach dem Tod vereinten sich in diesem alljährlich wiederkehrenden Fest.

16 Luxor
El-Uqsor

Gewaltige Tempel und makellose Kunstwerke künden noch heute von der Größe des antiken Waset.

Ganz Luxor scheint von vergangenem Glanz und gegenwärtigem Tourismus zu leben. Die antike Größe soll sich nach dem Willen der Stadtplaner bald auch in der Moderne widerspiegeln. Seit Jahren wird an der Corniche und dem Gebiet zwischen den beiden Tempeln gegraben und gebaut: Die 3 km lange Sphinxallee soll in weiten Teilen freigelegt, von Parkanlagen und Fußgängerzonen flankiert werden; Ladenzeilen, Cafés und Anlegestellen für Segelboote staffeln sich auf mehreren Etagen bis zum Nilufer. Vor dem großen Amun-Tempel von Karnak entstand bereits ein weitläufiger Platz mit einem Visitor-Center, das eine Rekonstruktion des Heiligtums zeigt.

Ramses II., einer der mächtigsten Herrscher des alten Ägypten, mit seiner Gemahlin im Hof des Amun-Tempels von Karnak

Geschichte Seit Jahrtausenden strömen Menschen von überall her zu den Göttern am Nil. Schon vor über 3000 Jahren verstanden es die Ägypter, daraus wirtschaftlichen Profit zu schlagen. Anfänglich hieß **Theben** *Waset* oder einfach nur *Niut* (›die Stadt‹). Hier trafen sich Handelsdelegationen aus aller Welt, und Herrscher wie Thutmosis III. oder Amenophis III. nahmen Geschenke ausländischer Gesandtschaften entgegen. Erst Ende des 3. Jt. v. Chr. rückte Waset ins Rampenlicht der Geschichte. Seinen Fürsten gelang es, die Machtkämpfe, die das Land seit dem Ende des Alten Reichs erschüttert hatten, zu beenden. Mentuhotep I. machte Theben 1987 v. Chr. zur Residenz. Gleichzeitig traten die Hausgötter des neuen Herrschergeschlechts ihren Erfolgszug an. **Amun**, ›der Verborgene‹, wurde zum Reichsgott ernannt. Die Hauptstadtwürde ging zwar verloren, der Amun-Tempel in Karnak entwickelte sich aber zu einem wichtigen religiösen Zentrum.

16 Luxor

Der endgültige Durchbruch für die Stadt kam dann 470 Jahre später: Um 1640 v. Chr. hatten die *Hyksos* [s. S. 13] weite Teile Ägyptens erobert. Nach schweren Kämpfen gelang es den thebanischen Fürsten Kamose und Ahmose, sie aus dem Land zu vertreiben. Während des Neuen Reichs (1540–1075 v. Chr.) schwang sich Theben zum Zentrum eines **Weltreichs** auf. Kriegszüge nach Asien und in den Sudan weiteten den Einflussbereich Ägyptens gewaltig aus. Handelsbeziehungen mit Kreta, Zypern und über Zwischenhändler mit Afghanistan brachten Luxusgüter aus entlegenen Regionen an den Nil.

Die beiden **Großen Tempel** der thebanischen Götterfamilie *Amun*, *Mut* und *Chons* bilden wie vor 3500 Jahren die Hauptattraktionen der Stadt – und einen nicht zu unterschätzenden Wirtschaftsfaktor. Doch auch das entspricht pharaonischer Tradition: Priester, Schreiber, Gärtner, Sängerinnen und Bauarbeiter standen im Dienst des Amun-Tempels. Ländereien in ganz Ägypten lieferten Naturalien zur Versorgung dieses gewaltigen Betriebs. Daher nimmt es kaum wunder, dass die Pharaonen sich von der wachsenden Macht und Selbstständigkeit der ›Göttlichen Amun-Werke‹ bedroht fühlten. Unter *Echnaton* (1353–1336 v. Chr.), dem Ketzerkönig, kam es zum Bruch mit den alten Göttern [s. S. 13 u. 69] und zur Verlegung der Hauptstadt.

Diese revolutionäre Phase dauerte zwar nur 17 Jahre, doch die königliche Residenz kehrte nicht mehr in die Mauern Thebens zurück. Amun gelangte zwar wieder zu Ruhm und Ehren, doch nicht unangefochten – neben ihm wurden Ptah und Re als gleichwertige Hochgötter verehrt. Dennoch verewigten sich die Pharaonen der Folgezeit als große Bauherren in Luxor, Karnak und auf dem gegenüberliegenden Westufer, dem heutigen **Theben-West** [Nr. 17].

Der endgültige Niedergang von Theben begann mit der Eroberung Ägyptens durch die Assyrer im 7. Jh. v. Chr. und wurde 30 v. Chr. besiegelt durch die Einverleibung ins **Römische Imperium**. Mit dem Siegeszug des Christentums wurden die Heiligtümer schließlich in Kirchen umgewandelt.

Noch an der Wende zum 20. Jh. war Luxor kaum mehr als ein verschlafenes Dorf. Sein Aufschwung begann 1922 mit der Entdeckung des **Tutanchamun-Grabes** durch Howard Carter und Lord Carnarvon und der dadurch ausgelösten Ägyptomanie in Europa und Amerika. Die Zunahme des Tourismus in der 2. Hälfte des 20. Jh. verhalf Luxor zu neuer wirtschaftlicher Blüte.

Besichtigung Die Tempel von Karnak und Luxor waren einst durch eine von Palmen gesäumte Prozessionsallee miteinander verbunden. Heute zeigen nur

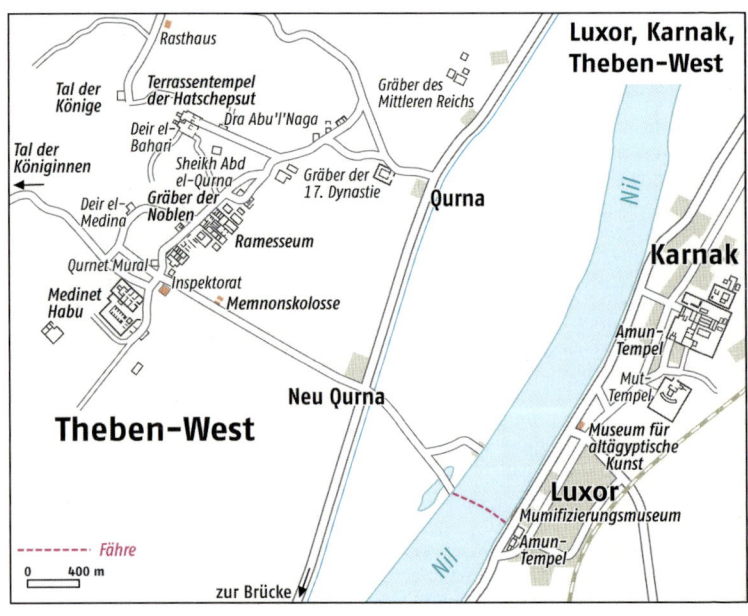

Ein ganz besonderes Erlebnis ist eine Fahrt mit dem Heißluftballon über das Niltal bei Luxor

noch vereinzelte Sphingen ihren Verlauf. Der Amun-Tempel von Karnak erhebt sich etwa 3 km nördlich von Luxor – ideal für eine Droschkenfahrt entlang des Nils.

TOP TIPP Amun-Tempel von Karnak

Diese weitläufige Anlage von Karnak (Mai–Sept. tgl. 7–18.30, sonst bis 17.30 Uhr) ist der wohl beeindruckendste Tempel Ägyptens. Noch im 19. Jh. war das dem Gott Amun geweihte Heiligtum ein Trümmerfeld. Säulen ragten aus dem Schutt und die Höfe waren von Lehmziegelhäusern überbaut. Seither haben Ägyptologen mit allen Mitteln der modernen Technik den Tempel gesäubert und umgestürzte Säulen wieder aufgerichtet. Die Abfolge von offenen Höfen, Pylonen, Säulenhallen, Kapellen und Magazinräumen ist imposant und würde den verborgenen Gott des Himmels nach wie vor mit Stolz und Zufriedenheit erfüllen.

Ein Stichkanal führte einst vom Nil bis zur Plattform vor dem großen Eingangspylon. **Steinerne Widder**, die heiligen Tiere des Amun, säumen seit der Zeit Ramses' II. den Weg zum Tor. 2000 Jahre lang fühlten sich die Herrscher am Nil verpflichtet, den Tempel immer wieder zu erweitern und verschönern. Bei solch einem Glaubenseifer blieb die Übersichtlichkeit der Anlage ein wenig auf der Strecke. Der Tempel wuchs vom Kernbau aus nach Westen und Süden, entlang der beiden **Hauptachsen**, die für den Ablauf des täglichen Kultes maßgebend waren. Die Besichtigung des Tempels von seinem *heutigen Eingang* im Westen führt daher durch Höfe, Säulenhallen und Nebenbauten immer tiefer in die Vergangenheit.

Der **1. Pylon** [1], der den Heiligen Bezirk von der profanen Außenwelt abschirmt, wurde in der 30. Dynastie (380–342 v. Chr.) unter Nektanebos I. begonnen, allerdings nie fertiggestellt. Hinter ihm öffnet sich ein gewaltiger offener Hof. Der große Lehmhaufen an der Rückseite des nördlichen Pylonturms ist das verwitterte *Baugerüst*, mit dessen Hilfe die alten Ägypter die Steinblöcke 43,5 m hoch aufeinandertürmten. Taharqa (690–664 v. Chr.) setzte dem 2. Pylon eine **Kolonnade** [2] von zehn 21 m hohen Säulen in Form von Papyrusstengeln vor, von denen nur noch eine einzige aufrecht steht. Die **Stationskapelle Sethos' II.** [3] (1204–1198 v. Chr.) in der Nordwestecke des Hofs musste ebenso wie die Widdersphingen den ehrgeizigen Bauvorhaben der Folgezeit weichen. Im Südosten des Hofs öffnet sich der Zugang zu dem völlig eigenständigen **Tempel Ramses' III.** [4] (1187–1156 v. Chr.), den er damals noch außerhalb der Tempelmauern erbauen ließ. Solche Kapellen oder Nebentempel dienten während der großen Prozessionen als Wegstationen. Der **2. Pylon** [5], unter Haremhab (1319–1292 v. Chr.) begonnen, aber erst in der Ptolemäerzeit mit Reliefs versehen, entpuppte sich als wahre Schatz-

16 Luxor

Die Widderfiguren vor dem 1. Pylon des Amun-Tempels von Karnak nehmen die Besucher in Empfang

truhe: In ihm verbaut fanden sich Tausende von Blöcken, die von einem dem Aton geweihten Tempel aus der Zeit Echnatons stammten.

Ein Dickicht von 134 gigantischen Papyrussäulen füllt den Raum des **Großen Säulensaals** [6] zwischen dem 2. und 3. Pylon – immerhin eine Fläche von über 5400 m². 24 m hoch ragen die Säulen des erhöhten Mittelgangs empor. *Amenophis III.* (1390–1353 v. Chr.) hatte den Grundstein für die Anlage des Säulensaals gelegt. Doch erst Sethos I. (1290–1279 v. Chr.) und dessen Sohn Ramses II. (1279–1213 v. Chr.) gelang seine Fertigstellung. Die 122 Säulen der Seitenschiffe tragen auf ihren 13 m hohen Schäften in endlos scheinender Wiederholung die Darstellungen dieser Könige vor den Göttern Ägyptens.

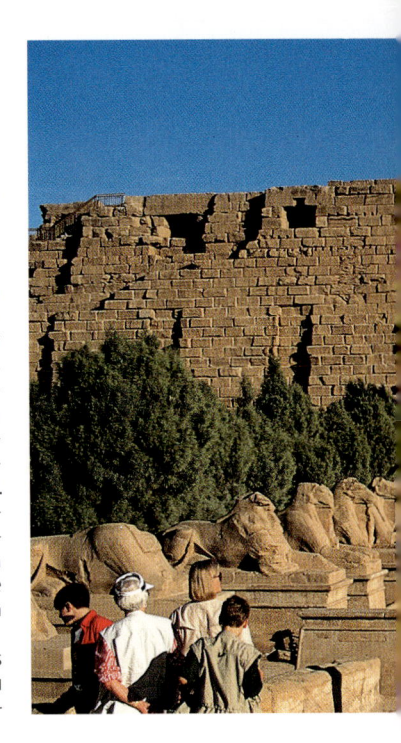

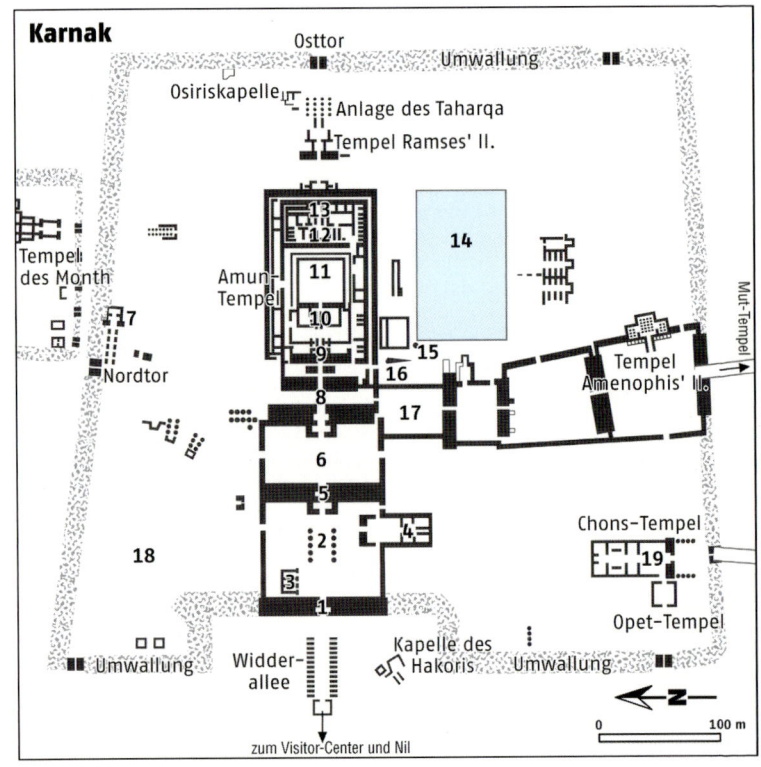

An den seitlichen **Außenwänden** des Säulensaals sind Reliefs mit Szenen zu den kriegerischen Taten der beiden Pharaonen angebracht. Ramses II. schlägt auf der Südwand die Hethiter in der *Schlacht von Kadesch* [s. S. 88]. Auch der Text des Friedensvertrags zwischen den verfeindeten Großmächten wurde festgehalten. Im Norden des Säulensaals erscheint Sethos I. als triumphaler Sieger über Libyer, Syrer und Fürsten der palästinensischen Stadtstaaten.

Karnak
1 1. Pylon
2 Kolonnade
3 Stationskapelle Sethos' II.
4 Tempel Ramses' III.
5 2. Pylon
6 Großer Säulensaal
7 Tempel des Ptah
8 Obelisk Thutmosis' I.
9 Obelisk der Hatschepsut
10 Barkensanktuar
11 Hof
12 Festhalle Thutmosis' III.
13 Botanischer Garten
14 Heiliger See
15 Skarabäus
16 Obeliskenspitze
17 Hof der Cachette
18 Freilichtmuseum
19 Chons-Tempel

Von hier aus führt ein Weg nach Norden zu dem kleinen, unter Thutmosis III. begonnenen **Tempel des Ptah** [7], des memphitischen Hauptgottes, und seiner Gemahlin Sachmet. Im Dämmerlicht des Sanktuars erscheint die Statue der löwenköpfigen Sachmet noch heute Ehrfurcht gebietend und majestätisch.

In der Mittelachse des Amun-Tempels, zwischen dem 3. und 4. Pylon, erhebt sich der große **Obelisk Thutmosis' I.** [8]: Der Pharao ließ ein 23 m hohes Paar dieser ›Steinnadeln‹ aufstellen – sie schmückten den Eingang des damals wesentlich kleineren Tempels. Thutmosis III. folgte seinem Beispiel, doch sind seine Obelisken heute verschwunden. Vielleicht als späte Strafe dafür, dass er die beiden Obelisken seiner Vorgängerin Hatschepsut (1479–1458 v. Chr.) bis unter das Tempeldach hatte zumauern lassen. Alle Spuren, die an die verhasste Stiefmutter und Thronräuberin erinnerten, ließ er tilgen. Doch der von ihr gestiftete, 29,5 m hohe und 300 t schwere granitene **Obelisk der Hatschepsut** [9] ragt noch heute zwischen dem 4. und 5. Pylon empor. Schier Unglaubliches verkündet die Sockelinschrift: Vom Beginn der Arbeiten im Steinbruch bis zur Aufstellung des Denkmals vergingen nur sieben Monate!

Der Heilige See von Karnak diente rituellen Waschungen und zeremoniellen Bootsfahrten

Durch die beiden folgenden, stark zerfallenen Pylone fällt der Blick auf das aus Granit errichtete **Barkensanktuar** [10]. Philipp Arrhidaios (323–316 v. Chr.), Halbbruder Alexanders des Großen, ersetzte den älteren Schrein, in dem die Prozessionsbarke für das Götterbild aufbewahrt wurde. Von Thutmosis III. stammen die Reliefs an den Wänden der umgebenden Räume.

Der weite **Hof** [11] hinter dem Sanktuar ist der älteste Teil des Tempels. Säulenfragmente, die bei Ausgrabungen entdeckt wurden, belegen eine Bautätigkeit schon in der frühen 11. Dynastie (um 2070 v. Chr.). Auf dem Sockel in der Mitte des Hofes war vermutlich ein Schrein für das Götterbild eingelassen gewesen.

An den Hof schließt sich nach Osten ein Komplex an, der, streng genommen, nicht mehr zum Bestand des Amun-Tempels gehört. Die quer gelagerte **Festhalle Thutmosis' III.** [12] diente neben dem Kult des Amun der Vergöttlichung des Herrschers. Spuren von Heiligendarstellungen an den Zeltstangen-Säulen weisen auf die spätere Nutzung als Kirche hin. Östlich dieses Raumes schließt sich der sog. **Botanische Garten** [13] an. Die exakten Pflanzen- und Tierdarstellungen bilden die geschaffene Welt ab, deren Schöpfer Amun-Re sie dem Herrscher auf Erden zur Verwaltung anvertraute. Hier erfuhren die Pharaonen die Bestätigung ihrer göttergleichen Machtfülle.

Im Südosten des Tempels diente der **Heilige See** [14] als Wasserbassin für rituelle Waschungen der Priester und des Tempelgeräts sowie zeremonielle Bootsfahrten. Und Gänse, die am Südufer ihre Stallungen hatten, schnatterten vergnügt auf diesem künstlichen Teich. Sie galten neben den Widdern als heilige Tiere des großen Gottes.

Die Tribüne am östlichen Seeufer wurde für das allnächtliche Spektakel der *Sound & Light Show* (www.soundandlight.com.eg, in Deutsch Mai–Sept. Mi und So 19, Sa 21.30, Okt.–April Mi und So 19, Sa 21 Uhr) errichtet, die die Auferstehung des Tempels im magischen Licht der Scheinwerfer inszeniert.

Am Nordwestrand des Sees empfiehlt sich die Umrundung des riesigen **Skarabäus** [15] aus Rosengranit, der ursprünglich im Totentempel Amenophis' III. am Westufer aufgestellt gewesen war. Angeblich verspricht dieses altägyptische Symbol für Wiedergeburt und Verjüngung die Erfüllung aller Wünsche …

Gleich um die Ecke liegt die **Obeliskenspitze** [16] des zweiten Obelisken der Hatschepsut und erlaubt einen genauen Blick auf die feinen Reliefs, die seinen Schaft verzieren. Im Westen schließt sich der vom 7. Pylon begrenzte **Hof der Ca-**

chette [17] an, in dessen Fundamenten 1902 etwa 18 000 Stein- und Bronzestatuen entdeckt wurden. Von hier aus zeigt ein Blick entlang der Nordsüdachse des Tempels bis zum 10. Pylon, dass die Restaurierung noch immer in vollem Gange ist. Jenseits des 10. Pylons, der die Südgrenze des Amun-Tempels von Karnak markiert, verläuft eine *Widdersphingenallee* zum Heiligtum der Göttin Mut. Eine zweite Prozessionsstraße führte einst bis zum Tempel des Amun in Luxor.

Freilichtmuseum [18]: Im Nordwesten des Tempelareals erreicht man über einen Durchgang im ersten Hof das *Open Air Museum* von Karnak (gesonderter Eintritt). Hier wurden Denkmäler aus fast allen Bauphasen des Tempels aufgestellt. Größtenteils wurden sie als Füllmaterial der Pylone oder als Fundamentblöcke in späterer Zeit wieder verwendet. Die *Weiße Kapelle Sesostris' I.* (1918–1875 v. Chr.) ist eines der ältesten erhaltenen Gebäudeteile des Tempels. Die Reliefs der sog. *Chapelle Rouge* der Hatschepsut zeigen die Herrscherin in männlicher Gestalt – Damen nämlich war die Ausübung des Pharaonenamtes eigentlich nicht gestattet. Die Ausstattung dieses bemerkenswerten Museums wächst beständig mit den neuen Funden – und ist von daher durchaus für Überraschungen gut.

Im Südwesten des Komplexes befindet sich der **Chons-Tempel [19]**. Mondgott Chons war der Sohn von Amun und Mut. In der Regierungszeit von Ramses III. begonnen, wurde der Tempel erst viel später fertiggestellt, als die Macht in Theben längst an die Hohepriester des Amun übergegangen war. Die Wände im Allerheiligsten zeigen leuchtende Farben.

Außerhalb der Umfassungsmauer um den Amun-Bezirk, aber mit ihm verbunden durch eine rund 310 m lange Sphingenallee, liegt das **Heiligtum der Göttin Mut**. Löwenköpfig erscheint die Gemahlin des Amun hier wie die Kriegsgöttin Sachmet, ein U-förmiger See umschließt ihren Tempel. Zwei weitere kleinere Bauten waren Chons-pa-chered (Chons, dem Kind) und der göttlichen Familie Amun, Mut und Chons gewidmet. Noch laufen hier Ausgrabungen, doch kündigte die Altertümerverwaltung die Öffnung des Gebiets für Ende 2012 an.

Amun-Tempel von Luxor

Amun, Mut und Chons wurden nicht nur in Karnak verehrt. Eine ›Zweitwohnung‹ besaß die göttliche Familie mit dem kleineren Luxor-Tempel (tgl. 7–21 Uhr, abends beleuchtet). Anders als die meisten ägyptischen Tempel, die sich in Ost-West-Richtung zum Nil hin orientieren, weist die Achse des parallel zum Fluss erbauten Heiligtums nach Karnak. Die unter Nektanebos I. um 370 v. Chr. erneuerte **Sphingenallee [1]**, welche die beiden Tempel miteinander verband, zierten Bäume und Blumen. Der 65 m breite **1. Pylon [2]** war bereits rund 900 Jahre früher von Ramses II. erbaut worden. Zwei

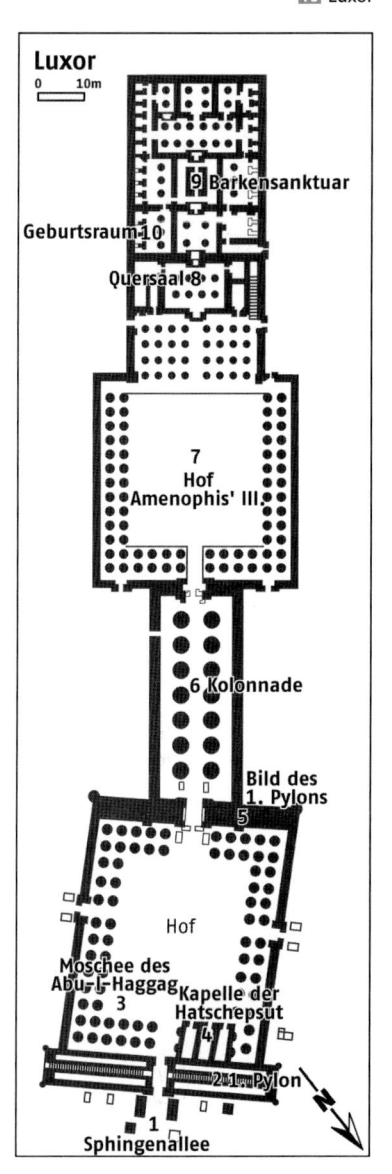

Luxor

Stimmungsvoll – der Amun-Tempel von Luxor in abendlichem Scheinwerferlicht

Obelisken und sechs Statuen schmückten einst die Fassade. Eine Standfigur, zwei knapp 16 m hohe thronende Herrscherbildnisse und der östliche Obelisk halten noch heute die Stellung. Der zweite Obelisk wurde Mitte des 19. Jh. ein Opfer der guten Beziehungen zu Frankreich. 1836 landete er als Geschenk auf der Place de la Concorde in Paris. Die Abbildungen auf den Pylontürmen schildern die *Kadesch-Schlacht* [s. S. 88].

Im ersten Hof des Tempels steht links auf den Fundamenten einer christlichen Kirche die **Moschee des Abu-l-Haggag** [3], die sich somit in die ununterbrochene Kette von Kultstätten reiht, die seit der Pharaonenzeit Gläubige zu diesem Ort zogen. Der Iraker Abu-l-Haggag (1150–1243) islamisierte Luxor im 12. Jh. ohne Blutvergießen und wird von der muslimischen Bevölkerung als Heiliger verehrt. Daher wird rund um die Moschee, drei Wochen vor Ramadan, das *Mulid Abu-l-Haggag*, ein buntes Volksfest, gefeiert.

Sitzbild des Schreibers Amenophis Sa Hapu, eines der Glanzstücke des Luxor-Museums

Im Zuge der Bauarbeiten unter Ramses II. wurde die **Kapelle der Hatschepsut** [4] in die Nordwestecke des neuen Hofs versetzt. Zwischen den 74 doppelreihig um diesen Hof aufgestellten Papyrusbündelsäulen tritt der allgegenwärtige Ramses hervor. An der westlichen Rückwand, verborgen hinter den mächtigen Säulenschäften, findet sich ein **Bild des 1. Pylons** [5]. Die sechs Statuen vor dem Pylon sind hier in Seitenansicht wiedergegeben, da die ägyptischen Künstler Frontaldarstellungen möglichst vermieden.

Die mächtige **Kolonnade** [6] des auf den 2. Pylon folgenden Längssaals stammt von Amenophis III. (1390–1353 v. Chr.), die Seitenschiffe wurden aber erst unter Tutanchamun (1332–1323 v. Chr.) und Haremhab (1319–1292 v. Chr.) angelegt und dekoriert. Die Längswände zeigen elegante und bewegte Bilder der Prozession anlässlich des *Opet-Festes*, bei dem Amun von Karnak nilaufwärts hierher in seinen ›südlichen Harem‹ reiste. Jubelnde, ehrfürchtig zu Boden gesunkene Gläubige, Soldaten, Musikanten und Tänzerinnen begleiten den prachtvollen Umzug.

Der große **Hof Amenophis' III.** [7] wird von eleganten Papyrusbündelsäulen gerahmt. 1989 kamen bei den Arbeiten in der Nordwestecke des Hofs unter dem antiken Bodenbelag 26 Statuen zum Vorschein, deren zeitlose Schönheit und nahezu makelloser Erhaltungszustand der Fachwelt den Atem raubten. Seit 1992 sind diese Prunkstücke im Museum für altägyptische Kunst (s.u.) zu besichtigen.

Die Reliefs im **Quersaal** [8] wurden unter Diokletian (284–305 n.Chr.) mit Stuck überzogen und bemalt: Man nutzte den Raum fortan für den Kult der römischen Kaiser und verschloss den Zugang zu den hinteren Tempelräumen. Dort war noch unter Alexander ein neues **Barkensanktuar** [9] eingebaut worden.

Heile Welt oder die Anatomie eines Tempels

Ägyptens Tempel dienten nicht nur dem Götterkult. In ihnen wurde der Erhalt der gesamten zivilisierten Welt – nach pharaonischer Ansicht also Ägyptens – sichergestellt.

Dazu beschworen Bilder und Texte **Maat**, die von den Göttern gefügte Ordnung. Das Gotteshaus galt als **Abbild der Welt**, seine Grenzen waren die Landesgrenzen, die es zu verteidigen galt. Daher erscheint an den Außenwänden eines jeden Tempels Pharao in **kriegerischer Pose**: Ein Büschel Feinde am Haarschopf gepackt, schwingt er drohend seine Waffen. Tatsächliche Feinde Ägyptens wie die Hethiter, die Libyer oder die Nubier sollten damit gebannt werden, aber im übertragenen Sinne auch alle anderen gefährlichen Mächte, die die Ordnung des Lebens ins Wanken bringen konnten.

Im Inneren des Tempels treten, je weiter man in das Heiligtum vordringt, friedlichere Themen in den Vordergrund. Zu Stein gewordene Pflanzen – Lotosblumen, Papyrus oder Palmen – tragen den Himmel, an dem Sterne ihre Bahnen ziehen und Geier schützend ihre Schwingen ausbreiten. Im geheimnisvollen Dunkel liegt schließlich das **Allerheiligste**, umgeben von einer Vielzahl kleiner Nebenkapellen und Opferkammern. Kein Laie durfte diese geheiligten Räume betreten, und der König musste die strengen Reinheitsgebote befolgen. Er erschien als Hohepriester des Landes, der hier mit den Göttern in Kontakt trat. Gebete und Opfer sollten die Himmlischen milde stimmen und ihnen den Aufenthalt in ihrem Tempel (der ja nichts anderes ist als Ägypten selbst) angenehm machen. Im Gegenzug erhielt der König ›Anch‹ – Leben – verliehen. Als guter Herrscher teilte er dieses selbstverständlich mit seinen Untertanen.

Körper für die Ewigkeit

Mitte 1997 eröffnete in Räumen der Uferbefestigung ein kleines Museum. Es beschäftigt sich mit dem Thema, das weltweit zuerst mit Altägypten in Verbindung gebracht wird: **Mumien**! Allerdings handelt es sich keineswegs um ein Gruselkabinett mit menschlichen Mumienteilen – die Konservierung für die Ewigkeit wird hier an Tieren veranschaulicht. In den Vitrinen finden sich Fischmumien oder Vögel. Weitere Exponate zeigen Materialien und Techniken der **Einbalsamierung**. Benötigt wurden Natronsalz zur Austrocknung des Leichnams, intensiv duftende Salben zum Desodorieren und Harze für die Festigung der Haut, Lumpen und pflanzliches Material zum Ausstopfen und Formen der Mumie, meterlange, schmale Leinenbinden, die mitunter in kunstvollen geometrischen Mustern um den Körper gewickelt wurden, sowie eine Vielzahl von Übel abwehrenden **Amuletten**. Die Ausrüstung der Mumifizierer wurde vervollständigt durch Messer, Haken, Gefäße zum Auffangen der Körperflüssigkeit und die sog. ›Kanopen‹ zur Aufnahme der bei ›großen Tieren‹ – Rindern oder Widdern, aber auch Angehörigen der Oberschicht – gesondert behandelten Innereien. Selbst **Särge** unterlagen der Mode: Der Typ des schlichten Kastensargs wurde im Laufe des Neuen Reichs zunehmend von bunt bemalten Modellen in Menschengestalt abgelöst, wie sie in der Ausstellung zu sehen sind.

Das **Mumifizierungsmuseum** (April–Sept. tgl. 9–13 und 17–22, sonst tgl. 9–13 und 16–21 Uhr) befindet sich im ›Untergeschoss‹ der Corniche, am Nordende des Luxor-Tempels.

Eine Tür führt nach Osten zum sog. **Geburtsraum [10]**, in dem die stark zerstörten Reliefs die göttliche Zeugung und Geburt Amenophis' III. darstellen.

Museum für altägyptische Kunst

Das Luxor-Museum (Corniche en-Nil, April–Sept. tgl. 9–13 und 17–22, sonst tgl. 9–13 und 16–21 Uhr) bietet einen ausgezeichneten Einblick in die altägyptische Kunst aus dem Raum des antiken Theben. Die verschiedenen Epochen sind durch so hochkarätige Stücke wie den aus Rosengranit gearbeiteten **Porträtkopf Sesostris' III.** vertreten. Bei Grabungsarbeiten vor dem 4. Pylon in Karnak war er im Fundament verbaut entdeckt worden. Qualität und Größe dieses eindrucksvollen Königsporträts zeigen, dass der Amun-Tempel bereits um 1830 v. Chr. prachtvoll ausgestattet gewesen sein muss.

> TOP TIPP

Im Kontrast zu den eigenwilligen Zügen dieses Kopfes steht die zeitlos elegante *Statue Thutmosis' III.* (1479–1426 v. Chr.). Auch sie stammt aus Karnak. Zusammen mit Tausenden anderer Statuen war sie im Hof vor dem 7. Pylon vergraben. Der zweite Trakt des Museums ist Ägyptens Phase als Imperialmacht während des Neuen Reichs gewidmet: **Thutmosis III.** dehnte Ägyptens Grenzen weit nach Vorderasien und tief in die Region des heutigen Sudan aus. Streitwagen, Pfeil und Bogen, Schilde und Schwerter gehörten zu seiner Ausstattung. Grundlegend für den Aufstieg zur Weltmacht war die Vertreibung der Hyksos gewesen – in den schweren Kämpfen gegen diese Fremdherrscher kam der thebanische Fürst **Ahmose** ums Leben. Seine Mumie und die des 1999 aus einem amerikanischen Museum zurückgekehrten **Ramses I.** sind hier zu sehen. Funde aus Karnak schmücken die obere Galerie, in der einige Objekte auch einen Einblick in altägyptische Maltechniken und Architekturzeichnungen geben.

Im Obergeschoss des ersten Trakts wurde aus 283 Einzelblöcken ein Teil der im 9. Pylon verbauten *Wand eines Aton-Tempels* aus der Regierungszeit Echnatons (1353–1336 v. Chr.) zusammengepuzzelt. Der König erscheint unter dem Bild ›seines‹ Gottes, der als Sonnenscheibe mit fächerartig ausgebreiteten Strahlen dargestellt ist. Die emsige Arbeit der vielen Tempelbediensteten in Magazinen und Opferräumen ist rechts auf der Wand dargestellt.

Ein weiterer Höhepunkt des Museumsbesuchs lockt im Untergeschoss: Hier sind die 1989 im Luxor-Tempel entdeckten **26 Statuen** ausgestellt, die zu den absoluten Meisterwerken der altägyptischen Bildhauerkunst zählen. Die Statuengruppe eines knienden Königs vor dem thronenden Gott Atum zeigt *Haremhab* (1319–1292 v. Chr.). Zwei Sitzfiguren der Göttinnen *Hathor* und *Junit* stammen aus der Zeit *Amenophis' III.* Sein

Standbild aus rötlichem Quarzit lässt keinen Zweifel an der Herrlichkeit des Königs von Ober- und Unterägypten, »des vollkommenen Gottes, der die Gesetze erlässt und die beiden Länder befriedet, Amenophis« (Inschrift der Basisplatte). Der sehr jugendlich wiedergegebene Pharao steht auf einem Schlitten, dem damals üblichen Transportmittel für schwere Objekte.

Praktische Hinweise

Information
Tourist Office Luxor, Corniche en-Nil, Tel. 095/237 22 15 – Bahnhof, Tel. 095/237 02 59 – Flughafen, Tel. 095/237 23 06

Flughafen
Luxor International Airport, 12 km nordöstlich der Stadt, Tel. 095/237 46 55, www.luxor-airport.com. Shuttlebusse zu allen großen Hotels und Taxis.

Bahnhof
Mahattat Luxor, 1 km östlich vom Luxor-Tempel, Luxor, Tel. 095/237 20 15. Mehrmals tgl. Züge nach Kairo und Assuan.

Einkaufen
TOP TIPP **Fair Trade Center**, Sh. Karnak (nahe Ausgang Luxor-Tempel), Luxor, Tel. 095/236 08 70. Eine echte Alternative zu den üblichen Souvenirläden. Tücher, Seifen, Keramik, Schnitzereien und sonstiges Kunsthandwerk werden von ägyptischen Frauen und Beduinen gefertigt.

Hotels
*****Sofitel Hotel Winter Palace, Corniche en-Nil, Luxor, Tel. 095/238 04 25, www.sofitel.com. Eines der stilvollsten Häuser Ägyptens in tropischem Garten mit Pool! Die *Royal Bar* im einst auch von König Faruq besuchten Palast bietet britisches Flair wie zu Zeiten des Ausgräbers Howard Carter.

***Maritim Jolie Ville Kings Island, Kings Island, Tel. 095/227 48 55, www.maritim.de. In herrlicher Gartenlandschaft auf einer kleinen Privatinsel verteilen sich die 2011 renovierten Bungalows und Pools, Restaurant und Haupthaus idyllisch im Grünen.

**Philippe, Sh. Dr. Labib Habachi, Luxor, Tel. 095/237 22 84, www.philippeluxorhotel.com. Zentrale Lage, ordentliche Ausstattung und Dachterrasse sind Pluspunkte dieses Hauses.

Restaurants
Abu Hagger, Sh. Abdel Moneim el-Edissi, südl. vom Bahnhof, Luxor, Tel. 095/237 63 06. Einfaches, sauberes Restaurant mit typisch ägyptischen Speisen, kein Alkoholausschank.

TOP TIPP **Gerda's Garden**, El-Karnak, gegenüber Hilton Hotel, Luxor, Tel. 095/235 86 88. Der Abstecher nach Karnak lohnt sich unbedingt: Ausgezeichnete ägyptische und deutsche Küche, Pizza und sympathische Atmosphäre!

17 Theben-West

Am Westufer des Nils liegt einer der faszinierendsten Friedhöfe der Welt: Große Pharaonen und ihr Hofstaat fanden hier ihre letzte Ruhestätte.

Noch heute gilt die alte Trennung: Auf der Ostseite des Nils, in Luxor, überwiegen die dem Leben zugewandten Einrichtungen wie Hotels und Restaurants, Bahnhof und Flughafen. Auf der Westseite hingegen scheint die Ruhe und Besinnlichkeit seit Jahrtausenden ungetrübt. Dass es sich bei Theben-West um eine reine Totenstadt handelt, ist dennoch ein Gerücht. Schon zur Zeit der Pharaonen lebten hier Arbeiter, Künstler, Priester und Verwaltungsbeamte. Schließ-

Den Malereien in den Königsgräbern droht Schimmel aufgrund der Besucherströme

lich mussten die Friedhöfe mit ihren Kulteinrichtungen in Schuss gehalten werden und der Betrieb in den vielen *Totentempeln* der verblichenen Könige gewährleistet sein. Neue Gräber wurden ausgeschachtet und bemalt. Die Handwerker, denen Bronzebeile, Blattgold und – weitaus bedeutender – das Wissen um die Lage des Königsgrabes anvertraut war, wurden selbstverständlich peinlich genau überwacht! Zum Lohn erhielten sie Bier, Brot und Salböl. Dass ihre Versorgung jedoch nicht immer sichergestellt war, belegen Berichte über den ersten Sitzstreik der Weltgeschichte in der Regierungszeit Ramses' III. (1187–1156 v. Chr.). Doch zu diesem Zeitpunkt war die erste Blüte von Theben-West schon vorbei.

Tal der Könige

Bereits im Alten Reich hatten einige Beamte ihre Gräber in den Felsabhang des Westgebirges treiben lassen. Der Aufstieg zum **Nationalen Ehrenfriedhof** setzte aber erst unter *Mentuhotep I.* ein, der 1987 v. Chr. Ägypten wieder vereinigt hatte. Er ließ im Talkessel von Deir el-Bahari seinen Totentempel erbauen. Nach einer Pause von rund 500 Jahren kehrten die Pharaonen der 18. Dynastie (ab 1540 v. Chr.) zurück nach Theben und ließen ihre ›Häuser für die Ewigkeit‹ in einem entlegenen Seitental des zerklüfteten Westgebirges anlegen.

Zu ihrem Schutz werden einige Gräber immer mal wieder geschlossen, dafür andere geöffnet. Beim Ticket-Häuschen am Parkplatz findet sich eine Liste mit den aktuell zugänglichen Anlagen. Pro Ticket können drei Gräber besichtigt werden, für Tutanchamun und Ramses VI. sind extra Eintritte zu lösen. Fotografieren ist verboten.

Viel wurde in den letzten Jahren im Tal gearbeitet – und **Neues entdeckt**: So wurden u.a. zwei neue Gräber gefunden. In einem befanden sich sieben Holzsärge aus dem Umfeld von Tutanchamun (*Kings' Valley* KV 63), aber keine echte Bestattung. Im anderen lag der intakte Sarg mit der Mumie der Nehmes-Bastet, einer Sängerin am Tempel des Amun (KV 64) aus der 22. Dynastie (ca. 940–720 v. Chr.).

Die meisten Besucher lockt der jung verstorbene König Tutanchamun mit den Berichten von seinem sagenhaften *Grabschatz* ins Tal der Könige. Das **Grab Tutanchamuns** (KV 62) jedoch verblüfft: Unfertig geblieben, wirkt es eher bescheiden. Nur die Wände der Sargkammer wurden bemalt, sie zeigen Tutanchamuns Nachfolger Eje vor dem Sargschlitten und bei der Zeremonie der ›**Mundöffnung**‹ vor der Mumie des jungen Pharao. Dabei wurde der Mund der Mumie symbolisch geöffnet, um ihr die Nahrungsaufnahme im Jenseits zu ermöglichen. Von Osiris wird er im Jenseits

Die Felsspitze über dem Tal der Könige erinnert an die Pyramiden

Die Königsgräber am ›Platz der Wahrheit‹

Ein in den Falten des Westgebirges verstecktes Wüstental, von einer pyramidenförmigen Bergspitze überragt, erschien als idealer Ruheplatz der ehrwürdigen Pharaonen. Als erster König ließ **Thutmosis I.** am ›Platz der Wahrheit‹, wie das Tal in altägyptischer Zeit genannt wurde, sein Grab anlegen. Bis zum Ende der 20. Dynastie folgten alle Herrscher seinem Beispiel – mit Ausnahme des ›Ketzers‹ Echnaton und seinem direkten Nachfolger. Diese kurze Unterbrechung trennt die Gräber in zwei Gruppen: Die **älteren Anlagen** sind tief in den Felsen hineingetriebene Stollen, deren Achse rechtwinklig abgeknickt bis zur Sargkammer führt. Nur dort, in einer Pfeilerhalle und dem seit Thutmosis III. üblichen sog. Grabräuberschacht, findet sich Bemalung. Wie riesige, an den Wänden ausgebreitete Papyrusrollen wirken die langen in Schwarz und Rot gehaltenen Texte. Grundriss und Ausgestaltung des Grabes folgen dem Plan der jenseitigen Welt, dem ›krummen Raum‹. Texte und Bilder an den Wänden dienen dabei als Führer durch diese unbekannte, geheimnisvolle, ja mitunter bedrohliche Region. Wie die Sonne am Morgen verjüngt aufersteht, so möchte auch der verstorbene Pharao sein Grab verlassen und ein neues Leben beginnen.

Die **jüngeren Gräber** scheinen den Sonnenaspekt noch stärker zu betonen. Sie sind wesentlich flacher angelegt und weisen einen geradlinigen Grundriss auf. Der Aufstieg aus den Tiefen der Unterwelt wurde damit deutlich erleichtert. Hier treten die Texte zugunsten großformatiger und farbenprächtiger Bilder zurück. Doch das Thema bleibt gleich: die Fahrt des Sonnengottes in seiner Barke. Auch für den heutigen Betrachter ist diese Fahrt in den Bildern nachvollziehbar.

empfangen. Die Paviane an der Westwand symbolisieren die zwölf Stunden der Nacht.

Schon aufgrund seiner Lage beeindruckt das **Grab Thutmosis' III.** (KV 34). Der Zugang erfolgt über eine steile Metalltreppe, danach geht es bergab ins Innere des Felsgrabes. Die ovale Sargkammer, deren Form der dunkelrote Quarzitsarg aufnimmt, überspannt ein mit Sternen übersäter Himmel. An den Wänden erscheinen Bilder und Texte des *Amduat*. Viele der schlangengestaltigen Wesen sind hilfreiche Schutzgötter. Die von Messern durchbohrte große Schlange jedoch steht für höchste Gefahr in der dunkelsten Tiefe der Nacht: *Apophis*, »der mit schrecklichem Gesicht«, kann nur gemeinsam von Isis und Seth als »dem ältesten Zauberer« gebannt werden.

Im **Grab Amenophis' II.** (KV 35) folgt die Dekoration dem gleichen Schema. Seine blumengeschmückte Mumie hatte bereits in der Antike Gesellschaft bekommen: Nachdem eine staatliche Kommission gegen Ende des Neuen Reichs den verwahrlosten Zustand des Königsfriedhofs hatte feststellen müssen, wurden aus elf Gräbern die Mumien der Pharaonen gerettet. Wohl um die Bewachung zu erleichtern, bettete man sie im Grab Amenophis' II. zur zweiten Ruhe.

Im **Grab Thutmosis' IV.** (KV 43) tauchen großformatige, vorwiegend in Rot und Gelb gehaltene Bilder auf. Der mit fast kindlichen Gesichtszügen dargestellte König tritt vor die Götter des Jenseits: Osiris, in weiße Mumienbinden gehüllt, erscheint als ›Erster der Westlichen (= Toten)‹, die dem verstorbenen Herrscher das Lebenszeichen an die Nase halten.

Das **Grab des Haremhab** (KV 57) zeigt an der Rückwand des Sargraums eine unvollendete Darstellung des *Totengerichts*. Selbst der Pharao musste sich dieser obersten Instanz der Wahrheitsfindung stellen. Osiris als Herrscher über die ›Seienden und Nichtseienden‹ empfängt die Seligen Toten, während in einer Barke sein Widersacher Seth in Gestalt eines Schweins davongejagt wird.

TOP TIPP Mit einem Extra-Ticket zu besichtigen ist das **Grab Ramses' VI.** (KV 9). Seine reliefierten und leuchtend bunt bemalten Bilder schildern ausführlich die Fahrt des Sonnengottes durch die Unterwelt, die durch zwölf Pforten in verschiedene Bereiche getrennt ist. Besonders eindrucksvoll ist das Deckenbild der Sargkammer: Die Himmelsgöttin Nut verschluckt allabendlich Sonne und Gestirne, um sie am Morgen neu zu gebären, um so den ewigen Kreislauf des Lebens zu erhalten.

Die Wiedergeburt der Morgensonne feiern die Malereien im Grab Ramses' VI.

Das Amduat: ›Das, was in der Unterwelt ist‹

Jahrhundertealte Überlieferungen sind im ›Buch von der Unterwelt‹, dem **Amduat**, und dem **Pfortenbuch** enthalten. Sie berichten von der Fahrt des Sonnengottes Re durch die nächtliche Welt, die in zwölf den Nachtstunden entsprechende Bereiche aufgeteilt ist. Ähnlich aufgebaut sind das **Buch von der Erde** und das **Höhlenbuch**.

Inmitten seines Göttergefolges wird der im Westen untergegangene, jenseitige Re gleichgesetzt mit Osiris. Auf seinem Weg über den Nil der Unterwelt begegnet er in der Mitte der Nacht und in der Riesenschlange Apophis verkörperten Urmächten des Chaos. Der allnächtliche Kampf zwischen Licht und Finsternis entscheidet schließlich über den Fortbestand der Welt. Res Triumph wird sichtbar, wenn die Morgensonne sich am Osthorizont erhebt. Der Schlusstext des Amduat fasst die **Bedeutung** der Unterweltsbücher zusammen: »Wer diese geheimnisvollen Bilder kennt, ist ein wohl versorgter Seliger. Immer geht er aus und ein in der Unterwelt, immer spricht er zu den Lebenden.«

Das **Grab von Tausret und Sethnacht** (KV 14) ist kaum weniger beeindruckend. Die Bilder vom *Buch der Erde*, die der Wiedergeburt des Sonnengottes am Morgen gewidmet sind, bezaubern mit ihrer strahlenden Farbigkeit. Kein Zweifel, dass hier, an der tiefsten Stelle des Grabes, das Leben in all seiner schillernden Buntheit gefeiert wird.

Gräber der Noblen

Zu verschiedenen Zeiten waren bestimmte Areale des über 8 km langen Friedhofareals besonders beliebt. Die schönsten Gräber der 18. Dynastie liegen beim heutigen Dorf Sheikh Abd el-Qurna, während es die Würdenträger der 19. Dynastie mehr nach Dra Abu-l-Naga und Chocha im Norden zog. Einen Sonderfall stellt die Siedlung der Arbeiter an den Königsgräbern in Deir el-Medina dar.

Farbenfroh und von diesseitigen Themen beherrscht, spiegeln die Bilder das damalige Leben. Wenn im **Grab des Userhat** (*Theban Tomb* TT 56) in **Sheikh Abd el-Qurna** die Kunden des unter einem Baum tätigen Friseurs während der Wartezeit einnicken, erübrigen sich lange Erklärungen. Als Schreiber im Dienste Amenophis' II. (1426–1400 v. Chr.) kontrolliert Userhat die Anlieferung von Vorräten, inspiziert die Rekruten und überwacht die Arbeit auf den Landgütern. In der Längshalle des T-förmigen Grabes jagt er auf seinem Streitwagen Antilopen, Gazellen und Hasen. Die ruhigeren Szenen der zeremoniellen Bootsprozession gehören zum Standardrepertoire dieser Zeit. Der Sarg mit dem Leichnam sollte, zumindest in den Grabmalereien, nach Abydos segeln. Dort, beim Haupttheiligtum des Osiris, hoffte der Verstorbene im Gefolge des Gottes das ewige Leben zu erlangen.

Das große Grab des Wesirs **Ramose** (TT 55) aus der glanzvollen Zeit unter Amenophis III. (1390–1353 v. Chr.) zieren besonders feine Reliefs. Die Perücken der versammelten Festgäste sind bis in die kleinste Locke perfekt gearbeitet, die durchscheinenden Gewänder schmiegen sich wie eine zweite Haut an die makellosen Körper. Unter den Gästen befinden sich so illustre Personen wie Ramoses Wesir-Kollege aus Memphis mit seiner Gattin und der ehrwürdige Architekt des Pharao, Amenophis Sa Hapu. Klagefrauen mit aufgelöstem Haar und tränenüberströmten Gesichtern folgen im Leichenzug den ehrwürdig schreitenden männlichen Trauernden. Eine Überraschung bietet die Rückwand des Grabes. Noch auf der links von einem Durchgang angebrachten Szene der *Ehrengoldverleihung* bleiben die Künstler ihrem Stil treu. Doch an der rechten Rückwand macht sich *Echnatons Regierungsantritt* bemerkbar. Dem Stil der neuen Zeit angepasst, tritt Ramose zwischen die sich tief verneigenden ausländischen Gesandten und seinen vom Strahlen-Aton gesegneten Herrscher sowie dessen Gattin Nofretete.

Ein weiterer Wesir liegt ganz in der Nähe begraben: Etwas bergauf öffnet sich das **Grab des Rechmire** (TT 100). Die Malereien im Quersaal zeigen einen Zug exotischer Tiere, die ausländische Gesandte zu Thutmosis III. (1479–1426 v. Chr.) bringen. Ein langer Text am Durchgang zur Längshalle enthält die Dienstvorschriften des Wesirs, die ihn zu strengster Einhaltung des Rechts verpflichten und vor den Unannehmlichkeiten dieses Amtes warnen: »Bedenke, Wesir zu sein, bedenke, das ist nicht süß, bedenke, das ist bitter wie Galle.« Im Längssaal werden verschiedene Handwerker vorgestellt, Goldschmiede ebenso wie Bauarbeiter und Drechsler.

Sennefer, unter Amenophis II. Bürgermeister von Theben-West, hinterließ sein berühmtes **Weinlaubengrab** (TT 96). In der unterirdischen Sargkammer lösten die Künstler das Problem der welligen Decke auf geniale Weise: Ein dichtes Gestrüpp von Weinranken breitet sich schützend über den Raum. Das Motiv ist eine Anspielung auf Osiris, der die Ägypter den Weinanbau gelehrt haben soll.

Für ihre besonders dichten und lebendigen Malereien und die bis ins letzte Detail liebevoll komponierten Szenen sind zwei kleine Gräber aus der Zeit Thutmosis' IV. (1400–1390 v. Chr.) berühmt. Die Arbeit des Feldervermessers **Menena** (TT 69) wird im Erntebild der Querhalle beschrieben, der Längsraum zeigt das *Totengericht*: Auf einer Waage wird das Herz des Verstorbenen als Zeuge seiner guten und schlechten Taten gegen ein Bild der Maat gewogen.

Im vorbildlich restaurierten Grab des Astronomen **Nacht** (TT 52) besticht vor allem die überaus dicht komponierte Szene im Papyrusdickicht mit Fischfang und Vogeljagd. Vorsichtig hält eine der Töchter Nachts ein Vögelchen in der Hand, während sich der kleine Sohn stolz an der Jagd beteiligt. Zum Fest gehört die Gruppe der drei Musikantinnen – ihre großen Mandelaugen leuchten unter den schweren, mit Blumengirlanden geschmückten Perücken hervor.

Aus der Zeit Ramses' II. (1279–1213 v. Chr.) stammt das Grab des **Neferrenpet** (TT 178) im Friedhof von **Chocha**. Der Angestellte der Schatzverwaltung des Amun-Re erscheint im ersten Raum mit seiner Gattin Mutemwija beim Brettspiel, ein Harfner sorgt für musikalische Unterhaltung. Eine Darstellung des Grabes mit der vor dem Eingang aufgestellten Stele und einer dem Dach aufgesetzten Pyramide gibt eine Vorstellung vom ursprünglichen Aussehen des Friedhofs.

In **Deir el-Medina**, der Arbeitersiedlung von Künstlern und Handwerkern im Tal der Könige, sind die Malereien fast ausschließlich dem Jenseits gewidmet. Das Grab des **Inherchau** (TT 359) entstand in der Zeit von Ramses III. und Ramses IV. (um 1160–1150 v. Chr.), als Lohn und Nahrungsmittel häufig ausblieben. Inherchaus Familie scheint davon unberührt – ins Jenseits sollten solch desolate Zustände nicht übergreifen. Mit seiner Frau und den Kindern, nackt dargestellt und mit witzigen ›Kinderfrisuren‹, empfängt er Opfergaben für seine Versorgung im ewigen Leben. Bilder aus dem *Totenbuch*, einer Spruchsammlung, die als Wegweiser für die Unterwelt diente, machen den größten Teil der Dekoration in den zwei unterirdischen Kammern aus.

Kornkammer Ägypten – Darstellung der Getreideernte im Grab des Menena

Die Kadesch-Schlacht oder Geschichtsfälschung à la Ramses

Ein prägendes Ereignis der frühen Regierungszeit Ramses' II. stellte die in zahlreichen Varianten an den Tempeln des Landes geschilderte Kadesch-Schlacht dar. Der Weltmacht Ägypten war im 13. Jh. v. Chr. mit den **Hethitern** ein ernst zu nehmender Gegner erwachsen. Zwischen beiden Herrschaftsbereichen lag das heiß umstrittene Gebiet der syrisch-palästinensischen Stadtstaaten. Bei Kadesch am Orontes kam es 1274 v. Chr. schließlich zur entscheidenden **Schlacht**. Ägyptischen Tempelreliefs zufolge gelang es Ramses II. allein mit der Unterstützung seines göttlichen Vaters Amun die Überzahl der Feinde in die Flucht zu schlagen. Tatsächlich waren ägyptische Truppen wohl in einen **Hinterhalt** geraten und hatten in panischer Angst das Weite gesucht. Nur die hereinbrechende Nacht rettete den jungen Ramses vor einer totalen Niederlage. Doch kein ordentlicher Pharao würde solche Schmach je eingestehen, zumal das Ganze glimpflich ausging. Den Hethitern, die mit Kriegen an anderen Fronten und der Verwaltung ihres riesigen Reichs bereits bis an die Grenzen strapaziert waren, lag nichts an einer Eroberung Ägyptens. Ein dauerhafter Friede mit diesem mächtigen Nachbarn war ihnen viel nützlicher. So konnte also Ramses großmütig den elenden Feinden vergeben und den ersten **Friedensvertrag** der Weltgeschichte mit einer politischen Hochzeit besiegeln. Selbstverständlich kam die Braut vom hethitischen Königshof – eine Ägypterin heiratete nicht außer Landes!

Die Mumien von **Sennedjem** (TT 1) und seiner Familie wurden mit ihrer gesamten Grabausstattung in der noch original verschlossenen Sargkammer entdeckt. Das Grab ist derzeit geschlossen, jedoch bietet das von einer kleinen Pyramide bekrönte Grab des **Irinefer** (TT 290) am oberen Hang über der Siedlung ähnlich eindrucksvolle Bilder. Eine Szene an der Ostwand zeigt die Seele des Verstorbenen als Vogel mit Menschenkopf und seinen schwarzen Schatten, der im Eingang zum Grab erscheint. Ungewöhnlich sind die weißen Haare des in Ehren gealterten Ehepaars an der Westwand – es zeigt die Eltern Irinefers.

Vom Eingang zum Grab des **Paschedu** (TT 3), in dem der Verstorbene trinkend unter einer Palme dargestellt ist, bietet sich ein wunderbarer Blick über die antike, mehrere Steinlagen hohe Reihenhaussiedlung der Arbeiter.

Ein kleiner **Tempel**, der in der Ptolemäerzeit erneuert wurde, war den Göttinnen Hathor und Maat geweiht. Die Arbeiter versahen hier als Laienpriester den Götterdienst, wofür sie mit Freistellungen von ihrer harten Arbeit an den Königsgräbern rechnen durften.

> **TOP TIPP**
> Von Deir el-Medina führt ein Trampelpfad über das Westgebirge zum Talkessel von **Deir el-Bahari**. Der weite Blick über den thebanischen Friedhof, das Fruchtland und den Nil bis nach Karnak ist der reiche Lohn für den Aufstieg.

Tal der Königinnen

Wie die Pharaonen wurden auch die königlichen Gemahlinnen und Nachkommen in einem unzugänglichen Gebirgstal bestattet. Bislang konnten 98 Gräber in diesem ab der 19. Dynastie den königlichen Familienangehörigen vorbehaltenen Tal freigelegt werden. Große Berühmtheit erlangte das Grab der Lieblingsfrau Ramses' II., **Nefertari** (*Queens' Valley* QV 66, seit 2003 geschl.). In strahlenden Farben tritt die ›große königliche Gemahlin‹ vor die Götter, die sie als ebenbürtiges Mitglied unter die Unsterblichen aufnehmen sollen.

Die fein geschnittenen und herrlich bemalten Szenen in den Gräbern des **Amunherchepeschef** (QV 55) und **Chaemwaset** (QV 44) zeigen Ramses III. (1187–1156 v. Chr.), wie er als fürsorglicher Vater seinen jung verstorbenen Söhnen voranschreitet. Sollte es sich bei dem mumifizierten Fötus in QV 55 tatsächlich um Amunherchepeschef handeln, so hätte er die Fürsprache sicher gebraucht. In beiden Gräbern beeindrucken die Farben der Malereien und die Detailfreude der Bilder. In eine Stuckschicht eingeschnittene dünne Reliefs lassen die Figuren plastischer erscheinen. Allein die Gewänder von Ramses III. und seinen Söhnen begeistern mit ihren feinen Plissees und den bunten Mustern der Schärpen – ergänzt von den schweren Schmuckstücken um Hals, Arme und Handgelenke.

Königin Hatschepsut wählte für ihren Terrassentempel einen wahrhaft beeindruckenden Ort

Königliche Totentempel

Hatschepsut (1479–1458 v. Chr.) und ihr genialer Architekt *Senenmut* wählten mit Bedacht die Nachbarschaft zum Totentempel des Reichseinigers Mentuhotep in **Deir el-Bahari**. Legitimationsprobleme der Herrscherin sollten durch die Annäherung an diesen über alle Zweifel erhabenen König überdeckt werden.

Das gleiche Ziel verfolgen die Bilder der sog. Geburtshalle im **Terrassentempel der Hatschepsut**. Früh verwitwet, war Hatschepsut als Regentin für ihren minderjährigen Stiefsohn Thutmosis auf den Geschmack gekommen. Entschlossen übernahm sie wider jegliche Tradition den Pharaonenthron. Zu ihrer Rechtfertigung veröffentlichte sie hier an den Wänden der nördlichen Mittelterrasse des Tempels den Bericht von ihrer Zeugung und ihrer *Amtseinsetzung durch Amun*. Von den unter Thutmosis III. und Echnaton stark zerstörten Szenen sind einige noch gut zu erkennen (von links): Ahmose, Hatschepsuts Mutter, und der Götterkönig Amun sitzen ›eng umschlungen‹ auf einem Bett. Daneben stellt der widderköpfige Gott Chnum auf der Töpferscheibe die künftige Königin und ihren *Ka* (Seele) her. Thot mit dem Ibiskopf überbringt Ahmose die Nachricht von der göttlichen Empfängnis. Hochschwanger betritt sie, geführt von Chnum und der Geburtshelferin Heket, den Kreißsaal. Am Ende der Bildreihe wird Hatschepsut ihrem Vater präsentiert und von ihm als leibliche Tochter und *Thronerbin* anerkannt.

Anubis, dem Friedhofswächter und Führer durch die Unterwelt, ist die sich nördlich anschließende kleine Kapelle mit ihren leuchtend bunt bemalten Reliefs geweiht.

Ihr entspricht in der Südhälfte des Tempels eine *Kapelle für Hathor*. Schon von Weitem erkennt man das kuhohrige Gesicht der Göttin, das die Säulenkapitelle ziert. Nach Punt, ins sagenhafte Weihrauchland am Horn von Afrika, führen die Bilder der benachbarten Halle. Weihrauch und Myrrhe waren teure, im Tempeldienst aber unverzichtbare Importgüter. In der Hoffnung, die beschwerlichen Reisen in Zukunft umgehen zu können, ließ Hatschepsut die wertvollen Bäume in Pflanztrögen nach Ägypten schaffen. Stolz stiftete sie ihrem Vater Amun neben Gold und Rindern riesige Haufen der begehrten Duftstoffe – mit

Darstellung des Friedhofswächters Anubis in einer Kapelle im Tempel der Hatschepsut

17 Theben-West

Scheffeln wird in der Mitte der Längswand das kostbare Gut gemessen. Die oberste Terrasse schmücken – stark restaurierte – Statuen der Pharaonin. Im Innenhof direkt unter der steil aufragenden Felswand sind drei Kultbereiche auszumachen: Für Hatschepsut und ihren Vater Thutmosis I. im Süden, im Norden ein Kulthof für den Sonnengott und in der Mitte eine Felskapelle für den Kult der Göttin Hathor. Sie wurde hier noch in der Ptolemäerzeit verehrt, der kleine Vorbau vor der Kultkammer stammt aus dieser späten Zeit.

Im Gegensatz zur fast modern anmutenden Fassade des Totentempels der Hatschepsut strahlt die stark verfallene Verehrungsstätte für Ramses II. eher romantischen Ruinen-Charme aus. Die großen Pylone des **Ramesseum** thematisieren einmal mehr die *Kadesch-Schlacht*. Der Zugang zum Tempel erfolgt heute nicht mehr durch diese Torbauten, sondern seitlich über den 2. Hof der Anlage.

Kopf und Schultern einer umgestürzten Kolossalfigur des thronenden Ramses ragen hinter den Säulen hervor. Ihre gewaltigen Maße geben einen Anhaltspunkt für die einstige Größe der Anlage: Bei einer Gesamthöhe von 18 m misst der Zeigefinger 1 m, das Gewicht der Sitzfigur betrug 1000 t! Dass es sich um einen Totentempel handelt, verdeutlichen die den Säulen vorgeblendeten Figuren des Hofs: Mit verschränkten Armen und in Mumienbinden gehüllt nimmt der König hier die Gestalt von Osiris an.

Osirisstatuen und Tempelwächter im 1. Hof von Medinet Habu

Unter dem opfernden und vor den Göttern knienden Ramses erscheinen an der Rückwand des Hofs elf seiner Söhne – nüchterne Schätzungen beziffern seine gesamte Kinderschar auf etwa 50 Söhne und 40 Töchter. Auf den 48-Säulen-Saal folgt ein kleinerer Raum, dessen Decke astronomische Darstellungen trägt. Das Relief an seiner nördlichen Rückwand lässt Beamtenherzen höher schlagen: Selbst Götter führen hier ordentlich Buch. Vor dem thronenden Gott Atum kniet Ramses, während die beiden Schreibergottheiten Thot und Seschat seinen Namen auf den Blättern des göttlichen Annalenbaums eintragen. Die rückwärtigen Räume, die als allerheiligste Kapellen von zentraler Bedeutung waren, sind heute zerstört.

Ursprünglich ein Kultplatz für Amun-Kamutef, eine Fruchtbarkeit und Verjüngung symbolisierende Form des Reichsgottes, entwickelte sich **Medinet Habu** zu einer regelrechten Tempelstadt. Der unter Hatschepsut begonnene, von Thutmosis III. fertiggestellte und in der Ptolemäerzeit erweiterte kleine Tempel durchbricht die von Ramses III. angelegte, festungsartige Umfassungsmauer aus Lehmziegeln. Deren Haupteingang bildet das zweistöckige **Hohe Tor**, in das sich der König den Reliefs zufolge mit Damen seines Harems zurückzog. Ein Kanal führte vom Nil bis zur Kaianlage vor dem Eingangsportal, in dessen Achse sich der Totentempel für Ramses III. erhebt. Im weiten Hof ließen sich in der 25./26. Dynastie die *Gottesgemahlinnen des Amun* Grabkapellen errichten.

Am **1. Pylon** des Ramses-Tempels sollen die Bilder vom Niederschlagen feindlicher Völker durch den Herrscher auf magische Weise Chaos und Anarchie bannen. An der nördlichen Außenwand werden Libyer, Syrer und die Seevölker des Nordens besiegt. Ramses III. erhält auf der Rückwand des 1. Pylons von seinen Generälen Auskunft, wie viele Feinde vernichtet wurden – der Kontrolle dienen die abgeschnittenen Hände und Penisse der Gefallenen. Die Südseite des **1. Hofs** mit Fenster- und Türöffnungen bot einen Zugang zu dem neben dem Tempel angelegten kleinen Palast. Von dort aus beobachtete Ramses die Übungen seiner Spezialtruppen. Ebenso wie moderne Militärparaden dienten solche Veranstaltungen dazu, ausländische Gesandte von der Stärke Ägyptens zu überzeugen.

17 Theben-West

Einst flankierten sie den Zugang zum Totentempel Amenophis' III. – die Memnonskolosse

Götterfeste sind das beherrschende Thema im **2. Hof**. Zu Ehren des Fruchtbarkeitsgottes Min wurde das *Erntefest* veranstaltet, dessen Prozessionszug von seinem heiligen Tier, einem weißen Stier, angeführt wurde. Ernte und Aussaat waren für die Ägypter Symbole für Tod und Wiedergeburt – landwirtschaftliche Feste hatten also durchaus ihren Platz in einem Totentempel. Die hinteren Räume des Tempels waren bis zu seiner Freilegung 1895 bewohnt und überbaut gewesen. Nur die heute noch anstehenden Säulenstümpfe haben die Jahrhunderte der Zweckentfremdung überstanden.

Eindrucksvoll muss sich der *Totentempel Amenophis' III.* einst am Rande des Fruchtlands erhoben haben. Von ihm sind nur noch die beiden 17,9 m hohen **Memnonskolosse** erhalten. Diese Sitzfiguren des Königs flankierten den 1. Pylon. In der Antike durch Erdbeben zerstört, zogen sie bereits damals Kulturtouristen in ihren Bann. Temperaturunterschiede brachten den südlichen der Kolosse bei Sonnenaufgang zum Singen: Fortan hielten ihn die in griechischer, nicht aber in altägyptischer Mythologie bewanderten Besucher für ein Abbild des Memnon, der seine Mutter Eos, die Göttin der Morgenröte, mit einem Ständchen begrüßte. Doch seit der römische Kaiser Septimius Severus 199 n. Chr. das beschädigte Sitzbild in bester Absicht restaurieren ließ, blieb der Halbgott stumm.

Praktische Hinweise

Öffnungszeiten: Juni–Sept. tgl. 6–17, sonst bis 16 Uhr

Eintrittskarten: Die nur am Verkaufstag gültigen Tickets für die Tempel, Deir el-Medina und die meisten Gräber der Noblen gibt es beim Inspektorat an der Straße nach Medinet Habu hinter den Memnonskolossen. Eintrittskarten für Hatschepsuts Terrassentempel in Deir el-Bahari und das Tal der Königinnen kann man nur an den dortigen Ticketschaltern kaufen. Tickets für die Gräber im Tal der Könige werden ausschließlich am Eingang des Tals verkauft.

Anfahrt: Südlich der Stadt ermöglicht eine Brücke eine bequeme Anfahrt (ca. 30 Min. Fahrt von Luxor bis zum Inspektorat). Wer Theben-West per Fahrrad oder Esel erkunden möchte, kann die Einheimischen-Fähre beim Luxor-Tempel benutzen.

Hotels

TOP TIPP *******Al-Moudira**, Tel. 012/325 13 07, www.moudira.com. Südlich von Medinet Habu liegt das traumhaft schöne, im orientalischen Stil gehaltene Hotel inmitten eines 8 ha großen tropischen Gartens, in dem neben herrlich duftendem Jasmin auch frisches Gemüse für die Küche des empfehlenswerten hauseigenen Restaurants wächst.

**Nile Valley Hotel, Gesirat el Bairat, Westbank, Luxor, Tel. 095/231 14 77, www.nilevalley.nl. An der Hauptstraße nahe der Fähranlegestelle liegt das freundliche kleine Hotel mit Dachterrasse und Pool.

Restaurants

Africa, Gezira, beim Fähranleger. Einfaches Restaurant mit typisch ägyptischer Küche.

Cafeteria Habu, gegenüber von Medinet Habu. Mit Blick auf den Tempel genießt man kühle Getränke, leckere Snacks oder üppigere Speisen.

Von Luxor nach Assuan – die Schwelle zum Süden

Wer den Wasserweg von Luxor nach Süden wählt, erkennt die Bedeutung des Nils und des von ihm bis 1960 angeschwemmten Schlamms als Lebensspender: Schon ab **Esna** treten die Sandsteingebirge näher ans Ufer, nur um **Kom Ombo** weichen sie noch einmal zurück und lassen Raum für weite Felder. Südlich davon wird das Ackerland immer schmaler, bis es bei **Assuan** völlig von der Wüste verdrängt wird.

Im Niltal Oberägyptens sind Denkmäler aus der Ptolemäer- und Römerzeit wie die Tempel von Edfu und Kom Ombo erhalten. Bei Assuan verlief einst die Landesgrenze. Dort riegelt die **Schwelle des 1. Katarakts** das Land und den Flusslauf ab. Fast sieht es so aus, als ob der große Staudamm im Süden der Stadt das natürliche Vorbild nachahmen wollte. Dahabiyas – nostalgische Zweimastsegler – legen auch in **El-Kab** und beim antiken Steinbruch von **Gebel es-Silsila** an.

18 Esna

Im Basar von Esna trotzt die Vorhalle eines versunkenen Tempels der modernen Ansiedlung.

Am Westufer des Nils, 53 km südlich von Luxor liegt Esna. Inmitten eines bunten Basars steht etwa 9 m unter dem jetzigen Bodenniveau die Säulenhalle des **Chnum-Tempels** (tgl. 7–17 Uhr, Tickets am Schiffsanleger). Die antike Siedlung, deren alter Name *Ta-Seni* oder *Sne* als Esna weiterlebt, ist unter der Stadt begraben.

Während der Regierungszeit des römischen Kaisers Claudius (41–54 n. Chr.) begonnen, wurde die Säulenhalle, die einen Vorgängerbau aus der 18. Dynastie ersetzte, erst unter Decius (249–251 n. Chr.) vollendet. Lange Inschriften – die letzten, die in Hieroglyphen verfasst wurden – erzählen von den Götterfesten des Tempels. Die Erschaffung der Welt durch den widderköpfigen Chnum und seine Kollegin Neith steht dabei im Mittelpunkt. *Wasser* und fruchtbarer *Nilschlamm* galten den alten Ägyptern als Urelemente, aus denen alles Leben entstand. So verehrte man Neith hier in Gestalt des Nilbarschs *Lates niloticus*. Bei ihrer Ankunft in Esna wurde sie dem Mythos zufolge schwanger – es entstand neues Leben. Auf einer Töpferscheibe schuf Chnum die Kreaturen der Welt. Die gefährlichen unter ihnen werden an der Nordwand im *Inneren* des Säulensaals unschädlich gemacht: Kaiser Commodus (180–192 n. Chr.) erhält bei der Jagd im Papyrusdickicht Unterstützung vom falkenköpfigen Horus und dem Tempelherrn Chnum. Da auch Bilder ein magisches Eigenleben entwickeln können, wurden die Feinde vorsichtshalber in Gestalt harmlos wirkender Fische und Vögel gezeigt. Dass Mohammed Ali von dieser kämpferischen Haltung römischer Kaiser und altägyptischer Götter profitieren wollte, als er 1842 den Bau zu einem Lager für Schießpulver umfunktionierte, muss jedoch angezweifelt werden.

19 El-Kab

Nechbet, die geiergestaltige Schutzgöttin von Oberägypten, war Herrin über Stadt und Friedhof von El-Kab.

30 km weiter Richtung Assuan erreicht man El-Kab am Ostufer des Nils mit den Überresten der altägyptischen Stadt *Necheb*. Innerhalb einer über 2 km langen Lehmziegelmauer haben nur Fundamente des Nechbet-Tempels und dessen Umwallung die Zeiten überdauert. Besser erhalten sind die Gräber am Felshang.

Das älteste der **Gräber** entstand Anfang der 18. Dynastie (um 1540 v. Chr.). **Ahmose Sa Ibana** berichtet in einer autobiografischen Inschrift von der Vertreibung der Hyksos, jener Fremdherrscher, die sich im Norden Ägyptens festgesetzt hatten. Als Flottenkommandant nahm Ahmose persönlich an den Kämpfen teil.

Sein Enkel **Paheri** übte als Erzieher am Königshof von Thutmosis III. (1479–1426 v. Chr.) einen ungefährlicheren Beruf aus. Stolz präsentiert er sich mit Prinz Wadjmose auf dem Schoß. Als Gaufürst oblag Paheri auch die Verwaltung der ihm anvertrauten Provinz. Landwirtschaftliche Szenen und Bilder von Begräbniszeremonien runden an der Südwand die Ausgestaltung des Grabes ab.

Im südlich des Gräberbergs liegenden Wadi errichtete Ramses II. eine **Kapelle** für den Weisheitsgott Thot. Außerdem entstand in der Ptolemäerzeit am Eingang zum Tal ein **Nechbet-Tempel**.

20 Edfu

Der Horus-Tempel aus der Ptolemäerzeit bietet eine der spannendsten Göttergeschichten in nahezu perfekt erhaltener Architektur.

105 km nördlich von Assuan liegt auf der Westseite des Nils Edfu. Der in ptolemäischer Zeit zwischen 237 und 57 v. Chr. errichtete **Horus-Tempel** (tgl. 7–21 Uhr) ist der besterhaltene Kultbau des Landes mit einem übersichtlichen Gesamtplan. Der mit 64 m Breite und 36 m Höhe beeindruckende *Pylonturm* zeigt den Hausherrn mit seiner Gemahlin Hathor von Dendera und dem gemeinsamen Sohn Harsomtus. 32 Säulen mit verschiedenen Pflanzenkapitellen umstehen den großen Hof. An dessen Eingangswand gießen Thot und Horus rituelles Reinigungswasser über den König.

Streng wirkt der Blick des großen granitenen *Falken*, der neben dem Eingang zum Pronaos Wache hält. An der Westwand der **Vorhalle** beginnt die Darstellung von der Gründung und dem Bau des Tempels, die sich bis auf die Rückwand zieht. Ziegel für die Grundsteinlegung werden herbeigetragen, der Messstrick umspannt den durch eine Natronschüttung gereinigten Bauplatz und Pharao holt zum ersten Aufhacken des Bodens aus. Im Halbdunkel des **12-Säulen-Saals**, der nur durch kleine Lichtschächte in der Decke erhellt wird, führen Türen zu Magazinen und Salbenküchen. In dem schon unter Nektanebos im **Allerheiligsten** aufgestellten Granitschrein befand sich einst das Kultbild des Horus. Auf dem Sockel ruhte die Barke, in der der Gott sein Domizil verlassen konnte. Ein moderner Nachbau einer solchen Barke wurde hier aufgestellt – er entspricht genau den Reliefs an den Tempelwänden.

Vom kleinen Säulensaal führt eine Tür in den östlichen Korridor des **Tempelum-**

Seit über 2000 Jahren kündet der Horus-Tempel in Efdu von der Majestät des Falkengottes.

Statue des Falkengottes Horus und Pylonwand des Horus-Tempels in Edfu

Wer zählt die Götter, kennt die Namen?

Diese Frage drängt sich unweigerlich auf angesichts der verwirrenden Vielfalt altägyptischer Gottheiten. Der mit dem Widderkopf, war das Amun oder Chnum? Und die Kuh – für welche Muttergottheit steht sie doch gleich wieder? Über **600 Götter** listen die Register der Spätzeit auf. Wie haben die alten Ägypter die hohen Herrschaften nur auseinander gehalten? Ganz einfach: Die meisten Bewohner des Niltals machten sich nicht viel Kopfzerbrechen um die Schar der Himmlischen. Sie kannten und verehrten ›ihren‹ Gott – sei es den in ihrer Heimatstadt ansässigen oder einen der ganz großen Götter. **Netscher** – ganz einfach ›Gott‹ – sollte die Gebete erhören. Im Bedarfsfall wandten sich die Gläubigen an einschlägig gebildete Menschen. Schreiber und Priester boten ihre Dienste bei der Gebetsvermittlung an.

Außerdem gewährten die Theologen vor Tausenden von Jahren Unterstützung, indem sie Ordnungssysteme erdachten. Nach diesen wurden die Göttlichen zu überschaubaren Kleinfamilien gruppiert und jeweils einem Tempel zugeordnet wurden. Ausgeklügelte dynastische Verbindungen ergaben dann wieder größere Einheiten.

Nur moderne, auf Faktenwissen pochende Tempelpilger wollen alles ganz genau wissen. Also: Die Dame mit dem Thron auf dem Kopf ist **Isis**, ihr Gemahl **Osiris** erscheint in Mumienbinden und Sohn **Horus**, der edle Held des altägyptischen Pantheons, gibt sich als Falke. Krieg bedeutet **Sachmet**, die Löwin. Katzenhaft schnurrt **Bastet** von Liebe und Rausch – im gleichen Ressort trifft man **Hathor**, nur erscheint sie meist als Kuh. **Amun** lässt sich dagegen nur selten auf tierische Verkleidung ein, er bevorzugt die Menschengestalt. Dafür ist er als Luftgott gerne blau. Schöpferkollege **Ptah** bleibt beim Menschen, blau ist nur seine eng anliegende Kappe. Dann wäre da noch **Re**, der Sonnige. Meist erscheint er mit Falkenkopf, kann sich aber ebenso zum altersgebeugten Mann mit Widderkopf verwandeln oder zum Insekt – zum Mistkäfer, um genau zu sein. Im Jenseits leicht zu erkennen ist **Anubis**, fast der einzige Schakal in Götterkreisen. Darüber hinaus bevölkern Krokodile, Nilpferde, Fische, Geier, Ibisse und Schlangen die Götterwelt, ganz zu schweigen von den Fabelwesen, die im gewalttätigen Gott **Seth** ihren prominentesten Vertreter haben.

gangs. Einmal im Jahr inszenierten die Priester hier einen dramatischen *Götterkampf*. *Seth*, der bereits im Mythenkreis um Osiris als grausamer Brudermörder erscheint, wurde auch im Sonnenkult eine negative Rolle zugeschrieben. Die Sonne als Sinnbild des sich täglich verjüngenden Lebens war von gefährlichen, im Wortsinn finsteren Mächten bedroht. Gewitterwolken, Sandstürme und die allabendliche Dämmerung beschworen Visionen vom Ende der Welt. Seth galt als ihr Verursacher. Ihn zu vernichten, wurde *Horus* als erprobter Kämpfer ausgeschickt.

Im westlichen Teil des Tempelumgangs zeigen die Bilder den Kampf zwischen diesen beiden, Gut und Böse verkörpernden Göttern. Auf seinem Schiff verfolgt Horus den als *Nilpferd* dargestellten Seth. Er durchbohrt das aus Sicherheitsgründen klein und in Ketten wiedergegebene Tier mit seinen Speeren, fesselt es und führt es der jubelnden Göttergemeinde zu. Im letzten Triumph wird das feindliche Nilpferd dann geschlachtet – dennoch kein Fall für den Tierschutzverein: Kein echtes Tier, sondern lediglich eine Nachbildung aus Brotteig kam laut Ritualanweisung zum Fest unters Messer.

21 Gebel es-Silsila

Direkt ans Nilufer grenzen die Sandsteinbrüche, die Baumaterial für Edfu und Kom Ombo lieferten.

Ab der 18. Dynastie wurde hier an beiden Flussufern systematisch Stein abgebaut – eine Aufgabe, die vom Militär organisiert wurde. Expeditionsleiter hinterließen Graffiti und im Auftrag ihrer Herrscher eindrucksvolle Kapellen. Am Westufer reihen sich von Nord nach Süd die **Felskappelle des Haremhab**, in der auch ein Kriegszug des Pharao nach Nubien geschildert wird, sowie zwei **Kapellen von Ramses II. und seinem Sohn Merenptah**. Der Fußweg dazwischen führt an kleineren Nischen und Stelen vorbei und zeigt eindrucksvolle Überreste des Steinbruchs.

Nilgott Hapi geweihte Felsstelen aus der Zeit Ramses II. und seines Sohnes in Gebel es-Silsila

22 Kom Ombo

Malerisch liegt der Doppeltempel für Haroëris und Sobek in einer Nilschleife direkt am Ufer des Flusses.

45 km nördlich von Assuan zweigt eine Stichstraße zum Nil ab. Ein Hügel aus Lehm und Tonscherben, unter dem sich die Überreste der alten Stadt *Nubet*, der Goldenen, verbergen, verdeckt den Blick auf den **Doppeltempel von Kom Ombo** (tgl. 6–21 Uhr). Von Ptolemaios VI. (163–145 v. Chr.) bis zu Kaiser Domitian (81–96 n. Chr.) wurde an dem Heiligtum gebaut. Genial in seiner Erweiterung des klassischen, achsensymmetrischen Tempelgrundrisses um eine zweite ›Mittelachse‹, war er sowohl dem krokodilgestaltigen *Sobek* (rechts) wie auch dem falkenköpfigen *Haroëris* (links) geweihte.

Die malerische Lage dicht am Nil hat allerdings auch Schattenseiten: Durch die Unterspülung des Ufers wurde der Eingangsbereich des Tempels zerstört, der linke Turm des 1. Pylons versank im Fluss. Im ebenfalls stark beschädigten **Hof** zeigen die Reliefs an den Säulenschranken der Rückseite Ptolemaios XII. Neos Dionysos, der sich in Gegenwart der beiden Hauptgötter der rituellen Reinigung unterzieht. In der anschließenden **Vorhalle** segnen verschiedene Gottheiten denselben Herrscher. Das heilige Krokodil von Ombos ruht im Relief der Mittelwand des kleinen Säulensaals auf einem Sockel. In der linken Tempelhälfte bewegen sich im üppigen, weichen Stil der Ptolemäerzeit Ptolemaios VIII. und zwei Damen namens Kleopatra auf Haroëris zu, der dem König das Sichelschwert und das Lebenszeichen reicht. Im Bereich des **Allerheiligsten** wird die Trennung der Anlage in zwei Tempelbereiche deutlich: Eine Mauer scheidet die beiden Kapellen mit ihren Barkensockeln voneinander.

Kaiser Trajan gab um 100 n. Chr. ein ungewöhnliches *Relief* in Auftrag: An der Rückwand des Umgangs bringt er einer thronenden Gottheit medizinische Instrumente dar. Schröpfköpfe, Messer, Zangen, Säckchen mit Arzneien und eine kleine Apothekerwaage werden in der beigeschriebenen Liste minutiös aufgezählt. Direkt in der Achse des Tempels befand sich an der Rückwand ein kleines ›Gegenheiligtum‹. Hier erhörte Maat, von den Symbolen der vier Winde umgeben, Gebete aus allen Himmelsrichtungen – Ohren neben dem Relief bestätigen dies.

Südlich des Tempels wurde die von Domitian gestiftete **Hathorkapelle** einer neuen Nutzung zugeführt. In ihr werden heute Mumien der Krokodile ausgestellt,

Die beiden Götter Sobek und Haroëris teilen sich den Tempel von Kom Ombo

die als heilige Tiere des Sobek beim Tempel gehalten und nach ihrem Tod für die Ewigkeit präpariert wurden.

Am modern gestaltetenen Aufweg zum Tempel liegt das kleine **Krokodil-Museum**, in dem der Kult um die heiligen Tiere von Kom Ombo anschaulich erklärt wird. 22 Krokodilmumien unterschiedlicher Größe sind ausgestellt, daneben Särge für die heiligen Tiere des Sobek und Stelen, die Gläubige in Anbetung vor dem krokodilsköpfigen Gott zeigen. Die Rekonstruktion der Grabanlagen nimmt eine Wand des Museums ein.

23 Assuan

Dunkle Granitfelsen, gelbe Sanddünen und die glitzernden Wasser des Nils bilden die malerische Kulisse für die südlichste Stadt Ägyptens.

Assuan fasziniert durch seine von den Felsen des **1. Katarakts** geprägte Nillandschaft. Seit frühester Zeit betrachteten die Ägypter diese Gegend als die ihnen von der Natur vorgegebene *Landesgrenze*. Schäumend scheint das Wasser in den Strudeln und Wirbeln der Stromschnellen aus der Tiefe aufzusteigen. Hier vermuteten die Ägypter die Höhle des Nilgottes Hapi mit der Quelle des Nils. Heute erstreckt sich auf der östlichen Seite des Flusses das städtische Assuan, während auf den Nilinseln und auf der Westseite, wo das Fruchtland fast nahtlos in die Wüste übergeht, nubische Dörfer entstanden sind.

Geschichte Schon früh entwickelte sich eine bedeutende Siedlung im Gebiet des heutigen Assuan, die der Grenzsicherung diente. Um den Handel mit Nubien und Punt zu kontrollieren, wurden hohe Beamte aus der Residenz nach **Elephantine** (*Abu*) gesandt. Ihren Namen erhielt die Stadt von dem damals schon hoch geschätzten Elfenbein, das wie Gold und Weihrauch aus dem Süden hierher gebracht wurde. Die *Granitsteinbrüche* im Osten und Westen der Stadt lieferten seit der 1. Dynastie das begehrte Hartgestein für Bauten und Statuen. Auf einer der großen Inseln mitten im Fluss entstand das *Heiligtum* der Herrin des Katarakts, Satet, der sich später Anuket und Chnum zugesellten. Gegen Ende des Alten Reichs legten die Gouverneure und ihre Gefolgsleute im Berghang der *Qubbet*

Der ›scharfzahnige‹ Krokodilsgott Sobek im Tempel von Kom Ombo

el-Hawa (Windhügel) am Westufer repräsentative Felsgräber an. Einer der Gouverneure kam sogar zu göttlichen Ehren: Heqaib, dem auf der Insel ein Verehrungstempel errichtet wurde, war es gelungen, die ständigen Überfälle der Nubier auf ägyptisches Gebiet zu unterbinden.

Im 5. Jh. v. Chr. stationierten die *Perser* auf Elephantine neue Truppenkontingente, die jüdischen Glaubens waren. Aufgrund ihrer Religion gerieten sie schnell in Konflikt mit der Priesterschaft des Amun und des Chnum. Beiden Göttern war der Widder heilig und ausgerechnet dieses Tier wurde zu Passah von den Neuankömmlingen geschlachtet. Anfang des 20. Jh. lenkte die Entdeckung der aramäisch verfassten Elephantine-Papyri mit Berichten über das Leben der jüdischen Kolonie die Aufmerksamkeit der Fachwelt auf die Insel.

In der Neuzeit brachte der Bau des **Hochdamms** einen wirtschaftlichen Aufschwung. Die mit Elektrizität aus dem Wasserkraftwerk versorgte chemische Fabrik produziert Kunstdünger, der den fehlenden Nilschlamm ersetzen muss.

Besichtigung Berühmt ist der Basar von Assuan, der sich entlang der **Sharia es-Suq** erstreckt: Gewürze, bunte Korbwaren und dunkelrote Hibis-

23 Assuan

Die Granitfelsen des 1. Katarakts waren in Ägyptens Frühzeit die Landesgrenzen

kusblüten für den köstlichen *Karkadé* gelten als die besten in ganz Ägypten.

Einen Genuss besonderer Art verspricht der Besuch einiger Denkmäler von Assuan: Da sie nur übers Wasser zu erreichen sind, ist eine **Segelbootfahrt** um die Granitinseln des Kataraktgebiets gleich inbegriffen. Mit einer Feluka gelangt man zur Insel **Elephantine**, auf der sich die Überreste einer 6000 Jahre alten Siedlung befinden. In dem kleinen **Museum** ❶ (tgl. 8–17 Uhr) veranschaulichen Funde Alltag und Religion im alten Abu, Pläne zeigen die Stadtentwicklung im Lauf der Jahrhunderte.

Am Ostufer der Insel führt die Treppe eines **Nilstandsmessers** ❷ zum Wasser hinunter. Die Markierungen an den Wänden dienten zur Messung der jährlich im Sommer einsetzenden Nilflut. Bis ins 19. Jh. wurden die Nilometer verwendet, um nach der Höhe der Überschwemmung die zu erwartenden Ernten und die daraus ermittelten Steuern zu berechnen. Berühmtheit erlangte ein heute nicht mehr erhaltener Nilometer, mit dessen Hilfe der griechische Gelehrte *Eratosthenes von Kyrene* (276–196 v. Chr.) als Erster den Erdumfang berechnete.

Nubisches Dorf auf der Insel Elephantine, im Hintergrund das Mausoleum des Aga Khan

Der **Satet-Tempel** ❸ ist ein Vorzeigeprojekt der seit 1969 auf Elephantine arbeitenden Wissenschaftler. In seinem Befund einmalig, erlaubt er einen Einblick in die Entwicklung der pharaonischen Heiligtümer. In frühgeschichtlicher Zeit eingerichtet, wurde die zwischen zwei großen Granitblöcken gelegene Kultnische allmählich erweitert. Lehmziegelmauern grenzten um 2900 v. Chr. den heiligen Bereich ab. 600 Jahre später, in der 6. Dynastie, wurden sie in Stein erneuert. Noch im Mittleren Reich war die über den älteren Fundamenten erbaute Anlage nicht wesentlich größer, lag aber mittlerweile deutlich tiefer als die auf ihrem eigenen Siedlungsschutt nach oben gewachsene Stadt. Um den Höhenunterschied auszugleichen, ließ Hatschepsut ab 1479 v. Chr. auf den bestehenden Bau einen neuen Tempel mit der doppelten Grundfläche setzen. Durch eine Treppe blieb die ursprüngliche Kultnische zugänglich. Erst im nochmals beträchtlich vergrößerten Tempel der Ptolemäerzeit wurde die Verbindung zum ältesten Teil aufgegeben.

Wesentlich größer ist der seit der 18. Dynastie belegte **Chnum-Tempel** ❹. Chnum wachte als Herr des Katarakts über die kühlen Wasser des Nils. Außer dem schon bei Strabo beschriebenen Nilometer, der in ptolemäischer Zeit angelegten Terrasse und dem Alexander-Tor blieb jedoch kaum etwas erhalten. Texten zufolge fand bei dem alljährlichen *Tempelfest* ein regelrechter Jahrmarkt statt. Man errichtete Buden, deren Markierungen noch im Fundament zu erkennen sind. In christlicher Zeit wurde der Tempelhof dann in eine Kirche umgewandelt und später mit Wohnhäusern überbaut.

Südlich des Chnum-Tempels liegen die Ruinen der aus ungebrannten Lehmziegeln errichteten antiken *Siedlung*. Im Norden stand ein dem vergöttlichten Gaufürsten der 6. Dynastie, Heqaib, geweihter Kultbau. Den kleinen **Kiosk** ❺ an der Südspitze der Insel rekonstruierte man aus wenigen ptolemäischen Blöcken, die bei Umsetzung der nubischen Denkmäler im Kalabsha-Tempel entdeckt wurden.

Einen Grabplatz mit fantastischer Aussicht wählten Ende der 6. Dynastie die Gaufürsten von Elephantine. Am Hang der **Qubbet el-Hawa** ❻ fallen zwei steile Rampen auf, die vom Fuß des Berges hinauf zu den Gräbern von **Mechu** (Nr. 25) und **Sabni** (Nr. 26) führen. Die Gräber für Vater und Sohn sind miteinander verbunden. Die Ausgestaltung der Anlage wirkt provinziell, die Kammern sind unregelmäßig behauen und mit grob wirkenden *Reliefs* verziert – offensichtlich gelang es den Gaufürsten nicht, Handwerker aus der Residenz für die Arbeit zu gewinnen. Sabni berichtet am Eingang zu seinem Grab, wie er seinen auf einer Expedition in Nubien getöteten Vater zurückholte und rächte.

Etwas nördlich öffnet sich der Zugang zum Grab des **Sarenput II.**, des Fürsten von Elephantine unter Sesostris I. (1918–1875 v. Chr.). Der Kontrast zu den älteren Anlagen ist deutlich. Regelmäßig aus dem Fels geschnittene Pfeiler erstrahlen in den warmen Gelb- und Rottönen des Sandsteins. Mumiengestaltig stehen die hohen Figuren des Grabherrn vor den

Assuan

Pfeilern des ersten Saals. An der Rückwand des kleineren Saals öffnet sich eine Kultnische mit ausgezeichnet erhaltenen Malereien. Der Name der Inselstadt Abu ist dabei mit dem Bild eines Elefanten geschrieben.

Ebenfalls mit einer Rampe versehen ist das Grab des **Chunes** (Nr. 34 h) aus der 6. Dynastie mit Szenen von Töpfern, Metallarbeitern, Bäckern und Brauern. Ein kleines Grab im Norden des Gräberbergs hat wegen der an seiner Fassade angebrachten Inschrift Berühmtheit erlangt. **Herchuef** (Nr. 34 n) hatte im Auftrag des noch jugendlichen Königs Pepi II. (2246–2152 v. Chr.) eine Reise nach Süden unternommen, um neben Gold, Gewürzen und Weihrauch »einen Zwerg der Gottestänze für Seine Majestät nach Norden zu bringen«. Höchstpersönlich hatte der Pharao an Herchuef geschrieben und ihn ermahnt, auf diesen Zwerg besonders gut aufzupassen. Seine Belohnung sollte großartig ausfallen! Bleibt zu hoffen, dass die winzigen Ausmaße des Grabes nichts über die Dankbarkeit des Herrschers aussagen.

Fern vom Ufer befinden sich in der Westwüste die Ruinen des vom 7. bis zum 13. Jh. bewohnten **Simeonsklosters** ❼ (tgl. 8–16 Uhr). Der Weg von der Bootsanlegestelle durch das sandige und steile Wüstental zum Kloster hinauf lässt sich am leichtesten auf Kamelen bewältigen. Die festungsartigen Mauern des Konvents boten den Mönchen Schutz vor den Überfällen räuberischer Beduinen. Diese Angriffe sowie die mühsame Wasserversorgung führten schließlich im 13. Jh. zur Aufgabe des Klosters. Die Kirche und die zweistöckigen Wohngebäude nahmen den größten Teil des Areals ein. In der Apsis der dreischiffigen *Basilika* sind Reste der Bemalung erhalten, die den thronenden Christus zeigen. Westlich der Kirche in den Fels gehauene *Grotten* dürften den ersten Mönchen als Wohnzellen gedient haben. Über eine Treppe erreichten die Mönche die sehr schlichten Schlafräume und den Speisesaal mit angrenzender Küche.

Oberhalb eines Gartens erhebt sich zwischen Kloster und Nilufer das **Aga Khan-Mausoleum** ❽ (1877–1957). Das einer fatimidischen Grabmoschee nachempfundene Grabmal des Oberhauptes der Hodschas, einer in Ostafrika und Indien verbreiteten Gruppe der Ismailiten, überblickt das Kataraktgebiet.

Mit einer Feluke kann man zur **Kitchener-Insel** ❾ übersetzen. *Earl Horatio Herbert Kitchener* (1850–1916), der seine Karriere 1911–14 mit dem Posten des britischen Generalkommissars in Ägypten krönte, war bereits während der Mahdi-Krise

Plan S. 103 **23 Assuan**

1881–89 nach Assuan gekommen, erwarb die später nach ihm benannte Insel und legte dort den Grundstock für den heutigen *Botanischen Garten*.

In einem großzügig angelegten Garten, der Teile des antiken Steinbruchs und eines fatimidischen Friedhofs einschließt, steht das **Nubische Museum** ❿ (Sh. el-Fanadiq, www.numibia.net/nubia, Sommer tgl. 9–13 und 18–22, Winter tgl. 9–13 und 17–21 Uhr). Nicht nur prähistorische und antike Funde, die vor den Wassermassen des Nasser-Sees gerettet wurden, zählen zu den Exponaten. Eine ethnologische Abteilung widmet sich der (noch) lebendigen nubischen Kultur.

Die Sammlung zeigt die chronologische Entwicklung Nubiens und seine räumliche wie kulturelle Mittlerrolle zwischen Ägypten und dem sudanesisch-kuschitischen Bereich. *Felsritzungen* von Nilpferd, Löwe und Strauß lassen die Vorgeschichte lebendig werden. Die Zeit des Mittleren und Neuen Reichs, in der die Pharaonen ihre Macht weit nach Süden ausdehnten, wird in der 25. Dynastie abgelöst durch die Kuschitenherrschaft: Könige wie *Pije*, *Schabaka* oder *Taharka* zeigten sich überaus selbstbewusst als ›afrikanische‹ Pharaonen. Von der Antike in die Gegenwart führen die Funde aus **Faras** und **Qasr Ibrim** mit Heiligendar-

Weithin sichtbar – die erhöht auf einem Hügel gelegene Hauptmoschee von Assuan

stellungen aus christlichen Kirchen und Zeugnissen des in Nubien erst spät verbreiteten Islam. Liebevoll arrangiert sind die großen Panoramen vom Leben im heute verschwundenen Nubien: Frauen arbeiten vor dem Haus an ihren Korbwaren, während nebenan der Dorflehrer die Kinder im Schatten einer Palme unterrichtet.

Südöstlich des Museums liegt ein Ausläufer der antiken Rosengranitsteinbrüche. Der gewaltige **Unvollendete Obelisk** ⓫ (tgl. 7–16 Uhr) wurde vermutlich unter Hatschepsut begonnen. Bei einer Basislänge von 4,2 m hätte der 1168 t schwere Koloss eine Höhe von 42 m erreicht. Doch Risse im Gestein führten zur Einstellung der Arbeiten. Vermutlich unter Thutmosis III. wurde der – erfolglose – Versuch unternommen, den Obelisken zu verkleinern. An den Seiten sind deutliche Bearbeitungsspuren zu erkennen.

Auf der Insel **Agilkia** südlich von Assuan erhebt sich zwischen dem 1902 erbauten alten Damm und dem 1971 eingeweihten neuen Hochdamm der **Philae-Tempel** ⓬ (tgl. 7–17 Uhr; *Sound & Light Show*, www.soundandlight.com.eg, in Deutsch So, Sommer 19, Winter 18.30 Uhr). Der durch den Bau des neuen Hochdamms

In Einzelteile zerlegt und auf der Insel Agilkia wieder errichtet – der Tempel von Philae

Assuan

Auch auf Philae schützt die kuhohrige Hathor die Geburtskapelle des Götterkindes

ansteigende Wasserspiegel machte eine Umsetzung der Tempelanlage von der Philae-Insel auf die Nachbarinsel Agilkia nötig. Zweieinhalb Jahre nahm der Umzug der Heiligtümer in Anspruch, insgesamt wurden 37 363 Blöcke transportiert. Von Assuan fährt man zunächst Richtung Flughafen und biegt vor dem alten

Der falkenköpfige Horus auf dem 2. Pylon des Tempels von Philae

Damm nach links zum Bootsanleger ab, um von dort auf die Insel überzusetzen.

Ältester Teil des Tempelkomplexes ist die kleine **Halle Nektanebos' I.** (380–362 v. Chr.) an der Südwestspitze der Insel. 93 m zieht sich die westliche Säulenreihe am Ufer entlang bis zum 1. Pylon des Isis-Tempels. Die Bauarbeiten an dem der Isis und ihrem Sohn Harpokrates geweihten Heiligtum begannen im frühen 3. Jh. v. Chr. Ihre Anhänger hielten bis ins 6. Jh. n. Chr. unbeirrbar am Kult der großen Göttin fest – alle anderen Tempel Ägyptens waren zu dieser Zeit längst geschlossen. Erst als auf Anordnung Kaiser Justinians eine Kirche im Tempel eingerichtet wurde, mussten die Isis-Anhänger schließlich klein beigeben.

Der auf den 1. Pylon folgende Hof, an dessen Westseite in der **Geburtskapelle** Reliefs von der Kindheit des Horus erzählen, weicht vom Grundplan ptolemäischer Tempel ab. Die trapezförmige Grundfläche des Hofs entstand aus der Notwendigkeit, den Bauplan an die Gestalt der Insel anzupassen. Der Knick in der Achse wird beim Durchschreiten des 2. Pylons deutlich. Im nur zur Hälfte überdachten **Säulensaal** weisen die in die Säulenschäfte gemeißelten koptischen Kreuze und die brutal zerstörten Reliefs auf die Einrichtung einer Kirche hin. Großformatige Bilder im **Allerheiligsten** zeigen verschiedene Herrscher bei den obligatorischen Opferhandlungen. Ein Durchgang in der Westwand des Säulensaals führt zu dem unter Hadrian errichteten **Torbau**, der auf die dem ursprünglichern Standort benachbarte Insel Bigge ausgerichtet war. Dort lag das Grab des ermordeten Gatten der Isis, Osiris. Die Darstellungen an den Wänden gehören zum Mythenkreis um diesen Gott. Beachtenswert ist das kleine Bild in der Nordwestecke des Tors: In seiner Höhle tief unter den Granitblöcken des Katarakts kauert der Nilgott Hapi. In den Händen hält er zwei Vasen, aus denen der Fluss gespeist wird.

Östlich des Haupttempels liegt ein kleines **Hathor-Heiligtum**. Die Göttin war als Sonnenauge des Re nach Süden außer Landes geflohen und musste mit List von dem in einen Affen verwandelten Thot nach Hause gelockt werden. Endlich heimgekehrt, wurde ihr auf Philae ein fröhlicher Empfang bereitet: Laute spielende Affen und der Tamburin schlagende Gott Bes singen und tanzen zu Ehren der Göttin. In dem trotz seiner beachtlichen Größe leicht wirkenden **Kiosk des Trajan** wurden wohl während der Prozessionen die Götterbarken abgestellt.

Von Beginn an war der **Hochdamm Sadd el-Ali** ⑬ bei Assuan ein umstrittenes Projekt. 1952, kurz nach dem Sturz der Monarchie durch die Freien Offiziere, ließ Nasser Pläne für eine Staumauer erstellen. Der Damm sollte Ägyptens *Wasserversorgung* sicherstellen und durch die Regulierung der Nilfluten neue Felder erschließen. Ohne landwirtschaftlichen Aufschwung wäre die industrielle Entwicklung Ägyptens nicht finanzierbar, so die Überlegungen. Und Wasserkraftwerke würden der geplanten Industrialisierung nutzen. Schließlich erklärten sich 1956 die Weltbank, Großbritannien, Frankreich und die USA zur Finanzierung bereit. Doch im Juni kam es aufgrund diplomatischer Missstimmungen zur Rücknahme dieser Zusage. Nasser verkündete die Verstaatlichung des Suezkanals. Die Einnahmen aus dem Kanal sollten die Baukosten decken. Großbritannien, Frankreich und Israel starteten einen gemeinsamen Angriff auf Ägypten. Unter diesen Umständen war mit Geldern aus dem Westen nicht mehr zu rechnen. 1958 erklärte sich die Sowjetunion bereit, für das Projekt aufzukommen. Im Januar 1960 wurde mit dem Bau begonnen. Der auf einer Länge von rund 500 km zum **Nasser-See** aufgestaute Nil liegt zu einem Drittel auf dem Gebiet des Sudan. Insgesamt besitzt der See eine Speicherkapazität von 164 Mrd. m^3.

Als 1971 ›Nassers Pyramide‹, wie der Damm im Volksmund genannt wird, eingeweiht wurde, überwogen längst die Unkenrufe, die vor den negativen Folgen dieses Mammutprojekts warnten. Bodenversalzung durch intensive Bewässerung bei mangelnder Drainage ist eines der Hauptprobleme, das der Bau eines landesweiten Entwässerungssystems beheben sollte. Aufgrund der enormen Verdunstung aus dem Nasser-See wurden Klimaveränderungen befürchtet, die sich bisher jedoch nicht eindeutig nachweisen lassen. Inwieweit tatsächlich große Neulandflächen unter den Pflug genommen wurden, ist aufgrund manipulierter Statistiken nicht zu erkennen. Ende der 80er-Jahre des 20. Jh. aber bestand der Damm seine erste große Bewährungsprobe: Die anhaltende Dürre in Äthiopien ließ den Nilpegel auf bedrohliche Werte sinken, Ägypten blieb jedoch dank der aufgestauten Wasserreserven von Ernteausfällen verschont.

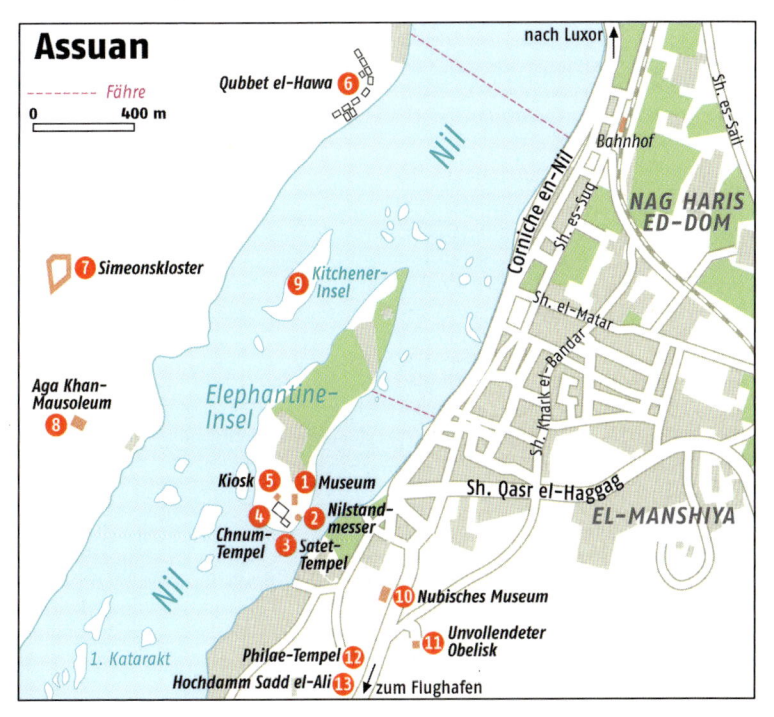

Souvenirs, Souvenirs

»Nur schauen, gucken kostet nichts!« – »Alles geschenkt!« – »Winterschlussverkauf«. Solche Sprüche dringen in allen Sprachen der Welt aus (fast) allen Ladeneingängen. Die Fülle der Lockrufe vermischt sich in den von Touristen und Einheimischen dicht bevölkerten Gassen zu einem ganz eigentümlichen Gesang. Schlepper, die nach allen Regeln ›ägyptischer Gastfreundschaft‹ auf einen Tee oder Kaffee einladen, verdienen per ›Kommission‹ ihren Lebensunterhalt. Sie führen die arglosen Fremden auf dem Weg zum Café in den – zufällig günstig gelegenen – Parfumladen, das Teppichgeschäft oder zum mit Schmuck gefüllten Tresen des Bruders, Onkels, Cousins oder besten Freunds. Ganz ohne Kaufzwang, versteht sich. Aber wenn die neuen Freunde doch schon einmal da sind, ein kurzer Blick auf das verlockende Angebot schadet nicht.

Tatsächlich erwischt fast jeden Ägyptenreisenden früher oder später das **Souvenir-Fieber**. Der Verlauf folgt meist einem festen Schema: Erstes oberflächliches Interesse wird von allzu aufdringlichen Händlern im Handumdrehen zunichte gemacht. Kaum ein Reisender würde schon am ersten Tag unvernünftigen Kaufgelüsten nachgeben! Doch nach drei, vier Tagen löst sich die starre Verweigerungshaltung und verwandelt sich mitunter in hemmungslose Kauflust. Mit Goldflitter bestickte **Tücher**, T-Shirts und Kleider sind plötzlich nicht mehr kitschig, sondern landestypisch. Scharfe **Gewürze** treiben nicht die Tränen in die Augen, sondern könnten den Knödeln zu Hause eine pikante Note geben. Der **Papyrus** mit einem aus dämonischem Dunkel blickenden, goldglänzenden Gesicht Tutanchamuns würde sich über der Ledercouch im Halogenlicht daheim sicher gut ausnehmen.

Um den Kaufrausch ohne Kater am nächsten Morgen zu genießen, sollte man sich jedoch nur ausnahmsweise zu Spontankäufen entschließen. Viel vergnüglicher ist es, sich mit etwas Zeit zu wappnen und mit Vorsatz das schöne **Ritual des Feilschens** zu üben. Ein orientierender Gang über den Suq, der traditionell nach Warengruppen ge-

Blickfang für kauflustige Touristen: bestickte Gewänder in allen Farben

gliedert ist, gibt erste Vorstellungen von der Breite des Angebots und der ungefähren Preislage. Aber Vorsicht: Wer sich einmal ernsthaft auf Preisverhandlungen eingelassen hat, der muss auch kaufen! Nur zum Spaß ohne jegliche Kaufabsicht zu feilschen hieße, die guten **Handelssitten** zu verletzen. Dann wäre der Händler zu Recht verärgert. Während der Verhandlungen wird bei Tee oder Cola, Wasserpfeife oder Zigarette die individuelle ›Marktlage‹ ausgelotet. Muss der Händler dringend Umsatz machen? Will der Kunde die Ware auf jeden Fall erwerben? Der Preis muss sowohl für den Käufer als auch für den Händler stimmen. Erst dann wird der Handel zum allseitigen **Vergnügen** – selbst wenn der Ladenbesitzer anschließend lauthals seinen Ruin beklagt. Eine kleine Warnung zum Schluss: Wer erfolgreich seine ersten Handelsduelle bestritten hat, kann süchtig werden. Dann gilt es, sich ab und zu daran zu erinnern, dass bei Gummisandalen für fünf Pfund fünfzig oder Postkarten für zwei Pfund kein Handelsspielraum mehr vorhanden ist und weiteres Feilschen in Geiz und Unverschämtheit umschlagen würde.

Plan S. 103 **23 Assuan**

ℹ Praktische Hinweise

Information
Tourist Office, Sh. es-Suq (beim Bahnhof), Assuan, Tel. 097/231 28 11

Flughafen
Aswan Airport, südwestl. von Assuan. Vor allem Inlandflüge nach Kairo und Luxor. Taxis vor dem Flughafengebäude.

Bahnhof
Mahattat Aswan, Sh. es-Suq, Assuan. Mehrmals tgl. nach Luxor und Kairo.

Hotels
*******Mövenpick Resort Aswan**, im Norden der Insel Elephantine, Tel. 097/230 34 55, www.moevenpickhotels.com. Sehr gepflegte Anlage mit großzügigen Zimmern und Suiten, Pool und Health-Club, eigene Fähre.

*******Sofitel Legend Old Cataract**, Sh. Abtal el-Tahrir, Assuan, Tel. 097/231 60 00, www.sofitel.com. Das alte Haus wurde renoviert und firmiert jetzt im gediegenen Kolonialstil als ›Old Cataract The Palace‹. Ein Neubau bietet als ›The Nile‹ elegante, modern gehaltene Zimmer.

******Basma Hotel**, Sh. el-Fanadiq, Assuan, Tel. 097/231 09 01, www.basmahotel.com. Dank der Lage auf einer Anhöhe überblickt das angenehme Hotel Stadt und Kataraktgebiet.

***Keylany Hotel**, 25 Sh. Keylany, Assuan, Tel. 097/231 73 32, www.keylanyhotel.com. Einfaches und günstiges Traveller-Hotel in zentraler Lage mit freundlichem Service, klimatisierten Räumen, Internetzugang, Cafeteria und Dachgarten.

Restaurants
Al Masry, Sh. el-Matar, Assuan, Tel. 097/230 25 76. Gute ägyptische Küche im Stadtzentrum, schlichte Atmosphäre, aber sauber und sehr günstig. Kein Alkoholausschank.

Aswan Panorama, Corniche en-Nil, Assuan, Tel. 097/230 61 69. Das Restaurant bietet sehr gute ägyptische und europäische Speisen zu maßvollen Preisen und – wie der Name schon andeutet – einen schönen Blick über den Nil (Einlass bis 21 Uhr).

Aswan Moon, Corniche en-Nil, Assuan. Das auf dem Nil schwimmende Restaurant ist besonders bei Sonnenuntergang ein schönes Plätzchen für einen Snack, Tee, Karkade oder Mokka.

Bei einer Felukenfahrt kann man sich von anstrengenden Tempelbesichtigungen erholen

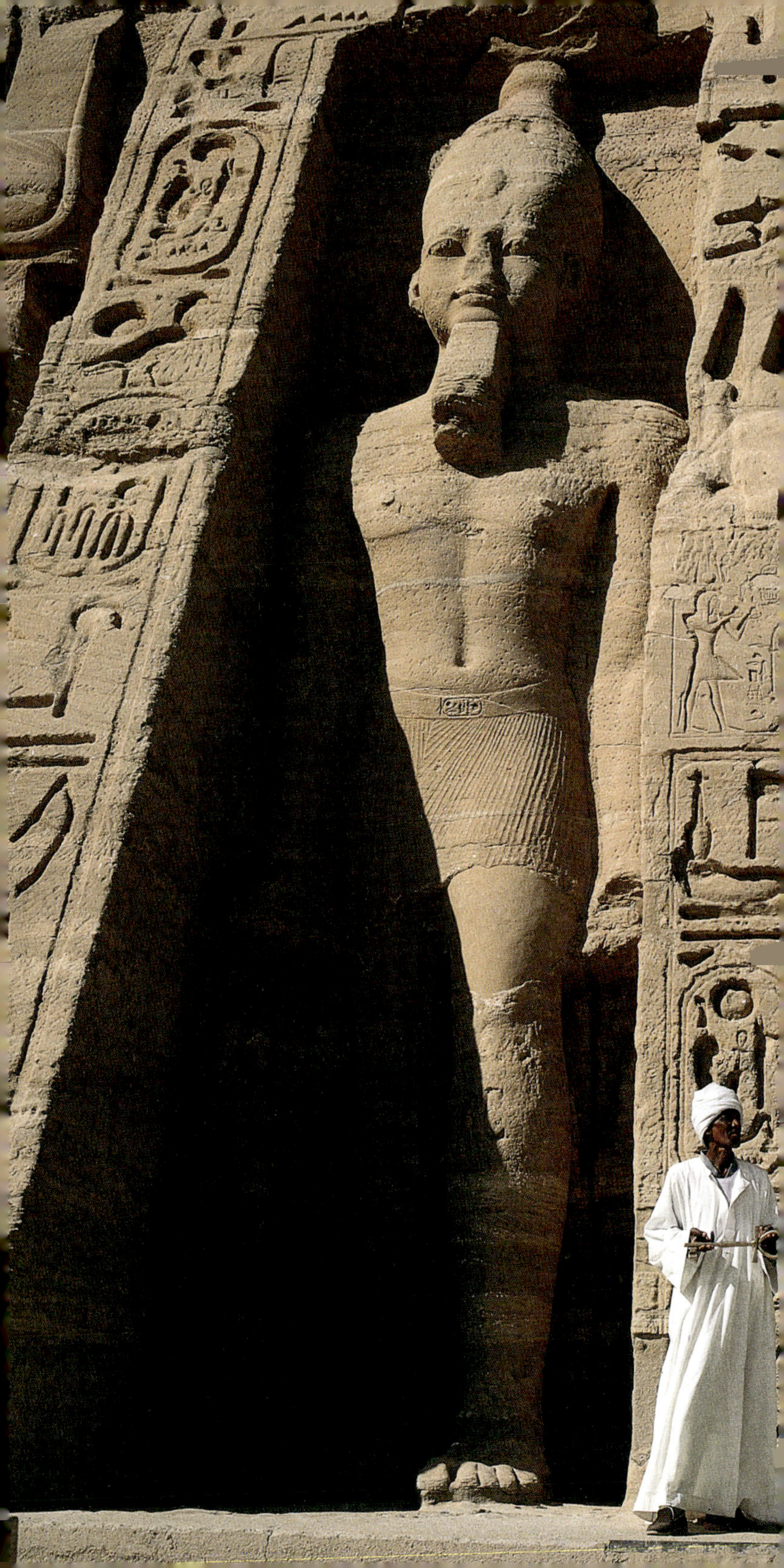

Nubien – Zeugen eines versunkenen Landes

Gold, Ebenholz und Diorit gelangten aus Nubien nach Ägypten. Darüber hinaus war das Land ein bedeutender **Umschlagplatz** für Waren aus dem Inneren Afrikas. Kein Wunder, dass die Pharaonen diese Goldgrube unter ihre Kontrolle bringen wollten. Doch hatten sie nicht immer leichtes Spiel mit den rebellischen Nachbarn. Gewaltige **Festungen** sollten Ägypten vor Übergriffen schützen. Unter Sesostris III. war es nubischen Schiffen nicht gestattet, die nördlich des 2. Katarakts gelegene Festung Mirgissa zu passieren. Alle Waren mussten auf ägyptische Boote umgeladen werden – schon 1830 v. Chr. ein klarer Fall von Wirtschaftsprotektionismus!

Während Ägypten im 17./16. Jh. v. Chr. schwere Unruhen erlebte, entwickelte sich im südlichen Nubien eine **Hochkultur**. Deren Herrscher wagten ein Bündnis mit den Hyksos, die zu dieser Zeit den Norden Ägyptens besetzt hielten. Solche Dreistigkeit schrie nach Vergeltung: Nachdem die Hyksos abgeschüttelt waren, wandten sich die Pharaonen vehement gegen Süden. Bis zum 4. Katarakt – 1400 km südlich von Assuan – brachte Thutmosis III. Nubien unter ägyptische Gewalt. Die Pharaonen der 18. Dynastie begannen ein eindrucksvolles **Bauprogramm** in Unternubien. Rund 3300 Jahre später wurden diese Denkmäler vor den aufgestauten Fluten des Nils in Sicherheit gebracht – in Einzelteile zerlegt und an einem neuen Standort wieder errichtet.

24 Kalabsha, Beit el-Wali, Kertassi

Nahe des Hochdamms wurden die ersten geretteten Denkmäler wieder errichtet.

Vom Westende des Hochdamms gelangt man per Motorboot zu den Tempeln von Kalabasha und Beit el-Wali sowie zum **Kiosk von Kertassi** (tgl. 7–18 Uhr). Als die Arbeiten am Staudamm 1960 gerade begonnen hatten, wurde er von der Ägyptischen Altertümerverwaltung an diesen 30 km nördlich gelegenen Standort gebracht. Den Eingang des zierlichen Bauwerks aus griechisch-römischer Zeit flankieren Säulen mit Hathor-Kapitellen, Reliefs zeigen den Herrscher vor den Göttern Hathor und Harpokrates.

Als hätte er nie an anderer Stelle gestanden – Kiosk von Kertassi nach seinem Umzug

Der Tempelwächter und die Statue Ramses II. am Kleinen Tempel von Abu Simbel

Kalabsha, Beit el-Wali, Kertassi

Der Hochdamm von Assuan und die Folgen für Nubien

Im Januar 1960 wurde mit dem Bau des Hochdamms Sadd el-Ali bei Assuan begonnen. Bis zu seiner Fertigstellung 1971 verblieben nur wenige Jahre für eine **spektakuläre Rettungsaktion** der altägyptischen Kulturdenkmäler Nubiens vor den Fluten des aufgestauten Nils. Bereits 1959 wandten sich Ägypten und der Sudan an die UNESCO, um Unterstützung für die Rettung der antiken Bauwerke zu erhalten. **Tempel** wurden in Tausende von Einzelteilen zersägt und vorsichtig zu ihrem neuen, sicheren Standort transportiert. Malereien wurden von Kirchenwänden abgelöst, Keramik geborgen und Scherbe für Scherbe dokumentiert.

Doch ging es um weit mehr als die Umsetzung einzelner Tempel. Es galt, ein Gebiet mit über 5000 km² in kürzester Zeit zu erforschen. Dafür wurden nicht nur Ägyptologen, Prähistoriker, Geologen und Anthropologen ins Feld geschickt. Ethnologen sollten eine gründliche Bestandsaufnahme der nubischen Gesellschaft und Kultur erstellen.

Die **nubische Bevölkerung**, die vorwiegend vom Anbau von Dattelpalmen und von der Tierzucht lebte, gliedert sich in drei Sprachgruppen: Das Kenusi ist unter den in Ägypten lebenden Nubiern am weitesten verbreitet, daneben wird Arabisch und Mahasi gesprochen. Erst durch den Verlust der Heimat entwickelte sich ein nubisches **Zusammengehörigkeitsgefühl**. Mehr als 100 000 Menschen waren von der Umsiedlung betroffen; etwa die Hälfte von ihnen hatte die heimatlichen Dörfer bereits vor dem Bau des Hochdamms auf der Suche nach Arbeit verlassen. Das Nubische Museum in Assuan versucht, die untergegangene Kultur zu dokumentieren.

Zehnmal so groß wie der Bodensee bedeckt der Nasser-See auf einer Fläche von rund 5000 km² das alte Kulturland. Eine **Kreuzfahrt auf dem Nasser-See** vermittelt einen Eindruck von der Stille dieses Landstrichs, in dem ein ruhigerer Rhythmus das Leben bestimmt.

Wuchtig und ein wenig plump wirken die Stauen Ramses' II., die vor den Pfeilern des Tempels von **Gerf Hussein** aufragen. Vor ihnen wurden Reliefs mit **prähistorischen Felsritzungen** aufgestellt: Elefanten, Giraffen, Gazellen und Jäger sind darauf zu erkennen.

In direkter Nachbarschaft liegt heute der unter Augustus dem nubischen Gott Mandulis geweihte **Tempel von Kalabsha** (tgl. 7–18 Uhr). Mandulis, der große Ähnlichkeiten zu Horus aufweist, ist erst seit der Ptolemäerzeit belegt. In 1600 Einzelblöcke zerlegt, wurde sein Tempel per Schiff 50 km nach Norden verfrachtet. Viereinhalb Jahre dauerten die von Deutschland durchgeführten Arbeiten. Im Pylon fanden sich Blöcke eines älteren Tors, die Deutschland zum Dank für die Umsetzung als Geschenk erhielt (heute im Ägyptischen Museum in Berlin).

Vom Hof führen Treppen in den Pylontürmen nach oben (Taschenlampe!). An den Säulenschranken des *Pronaos* erscheint links die Reinigungsszene mit Horus und Thot vor dem Gott Harsiese, dem ›Herrn von Talmis‹, wie der alte Name Kalabshas lautete. Rechts ließ der römische Militärverwalter von Elephantine Mitte des 3. Jh. n. Chr. eine griechische Inschrift anbringen, in der die Schweinehirten der Umgebung ermahnt wurden, ihre Tiere vom Tempel fernzuhalten. In den Reliefs der *Säulenhalle* tritt Augustus als Opfernder vor die Götter des Tempels. Reliefs im Umgang um den Tempel zeigen Augustus vor Mandulis, Isis, Osiris und Horus. Südwestlich des Haupttempels liegen die Überreste einer dem nubischen Gott Dedun geweihten Kapelle.

Rund 100 m nordwestlich des Mandulis-Tempels erhielt der von Ramses II. erbaute **Felstempel von Beit el-Wali** (tgl. 7–18 Uhr) eine neue Heimat. Die stark zerstörten Bilder der ursprünglich von einem Tonnengewölbe aus Lehmziegeln überdachten *Längshalle* zeigen links die Unterwerfung Nubiens. Von Ramses II. auf seinem Streitwagen bedrängt, fliehen die Nubier in ihr unter Palmen liegendes Dorf (ganz links). Rechts anschließend wird dem König eine prachtvoll verzierte Opferplatte dargebracht. In den Bildern der nördlichen Wand schlägt Ramses Syrer, Beduinen und Libyer. In der *Querhalle* tritt der König vor eine Reihe nubischer Gottheiten, zwischen denen er sich in den Statuennischen an der Rückwand seinen Platz gesichert hat. Wie der Man-

25 Wadi es-Sebua, Ed-Dakke, Maharraka

Löwensphingen vor dem Pylon der Tempelanlage von Wadi es-Sebua

dulis-Tempel wurde auch Beit el-Wali im 6. Jh. in eine Kirche umgewandelt.

25 Wadi es-Sebua, Ed-Dakke, Maharraka

Traumhaft gelegen, heben sich die aus rotem Sandstein erbauten Tempel vor dem Hintergrund der dunklen Felsen am Westufer des Sees ab.

Nur per Schiff erreicht man drei weitere Tempelanlagen etwa 160 km südlich vom Hochdamm. Das ›Tal der Löwen‹, **Wadi es-Sebua**, erhielt seinen Namen nach den sechs Löwensphingen, die den 1. Hof des aus Sandstein errichteten *Tempels für Amun und Re-Harachte* säumen. Ziegelpylone schlossen ursprünglich die Höfe ab. Eine Treppe führt zum dritten Pylon, vor dem wuchtig und plump, eine von einst vier Statuen Ramses' II. wacht. Die Reliefs im weichen Sandstein haben die Jahrhunderte nur schlecht überstanden. Dennoch lässt sich der für die nubischen Bauten Ramses' II. typische grobe Stil erkennen. *Kolossalfiguren* des Königs stehen vor den Pfeilern des nächsten Hofs, an dessen Rückwand Ramses nicht nur Amun, sondern auch sich selbst huldigte. Die anschließenden Räume wurden direkt aus dem Fels gehauen. Die Pfeiler des *Mittelgangs* werden durch Figuren Ramses' II. als Osiris betont. Dieser Saal wurde in christlicher Zeit in eine Kirche umgewandelt. Reste der koptischen Übermalung ziehen sich bis ins *Allerheiligste*. Dort ließ sich der vergöttlichte Ramses II. neben Amun-Re und Re-Harachte nieder. Um ihn vor nassen Füßen zu bewahren, wurde sein Tempel wenige Kilometer vom ursprünglichen Standort entfernt wieder errichtet.

Dagegen reiste der ptolemäisch-römische **Tempel von Ed-Dakke** gut 40 km zu seinem neuen Platz nach Süden. Auf einer kleinen Anhöhe erhebt sich der dem Thot von Pnubs geweihte Bau. Der Pylon

Der Tempel von Ed-Dakke fand unweit des Tempels von Wadi es-Sebua seinen Standort

24 Wadi es-Sebua, Ed-Dakke, Maharraka

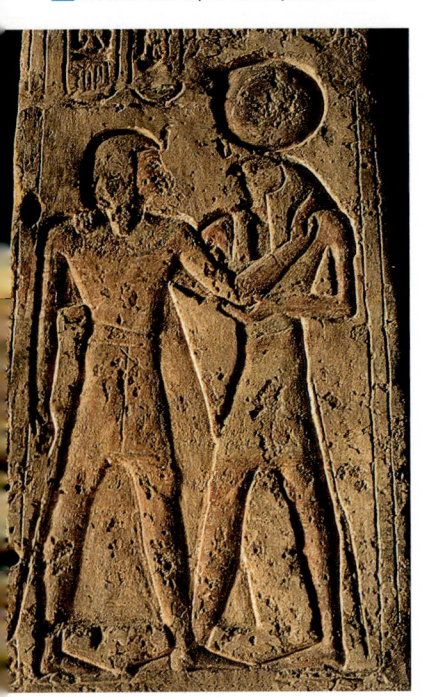

Pharao Ramses II. mit dem falkenköpfigen Re-Harachte im Tempel von Ed-Derr

mit unfertig gebliebenem Dekorationsprogramm zeigt im Durchgang links die wichtigsten Gottheiten des Tempels. Neben Thot erscheinen Tefnut, Hathor und Isis. Zwischen 270 und 260 v. Chr. entstand die sog. *Kapelle des Ergamenes* im gedeckten Teil des Heiligtums. Im anschließenden Sanktuar reicht der König an der rechten Schmalwand den Göttern Arensnuphis und Tefnut in einem sphinxgestaltigen Gefäß Salböl dar. Auch die Bilder der *Seitenkapelle* entstammen dem Mythos der Tefnut. Die Tochter des Sonnengottes Re lebte in der Gestalt einer wilden Löwin in den Wüsten Nubiens. Re schickte den mit allen Zauberwassern gewaschenen Thot aus, um sie nach Ägypten zu locken. Um die Löwin zu besänftigen, verwandelte er sich in einen Affen, der vor Tefnut tanzte, musizierte und sie anbetete. Dieser Moment wurde im zentralen Bild auf der Rückwand festgehalten. Unterstützt von Tefnuts Bruder Schu und größeren Mengen Weins gelang es ihm, seinen Auftrag zu erfüllen.

Östlich des Thot-Heiligtums liegt der um 35 km nach Norden versetzte **Tempel von Maharraka**. Sein alter Standort, die ›Stadt der heiligen Sykomore‹, markierte seit 20 v. Chr. die Grenze zwischen Rom und Meroë. Neben den für Nubien typischen Göttern wie Thot von Pnubs, Tefnut und Mandulis wurde der als Hauptgott der Ptolemäer mit Zeus gleichgesetzte Serapis verehrt. Der kleine Hof ist auf drei Seiten von Säulen umgeben, die auf der Südseite durch halbhohe Zwischenwände miteinander verbunden werden. Vom Nebenraum führte eine Wendeltreppe auf das Dach.

Der Amun-Re und Re-Harachte geweihte Tempel von Amada am Ufer des Nasser-Sees

26 Amada, Ed-Derr, Grab des Pennut

In Neu-Amada treffen drei bedeutende altägyptische Baudenkmäler in neuer Konstellation aufeinander.

Auch ans Westufer des Nasser-Sees gelangt man nur mit dem Schiff. In **Amada** ließ Thutmosis III. (1479–1426 v. Chr.) den ägyptischen Reichsgott Amun-Re und dessen Kollegen Re-Harachte mit einem Bauwerk ehren. Der zur Hälfte in den Felsen gehauene *Tempel* wurde von späteren Pharaonen der 18. und 19. Dynastie erweitert. Christen ließen die Reliefs unter einer Putzschicht verschwinden – und schützten sie so über 1500 Jahre vor Zerstörung. Der 800 t schwere, rückwärtige Teil des Heiligtums wurde mit enormem technischem Aufwand als Ganzes auf Schienen gesetzt und 2,6 km nach Norden gefahren. Durch das in Stein gefasste Tor des Lehmziegelpylons gelangt man in einen ehemals offenen Hof, der unter Thutmosis IV. (1400–1390 v. Chr.) in einen 12-Pfeiler-Saal verwandelt wurde. An der linken Schmalwand des Querraums erscheint Amenophis II. bei einem Kultlauf vor Amun-Re. An der Rückwand des mittleren Kultraums bringt er in der Götterbarke kniend ein Weinopfer dar.

Nubische Wächter vor dem kleinen Felsgrab des Pennut, eines hohen Beamten

Vom Ost- ans Westufer des Nasser-Sees umgesetzt wurde der **Felstempel von Ed-Derr**. Er entstand unter Leitung des ›Vizekönigs von Kusch‹ Setau zur Zeit Ramses' II. (1279–1213 v. Chr.). Nur in wenigen Lagen sind die Wände und Pfeiler des 1. Hofs noch erhalten. Schlachtendarstellungen und Opferszenen werden durch einen Aufmarsch von Söhnen und Töchtern des Herrschers an der Rückwand der Halle ergänzt. Im Allerheiligsten hat Ramses II. sich wieder selbstbewusst unter die Götter gemischt – in der Statuennische erscheinen anstatt der üblichen drei nun vier Gottheiten: Ptah, Amun, Re-Harachte und Ramses II.

Aus Aniba, dem auf halber Strecke zwischen Wadi es-Sebua und Abu Simbel gelegenen großstädtischen Sitz des unmittelbar dem Pharao unterstellten Vizekönigs von Kusch, wurde das kleine **Felsgrab des Pennut** gerettet. Als hoher Beamter der Verwaltung Unternubiens zur Zeit Ramses' VI. (1145–1137 v. Chr.) ließ er sich dort sein Grab anlegen. Eine ungewöhnliche Entscheidung, da Ägypter im Normalfall keine Kosten und Mühen scheuten, um in der Heimat bestattet zu werden. Dennoch: Im Grab war Theben nicht weit. An der linken Rückwand kniet Pennut vor der im thebanischen Westgebirge verehrten, kuhgestaltigen Hathor – eine kleine *Grabpyramide* erinnert an den dortigen Friedhof.

27 Qasr Ibrim

Pharaonen, Griechen, Nubier und Araber hinterließen ihre Spuren auf dem Burgberg.

Auf einer Schifffahrt von Amada nach Abu Simbel kann man einen Blick auf Qasr Ibrim werfen – heute eine kleine Insel vor dem Ostufer des Nasser-Sees, die nicht betreten werden darf. Noch sind die Auswertungen der Funde des seit dem 15. Jh. v. Chr. besiedelten Areals nicht beendet. In den Ruinen der erst 1812 aufgegebenen Festung kamen Hunderte von **Handschriften** mit hieroglyphischen, griechischen, koptischen, meroïtischen, altnubischen, arabischen und türkischen Texten zum Vorschein. Die meisten Texte wurden unter dem Fußboden der **Kathedrale** entdeckt. Qasr Ibrim kam als Sitz eines Bischofs und des byzantinischen Statthalters in Nubien besondere Bedeutung zu. Bis ins 15. Jh. hielt sich ein christliches Königreich in Nubien, obwohl bereits 956 unter den Fatimiden und 1173 unter Shams ed-Daula muslimische Angriffe auf Qasr Ibrim stattfanden. Erst den 1528 von Sultan Selim entsandten bosnischen Truppen gelang die Eroberung der Festung. Im Gefolge des von Mohammed Ali angezettelten Mamlukenmassakers wurde Qasr Ibrim 1812 bei der Verfolgung der flüchtenden Mamluken zerstört.

28 Abu Simbel

> **TOP TIPP** *Zu den Höhepunkten jeder Ägyptenreise gehören die Felstempel von Abu Simbel, die bis in die Neuzeit die faszinierende Ausstrahlung altägyptischer Denkmäler belegen.*

Weltweit Aufmerksamkeit erregte die *Versetzung* der beiden **Felstempel von Abu Simbel** (tgl. 7–18 Uhr; *Sound & Light Show*, www.soundandlight.com.eg, mehrsprachig u. a. Deutsch, Englisch, tgl. 19, 20 und 21 Uhr). Um sie vor dem Untergang zu retten, wurden 42 Mio. US-Dollar aufgewendet, die Heiligtümer in 1036 bis zu

Immer wieder gern gezeigt – Ramses II. besiegt seine Feinde auch in Abu Simbel

30 t schwere Blöcke zerlegt und 64 m höher wieder aufgebaut. Zwei über Stahlbetonkuppeln aufgeschüttete Hügel sollen die einst oberhalb der Tempel aufragenden Felsen andeuten.

Vor der pylonartig gestalteten Fassade des **Großen Tempels** thronen vier 20 m hohe Kolossalfiguren *Ramses' II.* Schon bald nach Fertigstellung des Tempels erlitt eine von ihnen bei einem Erdbeben schwere Beschädigungen – ein Teil des Kopfes liegt noch heute zu Füßen der Statue. Neben Amun-Re, Re-Harachte und Ptah wurde auch hier der Kult des vergöttlichten Ramses begangen.

Im Inneren der *8-Pfeiler-Halle* ist die *Kadesch-Schlacht* [s. S. 88] das beherrschende Thema: An der rechten Wand erscheint das vor Kadesch aufgeschlagene ägyptische Lager, in dessen Mitte sich das Zelt des Pharao befindet. Soldaten sind bei der Pflege ihrer Pferde oder bei Kampfübungen dargestellt. Rechts unter dieser Szene werden zwei syrische Spione durch Prügel mürbe gemacht und verraten die Position des Feindes. Dass es sich dabei um gezielte Falschinformationen handelte, wurde Ramses' Truppen beinahe zum Verhängnis. Ägyptische Geschichtsschreibung war aber seit jeher propagandistisch: Die Kampfszenen lassen keinen Zweifel an der Überlegenheit der ägyptischen Truppen. Wer am Nil würde schon hethitischen Berichten Glauben schenken, die von Flucht und Panik der Ägypter erzählten?

Die Südwand zeigt den siegreichen Ramses im Kampf gegen Syrer, Libyer und Südländer. An den Wänden beiderseits des Durchgangs zur *kleinen Pfeilerhalle* wurde das Bildprogramm nachträglich geändert: Ramses drängte sich zwischen die bereits hier sitzenden Götter Amun-Re und Mut bzw. Re-Harachte und Weret-Hekau. Immer mehr Götter begrüßen Ramses in der folgenden Halle als einen der ihren. Konsequent wird die Vergöttlichung bis ins *Sanktuar* gesteigert. Vier Götter erwarten hier ein um den 21. Februar und 21. Oktober stattfindendes Ereignis: Die Strahlen der Sonne dringen dann bis ins Allerheiligste und erfüllen die Götter mit neuer Lebenskraft. Nur Ptah – offenbar von dieser Form der ›Sonnenenergie‹ unabhängig – bleibt ganz links im Dunkeln.

Die Liebesgöttin Hathor war die Herrin im **Kleinen Tempel** von Abu Simbel. So wie Ramses sich als ›irdischer Horus‹ ver-

28 Abu Simbel

Eines der Wahrzeichen Ägyptens – der Große Tempel von Abu Simbel mit Kolossalfiguren

ehren ließ, kam hier seine Lieblingsgemahlin *Nefertari* Hathor angeglichen zu göttlichen Ehren. Gemeinsam mit ihrem Gatten tritt sie aus den Nischen der 12 m hohen Tempelfassade. Im Inneren weisen die dem *Mittelgang* zugewandten Pfeilerseiten ein typisches Dekorationselement aller Hathor-Heiligtümer auf. Mit dem Kopf der kuhohrigen Göttin gekrönt, wurde ein monumental vergrößertes Musikinstrument, das Sistrum, den Pfeilern vorgeblendet. Hathor und Isis setzen an der schmalen Mittelwand des *Quersaals* der Königin die Göttinnenkrone auf. Das *Sanktuar* wird beherrscht von der – stark beschädigten – plastisch aus dem Fels tretenden Hathorkuh. Vor ihren Beinen war ein Bildnis des Königs angebracht, der sich so im wahrsten Sinne des Wortes dem Schutz der Göttin unterstellte.

Praktische Hinweise

Verkehrsmittel

Kreuzfahrtschiffe bilden seit Langem die einzige Möglichkeit zum Besuch der nubischen Denkmäler. Nur Abu Simbel ist auch per Flugzeug oder Bus bzw. Auto im Polizeikonvoi von Assuan auf dem Landweg zu erreichen. Kalabsha kann man von Assuan aus per Taxi und Boot besuchen. Alternativ bietet sich die Fahrt mit dem Linienbus und ggf. eine Übernachtung vor Ort an.

Schiff

*******MS Eugenie**, Belle Epoque Travel Bureau, Sh. Tunis 17, Kairo, Tel. 02/25 16 96 49, www.eugenie.com.eg. Im Stil eines Raddampfers erbautes Schiff mit nostalgischem Charme.

*******MS Nubian Sea**, High Dam Cruises, Sh. Ehsan Abdel Kodoss (El Estad El Bahari Haus), Kairo, Tel. 02/24 04 89 03, www.highdamcruise.com. Große Kabinen und Gesellschaftsräume, Pool und Sonnendecks.

Hotel

*****Eskaleh Nubian Lodge,** Abu Simbel, Tel. 097/340 12 88, www. www.eskaleh.net. Im nubischen Stil an den Ufern des Sees entstand diese schöne und friedliche Unterkunft. Unbedingt reservieren!

Westküste des Roten Meeres – Traumstrände und Wasserparadiese

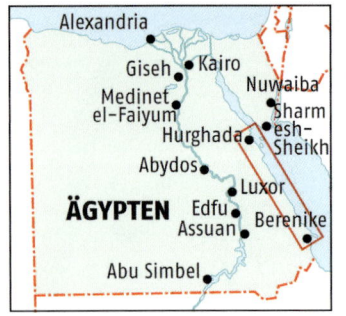

Ägyptens Festlandküste am Roten Meer lockt mit sonnenverwöhnten Sandstränden, korallenbunten Tauchgründen und modernen Hotelkomplexen. Die Bezeichnung **Rotes Meer** für die türkis bis tiefblau schimmernden Fluten verwirrt. Als Taufpaten für diesen Namen gelten wahlweise Rotalgen, das rötliche Granitgebirge im Hinterland der Küste oder schlicht eine fehlerhafte Übersetzung des altägyptischen Ausdrucks für ›Schilfmeer‹. Hohe Wassertemperaturen und ein Salzgehalt von 41–43 Promille bieten den im Roten Meer siedelnden **Korallen** ideale Lebensbedingungen – sie gehören zu den Hauptattraktionen an der Küste.

Tauch-Puristen, die in unerschlossenen Regionen ihr Glück suchen, dringen seit einigen Jahren immer weiter in den Süden Ägyptens vor. Eine Stadt gilt aber nach wie vor als Inbegriff des Tauch- und Badetourismus in Ägypten: **Hurghada** war der Vorreiter des Tauchbooms am Roten Meer. Doch auch **El Gouna**, **Port Safaga**, **Quseir**, **Marsa Alam** und **Berenike** gehören dank günstiger Flüge und Pauschalangebote zu Ägyptens beliebtesten und von den meisten Krisen im Landesinneren verschonten Ferienorten.

29 Hurghada

Ägyptens Tor zur Unterwasserwelt.

Dass Hurghada bis in die 1980er-Jahre noch ein verschlafener Fischerort war, ist kaum mehr zu glauben. Heute zählt die Stadt etwa 50 000 Einwohner und jährlich 1,3 Mio. Touristen. Pauschalangebote für 400–700 Euro pro Woche im Vier- oder Fünfsterne-Hotel machen den Urlaub an Ägyptens Stränden auch für Familien erschwinglich. Hunderte mehr oder weniger luxuriöse Ferienanlagen liegen entlang eines 30 km langen Küstenstreifens.

Hurghada selbst ist wenig sehenswert. Nur das **Dahar-Viertel** im Stadtzentrum entfaltet mit seinem Suq noch traditionelles Flair. Hier befinden sich auch einige preisgünstigere Hotels. Leider sind das **Meeresbiologische Museum** (Sh. el Nasser, tgl. 9–17 Uhr) und das **Red Sea Aquarium** (El Corniche 6, tgl. 8–19 Uhr) so heruntergekommen, dass sie der Flora und Fauna des Roten Meeres nicht gerecht werden. Einen besseren Einblick in die

Schöne Hotels und Restaurants mit Blick aufs Rote Meer säumen die Küste bei Hurghada

Hurghada

Unterwasserwelt gewinnen auch Nichttaucher und -schnorchler bei einer Fahrt mit dem **Glasbodenboot** (z.B. Red Sea Dolphin, Tel. 010/273 77 39, www.redseadolphin.com, tgl. 9–16 Uhr, Dauer: 2 Std.).

Schnorcheln, Surfen, Jetski-Fahren – die Auswahl an **Wassersportmöglichkeiten** ist riesengroß. Zahlreiche Tauchschulen bieten für alle Interessierten Kurse vom Schnupperkurs bis zum Dive Master und, weil nur wenige Korallenriffe von der Küste direkt angeschwommen werden können, Tagesausflüge oder mehrtägige Safaris zu weiter entfernten Tauchplätzen an. Besonders empfehlenswert sind die fischreichen Reviere um die im Jahr 2000 zum Nationalpark erklärten **Giftun-Inseln**.

Wer nicht auch noch – wie ganz unermüdliche Tauchfans – bei Nachttauchgängen den Unterwasserschönheiten nachspürt, der kann sich in Hurghadas abwechslungsreiches **Nachtleben** stürzen. In den Bars und Pubs werden bei heimischem Stella- oder Sakkara-Bier Tauchtipps ausgetauscht und auf den Tanzflächen der Clubs schwingen die Tänzer die Flossen – pardon: Beine – im Rhythmus der aktuellen Hits.

Etwa 30 km südlich von Hurghada bietet die geschütze Sandbucht **Makadi Bay** einen idealen Platz zum Sonnenbaden. Meist sorgt eine leichte Brise für angenehme Kühlung. Und das vom Strand aus zugängliche Hausriff kann man auch ohne Begleitung betauchen. Man sollte jedoch genug Abstand zu den empfindlichen Korallen halten. Mangelndes Umweltbewusstsein hinterließ vielerorts deutliche Spuren der Zerstörung.

Praktische Hinweise

Information

Hurghada Information, Sh. Bank Misr (nahe Egypt Air-Büro), Tel. 065/344 44 20

Flughafen

Hurghada International Airport, westl. von Hurghada, Tel. 065/344 35 98. Zahlreiche Charterfluggesellschaften fliegen Hurghada direkt an, außerdem Verbindungen mit Egypt Air nach Kairo u.a. Shuttlebusse zu den Hotels.

Nachtleben

Calypso, Sh. Hadaba, Hurghada, Tel. 01 22/55 40 52, www.calypsohurghada.

29 Hurghada

> ### Schätze der Natur geschützt
>
> Die 1992 gegründete **Hurghada Environmental Protection and Conservation Association**, kurz **HEPCA** (www.hepca.org), setzt sich als Non-Profit- und Nichtregierungsorganisation für die Bewahrung der einmaligen Unterwasserwelt vor Ägyptens Küsten ein, auch auf dem Sinai. Dazu gehören der Schutz von Riffen und Korallen, die Beobachtung von Delfinen, Wasserschildkröten und anderen großen Meeresbewohnern, aber auch die Müllentsorgung und sonstige Belange des Umweltschutzes sowie die Förderung der ansässigen Beduinen.

com. Disco, Pub, Restaurant und Biergarten auf dem Dach (tgl. 0–24 Uhr).

Ministry of Sound, El Tabia Beach, Hurghada. Tanzen am Strand zu Club Classics, House, Hip Hop oder R & B (tgl. 22–3 Uhr).

Hotels

*******Steigenberger Al Dau Beach Hotel**, Yussif Afifi Road, Hurghada, Tel. 065/346 54 00, www.steigenberger aldaubeach.com. Elegante Zimmer, super Service und gutes Essen werden geboten. Dazu locken noch der schöne Strand, ein Tauchclub, ein Aqua Center und Spa sowie ein 9-Loch-Golfplatz.

******Iberotel Makadi Beach**, Madinat Makadi, Hurghada, Tel. 065/359 00 16, www.iberotel-eg.com. Gepflegter Hotelkomplex mit großem Pool und flach ins Meer abfallendem Sandstrand, freundlicher Service.

Susannas Taucherhaus, Hurghada, Tel. 065/344 38 29, www.susannas taucherhaus.de. So etwas gibt es in Hurghada doch! Ein vor allem den Tauchern gewidmetes, familiäres und kompetent-liebevoll geführtes kleines Hotel mit sechs Zimmern und eigener Tauchbasis; zentrale Lage ca. 5 Min. vom Strand. Abholung vom Flughafen.

Restaurants

B's at Marina, New Marina Boulevard, Hurghada, Tel. 0100/545 99 91, www.bordiehn.com. Bordiehn ist längst eine Institution in Hurghada. Essen, Atmosphäre, Service – immer ausgezeichnet.

Café del Mar, Midan El Arousa, Sakkala, Hurghada, Tel. 01 00/71 67 70. Gute europäische Küche, sehr aufmerksamer Service.

Tauchen und Surfen

James & Mac Diving Center, Giftun Azur Resort, Hurghada, Tel. 01 22/311 89 23, www.james-mac.com. Fast alle Hotels bieten Tauch- und Schnorchelkurse an, diese Tauchbasis ist eine der besten von etwa 60 vor Ort.

ProCenter Tommy Friedl, Jasmin Village Beach, Hurghada, Tel. 01 00/667 28 11, www.tommy-friedl.de. Kite- und Windsurfkurse, dazu Boardverleih und Shop.

30 El Gouna

Eine Stadt, erbaut auf künstlichen Inseln mit mehreren Lagunen, um Urlaubsträume zu erfüllen.

Die Feriensiedlung El Gouna (dt. *die Lagune*), etwa 25 km nördlich von Hurghada, ließ der ägyptische Unternehmer *Samih Sawiris* mithilfe der Architekten *Alfredo Freda* und *Michael Graves* – in einer Mischung aus Disney und 1001-Nacht – aus dem Wüstensand stampfen. El Gouna wurde ab 1990 innerhalb von 12 Jahren auf mehreren Inseln, zwischen denen türkisblaue Lagunen leuchten, errichtet. Eine Meerwasserentsalzungsanlage sichert die Wasserversorgung, das aufbereitete Abwasser dient zur Bewässerung der Grünlagen. Es gibt Unterkünfte in zweckmäßigen Apartments oder Ferienhäusern ebenso wie in Luxushotels direkt am Strand, ein Einkaufszentrum und ein Freiluft-Amphitheater. Das kleine **Gouna Museum** (Kafr El Gouna, tgl. 18–22 Uhr) liefert einen abwechslungsreichen Überblick über die Schätze des Roten Meers sowie Kopien von ägyptischen Altertümern. Die Atmosphäre im Ortszentrum **Kafr El Gouna** ist mediterran-familiär. Teure Läden, exklusive Boutiquen und mondänes Flair findet man rund um die **Abu Tig Marina**, den größeren von zwei Jachthäfen.

Zu den Tauchplätzen gelangt man nur per Boot, da die von den Hotels zugänglichen Strände sehr flach sind. Auch Schnorchler und Nichttaucher werden auf die halb- bis zweistündigen Touren mitgenommen.

Besten Service und höchsten Komfort bietet das Steigenberger Golf Resort in El Gouna

ℹ Praktische Hinweise

Information
Info Center, Kafr El Gouna, El Gouna, Tel. 065/354 97 02, www.elgouna.com

Hotels
*****Steigenberger Golf Resort**, El Gouna, Tel. 065/358 01 40, www.steigenberger.com. Das Hotel im Stil eines nubischen Dorfes wartet inmitten des 18-Loch-Golfplatzes mit allem erdenklichen Luxus auf u.a. Spitzenrestaurant, Angsana Spa und Lagunenstrand.

***Captain's Inn**, Abu Tig Marina, El Gouna, Tel. 065/358 01 70. Familäres, kleines Hotel mit Steak-House am Jachthafen. Zugang zu Swimmingpool und Kinderbecken im nahen Hotel Ocean View.

Restaurants
Upstairs Restaurant, Downtown El Gouna, Tel. 01 06/507 95 71, ext. 330 50, www.upstairs-elgouna.com. Gediegenes Lokal mit exzellenter internationaler Küche – das Verwöhnprogramm!

Maritime, Abu Tig Marina, El Gouna, Tel. 065/354 97 04. Am Jachthafen gelegenes Restaurant mit schöner Terrasse. Fisch und Meeresfrüchte sind die Spezialitäten der ausgezeichneten Küche.

Tauchen
Neun Tauchbasen, die an den verschiedenen Hotels oder in der Abu Tig Marina stationiert sind, bringen Sie unter Wasser, z.B. **TGI** (Sheraton Miramar, www.tgidiving.com) oder **Orca Dive Club** (Hotel Turtle Inn, Abu Tig Marina, www.orca-diveclub-elgouna.com).

31 Port Safaga

Das typisch ägyptische Hafenstädtchen setzt auf sanften Tauchtourismus.

Port Safaga 60 km südlich von Hurghada entwickelte sich in den letzten 20 Jahren vom Hafen für Mekkapilger und zur Ausfuhr von Phosphat, Aluminium und Getreide zu einem beliebten Tauchziel. Safaga liegt in einer sanften Bucht, geschützt von einer vorgelagerten Insel. Aufgrund der gleichmäßig wehenden Winde ist der Ort bei Surfern sehr beliebt. Im Gegensatz zu Hurghada hat man hier versucht, eine sanftere Tourismusentwicklung zu betreiben – der Charakter der Kleinstadt hat sich daher noch eher erhalten.

An der Nordspitze der Bucht rund 20 km nördlich von Safaga liegen in **Soma Bay** eine Reihe von gehobenen Resorts an einem atemberaubenden Saumriff. Zwischen Fächer-, Weich und Hartkorallen tummeln sich Fischschwärme, verstecken sich Riesenmoränen und im späten Frühjahr kann man Hammerhaie, im Winter Mantarochen sichten.

31 Port Safaga

Paradiese für Fische und Taucher – die Korallenriffe im Roten Meer

Praktische Hinweise

Hotels

*****Robinson Club Soma Bay, Sh. Safaga (Km 48), Safaga, Tel. 018 03/76 24 67 (0,09 €/Min. aus dt. Festnetz), www.robinson.com. Die weitläufige Anlage am Strand bietet außer Kinderbetreuung, Poollandschaft und Wellnesscenter vielfältige Sportmöglichkeiten u.a. Tauchen, Segeln, Surfen. Nebenan liegt ein 18-Loch-Golfplatz.

****Lotus Bay Beach Resort & Gardens, Tourist Center km 8, Safaga, Tel. 065/326 00 03, www.lotusbay.com. Von viel Grün umgebener Hotelkomplex am Meer im Norden der Stadt mit Tauchschule.

Restaurant

Ali Baba 1, Magles El Madina, Safaga, Tel. 065/325 02 53. Einfaches ägyptisches Fischrestaurant, das aus dem Tagesfang wahre Gaumenfreuden zaubert.

32 Quseir

Die hübsch restaurierte Stadt lädt nicht nur zum Tauchen, sondern auch zum Bummeln ein.

Quseir 85 km südlich von Safaga war bis zur Eröffnung des Suezkanals 1869 eine bedeutende Hafenstadt. Eine besondere Rolle spielte der Hafen im 1.–3. Jh. als Umschlagplatz für Weihrauch, Myrrhe aber auch Kaffee aus dem Jemen, und im 13./14. Jh. als sich hier viele Pilger auf ihrer Hadsch nach Mekka einschifften. Quseir ist heute ein wichtiges Handelszentrum der **Beduinen** aus dem Umland, die inzwischen auch einen Teil der 50 000 Einwohner stellen, und entwickelt sich allmählich zum Touristenzentrum im Süden des Roten Meers. Schließlich verläuft parallel zur Küste ein ununterbrochenes **Korallenriff** und einzigartiges Tauchrevier, das man durch strenge Umweltschutzbestimmungen in seiner Vielfalt erhalten möchte. Die Hotels reihen sich nördlich und südlich des Städtchens an die feinen Sandstrände, von denen man die Unterwasserwelt ganz gemütlich erkunden kann, die aber auch **Schildkröten** als Nistplätze dienen. Vom Hafen starten Boote zu den **Brother Islands**, die für ihre Hammerhaie berühmt sind.

Auf einem Rundgang durch den beschaulichen, hübsch restaurierten Ort gibt es einiges zu entdecken. Die **Altstadt**, die von gepflegten alten Häusern mit teils aufwendig verzierten hölzernen Balkonen im islamischen Stil geprägt wird, liegt zwischen dem Hafen und dem osmanischen **Fort**. Das mächtige Gemäuer, das Sultan Selim im 16. Jh. zu dessen Schutz erbauen ließ, diente bis vor 100 Jahren auch als Wasserreservoir. Heute beherbergt es eine interessante Ausstellung zur lokalen Geschichte, Kultur und Archäologie. Der Besuch lohnt sich allein schon wegen der herrlichen Aussicht vom Wachtturm.

ℹ Praktische Hinweise

Hotels

*****Mövenpick Resort El Quseir, El Qadim Bay, Quseir, Tel. 065/333 21 00, www.moevenpick-hotels.com. Luxus und Entspannung pur ist angesagt in diesem Tophotel am weißen Sandstrand 6 km nördlich der Stadt.

***Fanadir Holiday Resort, Quseir (2 km südl.), Tel. 065/333 14 14, www.fanadir-hotel.com. 28 freundlich eingerichtete Bungalows mit Meerblick, ein Restaurant mit internationaler und arabischer Küche im Haupthaus und eine Tauchbasis am hoteleigenen Strand.

Restaurant

Marianne, Quseir, Tel. 01 00/946 81 98. Eines der vielen guten Hafenrestaurants in Quseir. Zu empfehlen sind vor allem die Fischgerichte.

33 Marsa Alam

Das verschlafene Fischerdorf mausert sich zum modernen Ferienort.

140 km südlich von Quseir liegt Marsa Alam (3500 Einw.). Schon die Pharaonen schürften in den umliegenden Bergen nach Gold und Smaragden. Außer von Fischfang und dem Abbau von Pottasche lebt man in Marsa Alam zusehends vom Tourismus, seit 2001 der internationale Flughafen eröffnete. Der kleine Ort bietet vor allem abwechslungsreiche Tauchplätze vor der Küste. Besonders fasziniert ist das **Elphinstone Reef** etwa 20 km nördlich von Marsa Alam. Wer Glück hat sichtet zwischen den roten, rosafarbenen und braunen Korallen verschiedene Haiarten und Barrakudas oder trifft auf Delfine.

ℹ Praktische Hinweise

Flughafen

Marsa Alam International Airport, ca. 60 km nordwestl. von Marsa Alam, www.marsa-alam-airport.com. Flugverbindungen zu diversen deutschen Städten sowie nach Wien und Zürich. Ca. 3 Std. Transfer nach Berenike.

Hotels

****Shams Alam Hotel, Wadi Gimal, 50 km südl. von Marsa Alam, Tel. 012/24 449 31, www.shamshotels.com. Komfortable Zimmer mit Meerblick, Sandstrand und vorgelagertes Riff.

Marsa Shagra Village, 20 km nördl. von Marsa Alam, Tel. 01 20/398 96 82, www.marsa-shagra.org. Malerisch in einer Bucht gelegene Ökolodge mit Restaurant. Geschlafen wird in Zelten, Hütten oder Bungalows. Im Mittelpunkt stehen Tauchen und Schnorcheln.

34 Berenike

Alte Hafenstadt am Roten Meer mit wunderbaren Tauchgründen.

In Berenike ist man (noch) fast am Ende der Welt. 150 km südlich von Marsa Alam, kurz vor der Grenze zum Sudan, liegt die Hafenstadt, die viele Jahrhunderte als wichtiger Stopp auf dem langen Weg nach Indien angelaufen wurde. Von der antiken Besiedlung zeugen Reste eines Serapis-Tempels und eines Heiligtums für die Götter aus Palmyra. Heute lockt es Taucher in die Abgeschiedenheit am Ras Banas. Hier zählt nur die Schönheit der Natur.

ℹ Praktische Hinweise

Unterkunft

Wadi Lahami Village, ca. 30 km nördlich von Berenike an der Küste, Tel. 01 20/174 42 71, www.wadi-lahami.org. Einfaches Camp mit Hütten bzw. Zelten, wo nur die Wüste von der Unterwasserwelt ablenkt.

Zahlreiche Beduinen zogen aus der Wüste nach Quseir

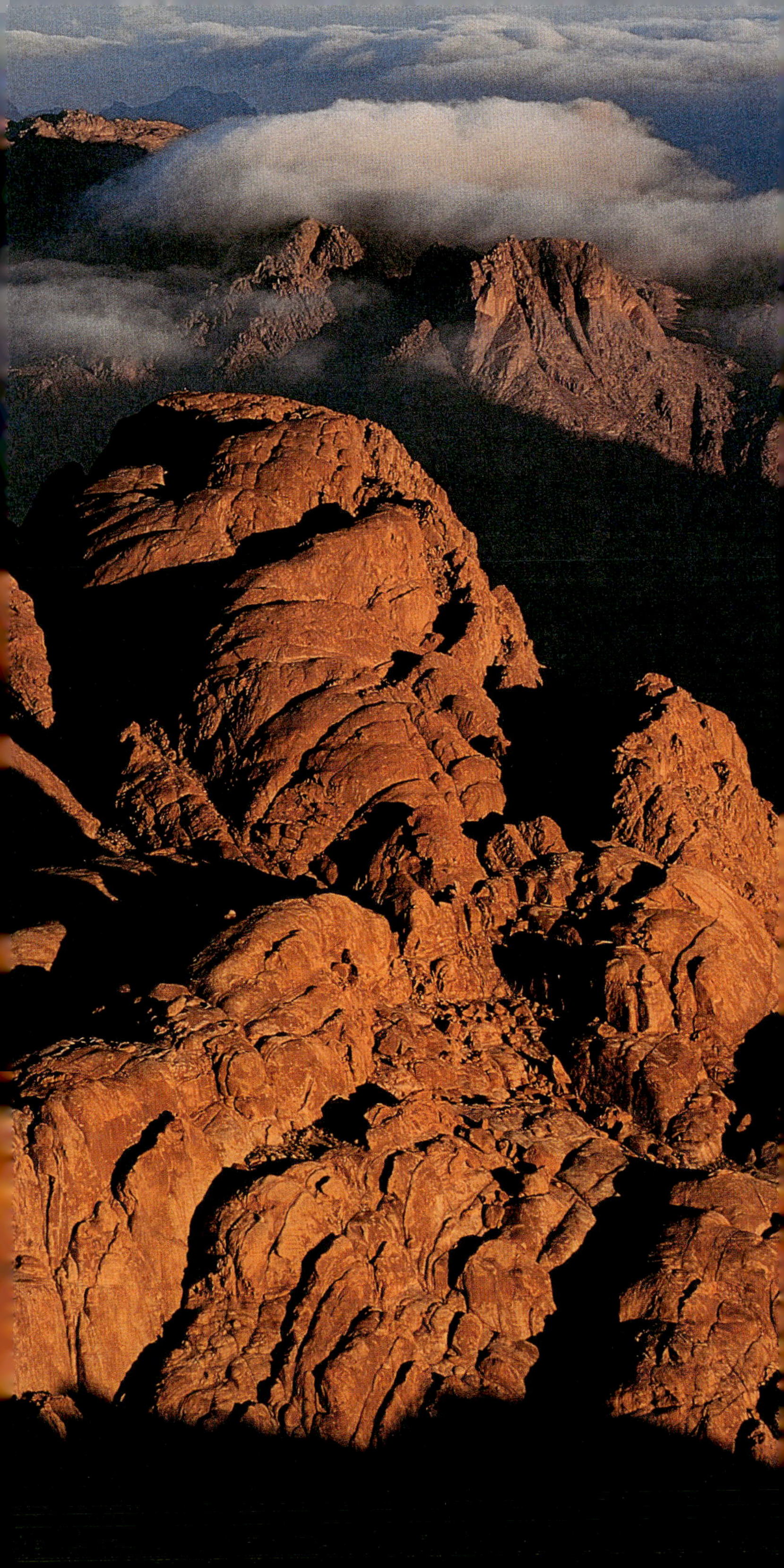

Sinai – von Tauchern und Mönchen

Geologen, Taucher, Kamelliebhaber sowie Reisende auf den Spuren der Bibel – sie alle wird es früher oder später auf den Sinai ziehen. 40 Jahre irrten nach Aussage der Bibel die Israeliten durch das karge Gebiet. Noch heute trägt das von zahlreichen Wadis durchfurchte Kalksteinplateau den Namen *Djebel et-Tih*, ›Gebirge des Irrens‹.

Bodenschätze waren seit jeher für die Wirtschaft des Sinai von Bedeutung: Schon im Altertum wurden Kupfer und Türkis abgebaut, heute u.a. Mangan und Phosphor. Die **Erdölfelder** im Golf von Suez werden seit der Rückgabe des Sinai im Jahr 1982 erschlossen. Im Sechs-Tage-Krieg von 1967 hatte Ägypten den Verlust der Halbinsel hinnehmen müssen, der erst durch den Friedensschluss von Camp David 1979 wieder rückgängig gemacht wurde.

Die durch den Bau des Suezkanals seit 1869 getrennte, rund 60 000 km2 große **Landbrücke** des Sinai zwischen Afrika und Asien entstand in Folge des durch die Kontinentaldrift bewirkten afrikanischen Grabenbruchs. Dieser zieht sich von den großen Seen im südlichen Afrika durch Äthiopien bis zum Toten Meer. Aus der ältesten Phase des Erdaltertums, dem Kambrium, stammen die wild zerklüfteten **Urgestein-Gebirge**, die den Süden der Halbinsel beherrschen. Die ehemals rege Vulkantätigkeit ist deutlich an den schwarzen Adern zu erkennen, die sich durch das am Djebel Katharina bis zu 2642 m hoch aufragende, rötliche Gestein ziehen. In Jahrmillionen lagerten sich mächtige Kalk- und Sandsteinschichten ab, die heute nur noch in der Nordhälfte des Sinai erhalten sind. Vor etwa 30 Mio. Jahren riss im Süden der Arabischen Halbinsel die Verbindung zum afrikanischen Kontinent – es war die Geburtsstunde des **Roten Meers**. Der Golf von Suez im Westen und der Golf von Aqaba im Osten umschließen seit jener Zeit das Dreieck des Südsinai.

Ganz im Süden schützt der Ras Mohammed Nationalpark die bizarre Landschaft eines versteinerten, einst durch vulkanische Kräfte an die Wasseroberfläche gehobenen Riffs, und die klaren, korallen- und fischreichen Gewässer davor, die sowohl durch die Suezschifffahrt als auch durch die Taucher bedroht sind.

35 Sharm esh-Sheikh

Taucher und Schnorchler finden bei Sharm ihr Paradies.

Das im Süden der Sinai-Halbinsel gelegene einstige Fischerdorf entwickelte sich längst zu einem mehrere Buchten umspannenden Badeort. Das **Rote Meer** und insbesondere die Korallenbänke des Sinai mit ihren bunt schillernden Fischschwärmen zählen zu den schönsten Tauchgebieten der Welt. 20 km südlich von Sharm esh-Sheik wurde 1983 zum Schutz der empfindlichen Natur der **Ras Mohammed Nationalpark** eingerichtet. Das Besucherzentrum (tgl. 9–16 Uhr) an der Zufahrtsstraße appelliert mithilfe von Filmen an das Umweltbewusstsein. Getaucht werden darf nur mit Sondergenehmigung (bei allen Tauchklubs). Um die Halbinsel *Ras Mohammed* wachsen etwa 150 verschiedene Korallenarten, zwischen denen sich Tausende Fischarten tummeln.

Nachtschwärmer können sich in zahlreichen Diskotheken austoben und Glücksritter im Kasino Fortuna auf die Probe stellen. Doch im Ferienparadies geht es mitunter auch sehr ernsthaft zu:

Nach einer Nacht auf dem Djebel Musa erstrahlt das Gebirgsmassiv im südlichen Sinai in den Rottönen der Morgensonne

35 Sharm esh-Sheikh

Die Korallenbänke im Roten Meer zählen weltweit zu den schönsten Tauchrevieren

Sharm esh-Sheikh war unter Mubarak einer der wichtigsten Konferenzorte im Nahen Osten.

Praktische Hinweise

Flughafen
International Airport, 7 km nordwestl. von Sharm esh-Sheik, Tel. 069/362 33 04 (Egypt Air Büro in der Stadt), www.sharm-el-sheikh.airport-authority.com. Außer Egypt Air fliegen zahlreiche Charterfluggesellschaften nach Sharm esh-Sheik.

Hotels
*****Reef Oasis Blue Bay Resort & Spa**, El Basha Bay, Sharm esh-Sheik, Tel. 069/360 29 00, www.reefoasisresorts.com. Urlaub zum Wohlfühlen. Sechs Bars und Restaurants, mehrere Pools und herrlicher Strand mit Korallenriff – all-inclusive.

***Sharks Bay Umbi Diving Village**, Sharks Bay, Sharm esh-Sheik, Tel. 069/360 09 42, www.sharksbay.com. Eine etwas andere Anlage im Stil eines nubischen Dorfs, sehr persönlich, tgl. Tauchausflüge per Schiff, eigener Strand.

Tauchen
Alle Hotels bieten Arrangements mit Tauchschulen, die Ausrüstungen verleihen und Bootsausflüge organisieren. Der behutsame Umgang mit der Natur ist ein schwieriger Balanceakt zwischen Tourismus und Umweltschutz [s. S. 116].

36 Dahab

›Gold‹ – verheißungsvoll klingt der arabische Name dieses Orts mit seinen Stränden am Golf von Aqaba.

Dahab galt lange als Zentrum des Alternativ- und Rucksacktourismus auf dem Sinai. Nach wie vor gibt es hier auch eine Reihe einfacherer Unterkünfte, die fast alle beim Beduinendorf Assala zu finden sind. Neuere Hotelanlagen liegen in der südlich angrenzenden Bucht.

Praktische Hinweise

Hotel
***Inmo Divers**, Sh. Mashraba, Dahab, Tel. 069/364 03 70, www.inmodivers.com. Gut geführtes Haus in hübscher Lage

Von Palmen umgeben – Hotelanlage im arabischen Stil in Dahab

nahe dem Meer mit 49 unterschiedlich ausgestatteten Zimmern, Restaurant, Pool und eigenem Strand.

Restaurants

Yum Yum, El Masbat, Dahab. Einfaches Restaurant mit leckerer, ägyptischer Küche zu sehr bezahlbaren Preisen. Unbedingt die Linsensuppe probieren. Und die frischen Säfte.

Shark, Strandpromenade, Dahab. Fisch und Meeresfrüchte, Pizza & Pasta, Huhn oder Veggie, ägyptisch & international – alles ist geboten. In schöner Atmosphäre und mit nettem Service.

37 Nuwaiba

Nuwaiba lockt mit Tauchgründen wie dem Devil's Head und dem nahen Coloured Canyon.

Das Einzugsgebiet von Nuwaiba (auch: Nuweiba) zieht sich rund 30 km nach Norden Richtung Taba. Zahlreiche Hotelneubau-Projekte haben hier moderne Ruinen an den Stränden hinterlassen. Um Nuwaiba selbst ist es (noch) etwas ruhiger. Der Ort gliedert sich in drei Teile – Tarabin im Norden, Nuwaiba City und im Süden el Muzaina mit dem Fährhafen. Noch weiter südlich liegt das Schutzgebiet **Ras Abu Galum** mit schönen Schnorchelplätzen und dem anspruchsvollen Tauchspot **Blue Hole**. Von örtlichen Veranstaltern werden längere Kamelritte am Strand organisiert. Mehrtägige Ausflüge in den Nationalpark bieten ein abwechslungsreiches Programm zwischen Wasserwelt, Gebirge und Strand.

Praktische Hinweise

Hotels

**** Swisscare Nuweiba Resort Hotel, 5 Corniche, Nuwaiba City, Tel. 069/ 352 06 40, www.swisscare-hotels.com. Wunderschöner Strand, aufmerksamer Service, fünf Restaurants für insg. nur 48 Zimmer – hier lässt es sich entspannen.

**La Sirene Hotel, Nuwaiba, Tel. 069/ 350 07 01, www.nuweiba-lasirene.com. Dem einfachen Hotel direkt am Strand mit Zugang zum hauseigenem Korallenriff ist eine Tauchschule angeschlossen.

**Nakhil Inn, Tarabin, Tel. 069/350 08 79, www.nakhil-inn.com. Schlicht und freundlich eingerichtete Zimmer mit

Die bizarren Felswände im Coloured Canyon schimmern in Rottönen

Coloured Canyon bei Nuwaiba

Ein Naturerlebnis der besonderen Art bietet ein Ausflug zu den wildromantischen Schluchten des **Coloured Canyon**. *TOP TIPP* Regenfluten haben über Jahrtausende ein Wadi durch den in verschiedensten Rottönen strahlenden Sandstein geschnitten und erlauben so einen faszinierenden Einblick in die an anderen Stellen verborgene Schönheit der Natur. Ein Genuss ist die Tour aber nur mit einer guten Kondition.

Startpunkt für einen Ausflug in den Canyon ist meist das etwa 20 km südöstlich liegende Nuwaiba. Von dort gelangt man per Kamel oder Jeep bis zur **Oase Ain Furtega**. Weiter führt dann eine gut 12 km lange Piste zu den beiden Parkplätzen am oberen bzw. unteren Zugang zum Canyon.

Mit Jeeps kann der Ausflug als Tagestour gestaltet werden, mit Kamel muss man von/bis Nuwaiba mindestens mit zwei bis drei Tagen rechnen. **Touren** organisieren alle Hotels, aber auch Reiseagenturen aus Kairo bieten Programme an.

Bad und AC. Auch für Nicht-Taucher wird hier ein interessantes Ausflugsprogramm angeboten.

Restaurants

Gute Restaurants finden sich in jedem der Hotels, Garküchen bzw. Selbstversorgungseinrichtungen im Beduinendorf.

38 Katharinenkloster

Inmitten des grandiosen Granitgebirges verbirgt sich hinter Klostermauern der liebevoll gepflegte Nachkomme des brennenden Dornbuschs.

Am Fuße des Djebel Musa (Mosesberg), der gemeinhin als Ort der Verkündung der Zehn Gebote angesehen wird, liegt hinter festungsartigen Mauern das Katharinenkloster (www.st-katherine.net, Mo–Do, Sa 10–11.30 Uhr; Besucher sollten sich körperdeckend kleiden). Bereits im 4. Jh. n. Chr. siedelten sich hier in der Nähe des legendären *Dornbuschs* Eremiten an. Die byzantinische Kaiserin Helena ließ 324 zu Ehren des Dornbuschs eine Kapelle errichten, die Mitte des 6. Jh. in die unter Justinian erbaute Basilika mit einbezogen wurde. Bis heute gehört das Kloster zur *griechisch-orthodoxen Kirche* und die Mönche stammen zum großen Teil aus dem griechischen Mutterland. Seinen Namen erhielt das Kloster erst im Mittelalter, als auf wundersame Weise die Gebeine der im 4. Jh. als Märtyrerin in Alexandria verstorbenen hl. Katharina auf dem Djebel Katharina entdeckt wurden.

Das dominierende Gebäude innerhalb der 12–15 m hohen Umfassungsmauer ist die dreischiffige **Basilika** aus der Zeit Kaiser Justinians. Im Inneren zeigt das prachtvolle Apsis-Mosaik die Verklärung Jesu, ihm zu Füßen liegt Petrus, zu seiner Rechten erscheint Moses. Ihm sind auch die Mosaike der Stirnwand gewidmet: Ehrfürchtig tritt er ohne seine Sandalen vor den brennenden Dornbusch und nimmt die Tafeln mit den Zehn Geboten in Empfang. Vom Altarraum verdeckt, liegt an der Rückseite der Basilika die *Kapelle des brennenden Dornbuschs*. Im hochkarätigen **Klostermuseum** zeigen die Mönche neben prächtigen Gewändern, Kelchen und Räuchergefäßen die bedeutendsten *Ikonen* und *Manuskripte* des Klosterschatzes. Mit dem Eintritt für das Museum ist auch der Zugang zu den hinter der Ikonostase der Basilika liegenden Räumen und der Kapelle des brennenden Dornbuschs gestattet.

38 Katharinenkloster

Wandern im Süd-Sinai

Neben dem Bade- und Tauchtourismus bietet das südliche Granitgebirge um das **Katharinenkloster** und den **Djebel Musa** tolle Gelegenheiten für ein- bis mehrtägige Trekkingtouren, z.B. durch die Wadis Arbain und Shrayj oder zum Djebel Abbas Pascha. Hier im Nationalparkgebiet dürfen manche Wanderungen nur in Begleitung offizieller Beduinen-Guides gemacht werden. Infos zu Touren und den Kontakt zu Guides vermittelt das *Visitor Center* (Mo–Do, Sa 9–12 Uhr) vor dem Kloster oder das Büro von *Sheikh Musa* in El Milga (Tel. 0100/6413575, www.sheikmousa.com). Achten Sie auf passende Ausrüstung!

Wander- und Reittouren auf Kamelrücken mit Übernachtungen unter sternenklarem Wüstenhimmel werden von den Badeorten aus angeboten. Spektakulär ist auch ein Besuch des farbenprächtigen **Coloured Canyon** [s.S. 123].

In der Einsamkeit des Sinai pflegen die christlichen Mönche die Erinnerung an den Exodus

Westlich der Kirche erhebt sich das *Minarett* einer im 10. Jh. errichteten Moschee – Mönche und christliche Pilger fügten sich in seine Erbauung, um so Überfällen muslimischer Beduinen zu entgehen. Außerhalb der Schutzmauern liegt die **Kapelle des hl. Tryphon**, die als Beinhaus des Klosters dient. Da der Friedhof mit lediglich sechs Gräbern schnell zu klein wurde, werden bis heute die jeweils ältesten Bestattungen hierher umgebettet.

Beliebt ist die nächtliche Besteigung des berühmten Mosesberges **Djebel Musa** (2285 m). Denn es ist ein besonders Erlebnis, von seinem Gipfel den Sonnenaufgang über dem Granitgebirge zu erleben. Es empfiehlt sich, für den etwa zweistündigen Aufstieg den bequemeren, auch von Eseln und Kamelen benutzten Pfad zu wählen. Sein Einstieg liegt an der Nordostseite des Klosters. Der zweite Pfad, ein steiler Treppenweg mit mehreren Tausend Stufen, eignet sich nur für Wanderer mit gesunden Gelenken. Da es in der Höhe ziemlich kalt und windig werden kann, sollte warme Kleidung mitgenommen werden.

TOP TIPP

ℹ Praktische Hinweise

Hotels

Daniela Village, El Milga, Tel. (Kairo) 02/3748 6712, www.daniela-hotels.com. 72 Doppelzimmerbungalows mit Klimaanlage und eigenem Bad gehören zu dem einfachen Hotel.

Zwei **Ecolodges** bieten einfache Unterkunft fern vom Touristenrummel. Kein Strom, Solarheizung für Wasser, Kerzenbeleuchtung bei Nacht (Tel. 069/3470880, www.sheikhsina.com):

El Karm Ecolodge, Sheikh Awaad, Wadi Gharba. Eine ägyptische Variante der Alpenhütte mit Gemeinschaftsdusche, Mehrbettzimmer bzw. Matratzenlager und rustikaler Einrichtung.

Mt. Sinai Ecolodge, am Berg Sinai. Ideal für Wanderfreunde, die mit den Beduinen die Bergwelt erkunden möchten.

Bitte beachten Sie, dass zzt. der Drucklegung Ende 2012 das Auswärtige Amt bei Reisen auf dem Sinai zu Vorsicht mahnte, und erkundigen Sie sich vor einer geplanten Reise nach der aktuellen Situation! Informationen: www.auswaertiges-amt.de

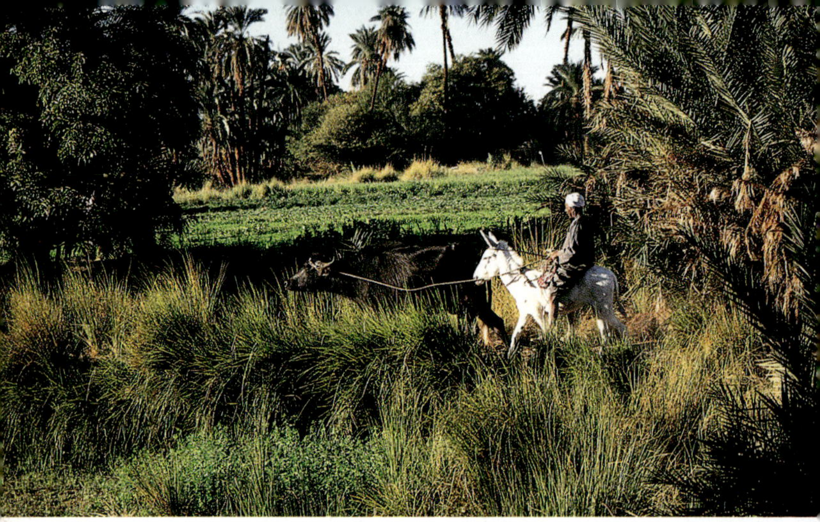

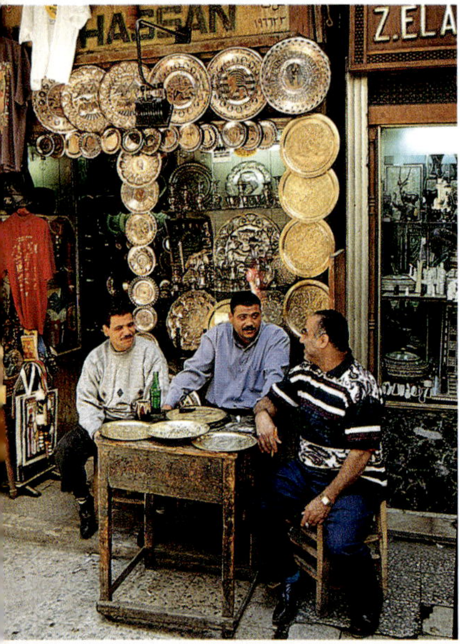
HASSAN
Z.ELA

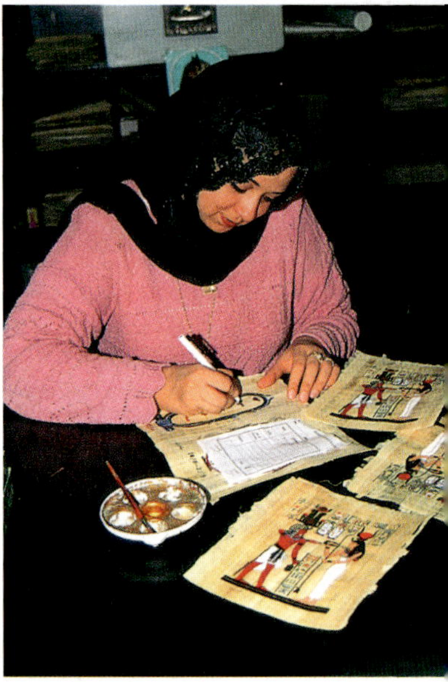

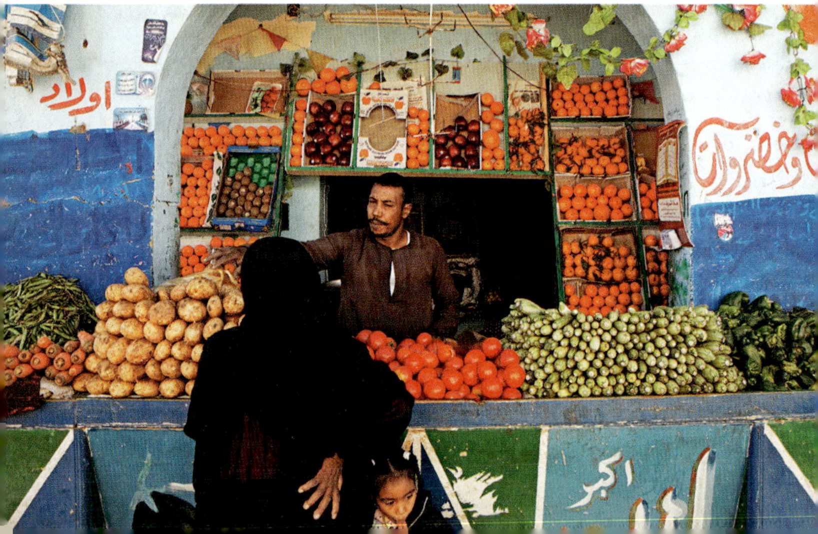
اولاد
وخضروات
اكبر

Ägypten aktuell A bis Z

Vor Reiseantritt

ADAC Info-Service:
Tel. 018 05/10 11 12 (0,14 €/Min.)
Unter dieser Telefonnummer können ADAC-Mitglieder auch kostenloses **Informations- und Kartenmaterial** anfordern.
ADAC im Internet:
www.adac.de
www.adac.de/reisefuehrer
Ägypten im Internet:
www.sis.gov.eg
www.touregypt.net

Aktuelle Informationen bietet das:
Staatliche Ägyptische Fremdenverkehrsamt

Deutschland
Kaiserstr. 66, 60329 Frankfurt/M.,
Tel. 069/25 21 53, www.egypt.travel

Österreich
Opernring 3, 1010 Wien,
Tel. 01/587 66 33

Botschaften und Konsulate
Deutschland
Ägyptische Botschaft,
Stauffenbergstr. 6–7, 10785 Berlin,
Tel. 030/477 54 70,
www.egyptian-embassy.de
Ägyptisches Generalkonsulat,
Mittelweg 183, 20148 Hamburg,
Tel. 040/413 32 60
Ägyptisches Generalkonsulat,
Eysseneckstr. 34, 60322 Frankfurt/M.,
Tel. 069/955 13 40

Österreich
Ägyptische Botschaft
(mit Konsularabteilung),
Hohe Warte 54, 1190 Wien,
Tel. 01/370 81 08 62,
www.egyptembassyvienna.at

Schweiz
Ägyptische Botschaft, Elfenauweg 61, 3006 Bern, Tel. 03 13 52 80 12

Allgemeine Informationen

Reisedokumente

Deutsche können mit dem Personalausweis einreisen, benötigen aber für die Visaausstellung (gebührenpflichtig) am Flughafen Lichtbilder. Unkomplizierter geht es mit einem Reisepass. Kinder bis 16 Jahren benötigen den Kinderreisepass. Alle Dokumente müssen bei Einreise mindestens sechs Monate über die geplante Aufenthaltsdauer hinaus gültig sein.

Monatsvisa erhalten Reisende aus Deutschland, Österreich und der Schweiz an den internationalen Flughäfen in Ägypten. Die Kosten betragen 15 US-Dollar.

Bei Einreise über den Landweg bzw. über einen Drittstaat (z.B. aus Israel, Jordanien und Libyen) wird dringend geraten, das Visum bereits in Deutschland zu besorgen.

Krankenversicherung und Impfungen

Dringend empfohlen wird der Abschluss einer privaten *Auslandskranken- und Rückholversicherung*. Eine gültige Gelbfieberimpfung wird verlangt bei Einreise aus einem Gelbfiebergebiet, ansonsten sind keine Imfungen vorgeschrieben.

Hund und Katze

Im EU-Heimtierausweis müssen die Kennzeichnung des Tieres, eine gültige Tollwutimpfung (mind. 30 Tage und max. 12 Monate vor Grenzübertritt) und die Bestätigung einer klinischen Untersuchung durch einen Amtstierarzt (nicht älter als zwei Wochen) eingetragen sein. Es kann eine Quarantäne angeordnet werden. Bei der Rückreise nach Deutschland oder in ein anderes EU-Land müssen Tollwut-Antikörper nachgewiesen werden.

Zollbestimmungen

Reisebedarf für den persönlichen Gebrauch ist zollfrei. Zollfrei bleiben weiterhin: 1 l alkoholische Getränke sowie 200 Zigaretten oder 25 Zigarren oder 200 g Tabak, 1 l Eau de Cologne und Parfüm sowie Geschenke bis zu einem Gegenwert von 100 US-Dollar. Die Ausfuhr von Antiquitäten sowie von unter Natur- und Artenschutz stehenden Pflanzen und Tieren (u.a. Korallen) ist verboten.

Allgemeine Informationen

Sehnsuchtsziel: Die altägyptischen Tempel begeistern Reisende aus aller Welt

Geld

Das *Ägyptische Pfund* – französisch Livre Égyptienne (LE) – teilt sich in 100 Piaster (PT). In der Landessprache heißen die Einheiten *Ginné* (Pfund) und *(Q)irsch* (Piaster). An den Flughäfen und in größeren Hotels haben Banken rund um die Uhr geöffnet. Die Einfuhr ägyptischer Währung lohnt sich nicht.

Die gängigen *Kreditkarten* werden fast überall akzeptiert. An zahlreichen *Geldautomaten* kann man mit der EC/Maestro-Karte Geld abheben. Quittungen für einen Geldrücktausch aufbewahren.

Tourismusämter im Land

Im Land gibt es an touristisch relevanten Orten *Tourist Offices* (s. auch Praktische Hinweise), die aber nicht immer über aktuelle Öffnungszeiten informiert sind.

Notrufnummern

Polizei: Tel. 122

Touristenpolizei: Tel. 126

Krankenwagen: Tel. 123

Feuerwehr: Tel. 180

Automobile & Touring Club of Egypt (ATCE), 10 Sh. Qasr en-Nil, Kairo, Tel. 02/25 74 33 55, www.atce-egypt.org

ADAC-Notrufzentrale München: 00 49/89/22 22 22 (rund um die Uhr)

ADAC-Ambulanzdienst München: 00 49/89/76 76 76 (rund um die Uhr)

ÖAMTC Schutzbrief-Nothilfe: Tel. 00 43/(0)1/25120 00, www.oeamtc.at

TCS Zentrale Hilfsstelle: Tel. 00 41/(0)224 17 22 20, www.tcs.ch

Diplomatische Vertretungen

Deutschland

Botschaft, 2 Sh. Berlin/Ecke Sh. Hassan Sabri, Kairo (Zamalek) Tel. 02/27 28 20 00, www.kairo.diplo.de

Österreich

Botschaft, 5 Sh. Wissa Wassef/Ecke Sh. en-Nil, Er-Riyad-Tower, 5. Stock, Giseh, Tel. 02/35 70 29 75, www.bmeia.gv.at

Schweiz

Botschaft, 10 Sh. Abdel-Kahliq Tharwat, Kairo (Zentrum), Tel. 02/25 75 82 84, www.eda.admin.ch/cairo

Besondere Verkehrsbestimmungen

Tempolimits (in km/h): Für Pkw, Motorräder und Wohnmobile gilt innerorts 30, auf Landstraßen 60, auf Autobahnen und Schnellstraßen 90, auf Wüstenstraßen 100.

In Ägypten gelten im *Straßenverkehr* theoretisch dieselben Regeln wie in Mitteleuropa, da diese aber praktisch nicht beachtet werden, besteht erhöhte Unfallgefahr. Vorfahrtsrechte z.B. werden flexibel gehandhabt. *Anpassung* an den Verkehrsfluss und eine *defensive Fahrweise* sind die obersten Gebote. Von Fahrten nach Einbruch der Dunkelheit wird dringend abgeraten. Bei Wüstenfahrten oder auf dem Sinai vollen Ersatzkanister nicht vergessen.

Hinweis für Individualtouristen

Schon vor der Revolution von 2011 wurden die strengen Konvoibestimmungen für Überlandfahrten aufgehoben. Lediglich für Abu Simbel wird noch eine Fahrt mit Begleitschutz durchgeführt.

Seit 2011 warnen die verschiedenen Auswärtigen Ämter vor nächtlichen Überlandfahrten, v.a. in Mittelägypten, in den Oasengebieten und auf dem Sinai. Auch wird vor einer erhöhten Kleinkriminalität gewarnt.

Die Grenzregionen zu Libyen, Sudan und Israel sowie Gaza gelten derzeit als problematisch.

Vor Reiseantritt sollte man sich über die aktuelle Sicherheitslage informieren: www.auswaertiges-amt.de

Kleidung

Für alle Jahreszeiten empfiehlt sich weite Baumwollkleidung. Auf die Moralvorstellungen der Einheimischen sollte Rücksicht genommen werden. Spaghettiträger sowie kurze Hosen und Röcke sind vor allem in den Städten unangebracht. Es ist eine Frage des Anstands, Moscheen, Kirchen oder Tempel in angemessener Kleidung zu besuchen. Doch auch sonst wird es von der überwiegend konservativen Bevölkerung als unschicklich empfunden, Arme und Beine unbekleidet zur Schau zu stellen.

Öffnungszeiten

Die Öffnungszeiten von einigen kleineren Museen und eher selten besuchten archäologischen Stätten sind nicht zuverlässig – aufgrund der teilweise schwierigen Sicherheitslage werden mitunter sehr kurzfristig Änderungen vorgenommen.

Stromspannung

Die Netzspannung beträgt in der Regel 220 Volt. Da deutsche Stecker nicht immer in ägyptische Steckdosen passen, empfiehlt sich die Mitnahme eines Zwischensteckers. Er ist in den ADAC Geschäftsstellen und auch im Fachhandel erhältlich.

Zeit

Der Zeitunterschied zwischen der MEZ und Ägypten beträgt stets plus 1 Stunde.

Anreise

Flugzeug

Lufthansa und die zur Star Alliance gehörenden Partner wie auch Egypt Air starten und landen am Terminal 3 des Cairo International Airport. Terminal 2 wird voraussichtlich bis 2013 renoviert. Flüge nordafrikanischer oder arabischer Airlines, aber auch von KLM steuern derzeit Terminal 1 an. Zwischen den Terminals verkehren Shuttlebusse.

Für den Transfer in die Stadt stehen seit Ende 2011 neue weiße Taxis mit funktionierenden Taxametern bereit (Kosten für eine Fahrt in die Innenstadt ca. 10 €).

Flughafen Kairo Information,
Call Center am Terminal 3, Tel. 167 07, www.cairo-airport.com

Während der Hauptreisezeiten fliegen verschiedene Airlines (z.B. Airberlin, Austrian, Condor, SunExpress, TUIfly) auch Hurghada, Luxor, Marsa Alam und Sharm el-Sheikh an.

Bank, Post, Telefon

Bank

Banken sind tgl. außer Fr 8.30–13.30 Uhr geöffnet. Die Bankschalter am Flughafen Kairo und in den großen Hotels haben meist rund um die Uhr geöffnet.

Post

Fast alle Postkartenläden verkaufen auch Briefmarken. Post nach Europa dauert zwischen einer und drei Wochen.

Das *Hauptpostamt*, an dem postlagernde Sendungen abgeholt werden können, liegt in Kairo am Midan Ataba und ist Sa–Do 24 Std. geöffnet. Die Öffnungszeiten aller anderen Postämter sind in der Regel Sa–Do 8.30–15 Uhr.

Telefon

Internationale Vorwahlen:
Ägypten 00 20
Deutschland 00 49
Österreich 00 43
Schweiz 00 41

Telecommunication Offices vermitteln Auslandsgespräche, ihre Hauptbüros in Kairo sind tgl. 24 Std. geöffnet: 8 Sh. Adli (zwischen Midan Talaat Harb und Midan Opera), 26 Sh. Ramses und Midan et-Tahrir.

Die Benutzung handelsüblicher **GSM-Mobiltelefone** ist in Ägypten möglich. Man sollte sich vor Reiseantritt über das günstigste Netz vor Ort informieren und das eigene Handy entsprechend programmieren. Für Viel-Telefonierer lohnt es sich, eine ägyptische **Prepaid-SIM-Karte** zu kaufen. Anbieter sind Vodafone, Mobinil oder Etisalat. Nehmen Sie Ihren Pass mit zur Registrierung.

Alle ägyptischen **Vorwahlnummern für Mobiltelefone** wurden Anfang 2012 umgestellt, meist wurde eine zusätzliche Zahl eingefügt, z.B. 01 11 (vorher 011), 01 14 (vorher 014), 01 00 (vorher 010) usw.

Einkaufen

Der **Khan el-Khalili** in Kairo ist der größte Basar des Landes mit dem breitesten Angebot an interessanten Souvenirs. Die Läden sind meist auf bestimmte Waren spezialisiert: Hier findet man fein ziselierte **Metallwaren** wie Tischplatten und Kannen oder das typische **Muski-Glas** in allen Farben von Honiggelb bis Tiefblau,

Handarbeit ›made in Egypt‹ gibt es bei Nomad oder Fairtrade sogar ohne Feilschen

aber auch geschnitzte oder mit Intarsien versehene Holzarbeiten.

Parfümläden und **Gewürzstände** wetteifern mit ihren unterschiedlichen Düften um die Gunst der Käufer.

Lederwaren aller Art sind je nach Qualität sehr günstig. Lederbekleidung in großer Auswahl bieten auch die Geschäfte an der Sh. Talaat Harb im Stadtzentrum.

Besonders attraktiv sind die Arbeiten der Zeltmacher, die in Handarbeit **Stoffapplikationen** herstellen, die zu Wandbehängen, Kissen oder ganzen Zelten zusammengefügt werden. Auf der Fortsetzung der Mu'izz li-Din Allah südlich des Bab Suwaila liegen ihre Werkstätten.

Naive **Bildteppiche** und bemalte **Papyri** werden landesweit, in besonders großer Auswahl aber an der Strecke nach Giseh und Saqqara angeboten. Von höchster Qualität sind die wie Kunstwerke gehandelten Bildteppiche aus der in den 1950er-Jahren gegründeten Schule des Ramses Wissa Wassef (westl. des Tariq el-Mariyotiya, Tel. 02/33 81 57 46, www.wissawassef.com, tgl. 10–17 Uhr), die in dem Dorf **Harraniye** in der Nähe des Hotels Cataract Pyramids Resort liegt. Es gibt im Art Center auch sehr schöne Batik- und Töpferarbeiten.

TOP TIPP

›**Antiquitäten**‹ neueren Datums sind in Hülle und Fülle im ganzen Land, besonders aber in Luxor zu erwerben. Gute Repliken altägyptischer Objekte sind dabei leider die Ausnahme.

Echte Antiquitäten, d.h. Kunstgegenstände, die älter als 100 Jahre alt sind, werden zwar unter der Hand angeboten, Handel und Ausfuhr sind aber gesetzlich verboten!

Wo immer man sich in Luxor auch aufhält, überall kann man Souvenirs erwerben

Essen und Trinken

In den großen Hotels wird neben ägyptischer Küche überwiegend internationale Kost geboten. Grüne Salate, rohes Gemüse, ungeschältes Obst sowie Gerichte mit Mayonnaise sollten wie eisgekühlte Getränke besser gemieden werden.

Essen und Trinken

Traditionell besteht das Frühstück am Nil aus **Ful**, weich gekochten Saubohnen, die im Grundrezept mit Kreuzkümmel, Salz, Pfeffer, Knoblauch, Öl und Limonensaft gewürzt werden. Dazu isst man frisches Fladenbrot.

Falafel oder **Ta'amiya** sind in heißem Fett ausgebackene Bällchen aus weißen Bohnen und Lauch.

Gegen Mittag besorgt sich der Mann auf der Straße eine sättigende Portion **Koshari**: Reis, Nudeln, braune Linsen und Kichererbsen werden von Tomatensoße und Röstzwiebeln gekrönt.

Üppiger wird die Tafel zu Festtagen oder bei Einladungen gedeckt: Vorspeisen aus der libanesischen Küche bilden den Auftakt. Probieren sollte man **Baba Ghanug**, eine Auberginenpaste, und **Hummus**, eine Paste aus Sesam und Kichererbsen. **Tahina** heißt die mit Knoblauch und Kreuzkümmel gewürzte Sesamsoße.

Klassiker unter den Suppen sind die mit viel Kreuzkümmel und Limonensaft abgeschmeckte **Shurbet ads** aus kleinen roten Linsen und **Mulucheiya** aus in Brühe aufgekochtem, spinatartigem Gemüse.

Meist nur mit gewürztem Reis gefüllt sind die Weinblätter, **Waraq ainab**. **Mahshi** bezeichnet mit Reis und Hackfleisch gefülltes Gemüse (Zucchini, Paprika, Tomaten).

Shawarma ist der in Ägypten gebräuchliche Name für fein geschabtes Lammfleisch vom Spieß. Grillspieße mit Lammfleisch, Hackfleisch, Zwiebeln und Tomaten bestellt man als **Shish Kebab**, die Variante mit Hühnerfleisch heißt **Chicken Kebab**. Ebenfalls vom Grill kommen **Kufta**, kleine, gut gewürzte Hackfleischröllchen. Zu den besonderen Leckereien zählen **Hamam mahshi** – gefüllte Täubchen, die allerdings in den meisten Restaurants nur auf Vorbestellung serviert werden.

Spätestens beim Nachtisch offenbart sich die ägyptische Vorliebe fürs Süße: **Kunafa**, zu Röllchen gewickelte Zuckernudeln mit oder ohne Nussfüllung, und **Baqlawa**, ein saftiger Honig-Mandelkuchen, sind nur zwei der traditionellen Kalorienbomben. Wie Staatsgeheimnisse gehütet werden die Rezeptvarianten für **Umm Ali**, eine heiße Nachspeise mit Rosinen, Nüssen, Milch, Sahne, Zimt und wechselnden weiteren Zutaten.

Süß wird auch der **Shai (bi-na'na')**, Tee (mit Minze), getrunken oder das Tässchen Mokka. Wer den Kaffee ganz ohne Zucker wünscht, bestellt **(Q)ahwa** *saada* (schwarzen Kaffee), auf *er-riha* kommt er mit einem Hauch von Zucker, mittelsüß heißt er *masbut* und sehr süß *siyada*.

Wer die üblichen Softdrinks meiden möchte, sollte **Karkadé** probieren, den heiß oder kalt getrunkenen, stark gesüßten Malventee oder **Tamrahindi**, den dunkelbraunen und – natürlich – sehr süßen Tamarindensaft. Im Winter ersetzt **Sahlab**, ein heißes Getränk aus Bohnenmilch, Nüssen und Honig, fast schon eine Mahlzeit.

Exotische Gewürze werden im Basar Khan el-Khalili auf typisch orientalische Art präsentiert

Ägypten ist ein überwiegend islamisches Land, daher wird normalerweise kein Alkohol getrunken. Das Angebot hat sich in den letzten Jahren jedoch verändert: Neben dem altbekannten **Stella-Bier** (Local und Export) bereichern **Meister** und **Sakara** die Palette ägyptischer Biere. Die wieder privatisierte *Weinkellerei Gianaclis* hat mit französischer Unterstützung die Qualität der heimischen Weine beträchtlich angehoben. Der neue **Omar Khayyam** ist ein angenehmer, nicht allzu schwerer, trockener Rotwein. Obelisk bietet gut trinkbare Rot-, Rosé- und Weißweine an. Eher meiden sollte man den einheimischen Sekt, ausländischer Sekt ist himmelstürmend teuer.

Feste und Feiern

Gesetzliche Feiertage

1. Januar: Neujahr, 25. Januar: Tag der Revolution 2011, 22. Februar: Tag der Einheit, 25. April: Befreiung des Sinai, 1. Mai: Tag der Arbeit, 23. Juli: Jahrestag der Revolution von 1952, 6. Oktober: Tag der Streitkräfte, 24. Oktober: Suez-Tag, 23. Dezember: Tag des Sieges

Islamische Feiertage

Der islamische Mondkalender kennt 12 Monate mit je 29 bzw. 30 Tagen. So ist das islamische Jahr im Vergleich zum Sonnenjahr um 11 Tage kürzer. Die islamische Jahreszählung setzt mit dem Auszug des Propheten aus Mekka nach Medina im Jahr 622 n. Chr. ein.

Ramadan (voraussichtlich 9.7.–7.8.2013, 28.6.–27.7.2014): Während des ganzen Monats gelten tagsüber strenge Fastenregeln. Direkt anschließend, in den ersten drei Tagen des Monats Schawal wird das **Id el-Fitr**, das Fest des Fastenbrechens, begangen. 70 Tage später findet das **Id el-Adha**, das große Opferfest, statt (15.–18.10.2013, 4.–7.10.2014). Zur Erinnerung an Abrahams Opfer werden Hammel geschlachtet und das Fleisch auch an die ärmeren Mitglieder der Gesellschaft verteilt.

Koptische Feiertage

Parallel existiert in Ägypten der koptische Kalender der christlichen Gemeinde. Die Kopten beginnen ihre Zählung mit der Machtübernahme Diokletians im Jahr 284 n. Chr. (Ära der Märtyrer).

6./7. Januar: Das **koptische Weihnachten** folgt dem orthodoxen Festkalender.

April: **Ostern** wird meist eine Woche nach dem westlichen Termin gefeiert.

11. September: **Koptisches Neujahr**

Am Tag nach dem koptischen Ostersonntag feiern Muslime und Kopten gleichermaßen **Sham en-Nassim**, den *Duft des (Frühlings-) Windhauchs*, mit Picknicks.

Klima und Reisezeit

Milde Winter und heiße Sommer sind die Kennzeichen des **trockenen Wüstenklimas**, das Ägyptens Wetter bestimmt. In den Wintermonaten fallen im Delta reichlich Niederschläge. Theoretisch liegt die Regenwahrscheinlichkeit südlich von Kairo bei nahezu Null, doch schlug das Wetter auch in Ägypten in den letzten Jahren Kapriolen – im Winter kam es selbst in Assuan zu heftigen **Regenschauern**. Im Dezember und Januar können die Temperaturen in Kairo deutlich unter 10 °C fallen.

Im Frühjahr liegen die Temperaturen im Durchschnitt zwischen 20 und 30 °C, allerdings ist dies die Zeit des **Chamsin**, des heißen Sandsturms, der mitunter auch die Flugpläne durcheinanderwirbelt. In Oberägypten klettern die Temperaturen ab Mai tagsüber weit über die 35 °C-Marke. Durch die geringe Luftfeuchtigkeit (ca. 30 %) sind die hohen Temperaturen dennoch gut zu ertragen. Nachts kann es um bis zu 20 °C abkühlen.

Die angenehmste **Reisezeit** für Kairo und den Süden Ägyptens ist Oktober bis April. Auf dem Sinai und in Alexandria kann es von November bis März empfindlich kühl und regnerisch sein.

Klimadaten

Monat	Kairo	Assuan
	Luft (°C) min. / max.	
Januar	9/19	8/24
Februar	9/21	9/30
März	11/24	13/35
April	14/28	17/38
Mai	17/32	21/41
Juni	18/34	24/42
Juli	21/35	25/42
August	22/35	25/42
September	20/32	22/39
Oktober	18/30	19/36
November	14/24	13/30
Dezember	10/21	10/25

Kultur live

Seit 1992 findet in Kairos Oper und dem Gumhuriya-Theater das **Festival & Congress of Arabic Music** (Tel. 02/27 39 01 44, www.cairoopera.org) statt. Musiker aus verschiedenen arabischen Staaten pflegen den klassisch-traditionellen Stil.

Immer für einen Besuch gut ist das Kulturzentrum **El-Sawy Culture Wheel Sakia** (Unter der Brücke am Westende der Sh. 26 Julio, Zamalek, Tel. 02/27 36 88 81, www.culturewheel.com) in Kairo, das Musik unterschiedlichster Richtungen im Programm hat sowie modernes Theater und verschiedene Kunstausstellungen.

Das **Internationale Filmfestival** (www.cairofilmfest.org) wird meist Ende Nov./Anfang Dez. in Kairo veranstaltet.

Sport

In Ägypten hat der **Bade-** und **Tauchtourismus** längst große Bedeutung erlangt. Die Sinai-Halbinsel mit dem Roten Meer ist ein Paradies für Aktivurlauber. Die stark angewachsenen Städte Sharm esh-Sheikh, Dahab und Nuwaiba bieten beste Möglichkeiten für **Wassersport** jeglicher Art, Segeln, Surfen, Schnorcheln, Tauchen. Die Tauchgründe des Roten Meeres gelten als die weltweit schönsten. In den Badeorten von Hurghada bis Berenike kann man **Tauch-** und **Schnorchelkurse** buchen.

Auch **Kameltouren** unter der Führung von Beduinen durch die Wüste des Sinai erfreuen sich größter Beliebtheit. Buchen kann man solche mehrtägigen Touren über **Reisebüros** in Deutschland, Österreich und der Schweiz. Preislich günstiger ist es jedoch, diese im Land selbst zu organisieren, in **Nuwaiba** oder **Dahab**. Übernachtet wird im Freien, für die Verpflegung sorgen die Beduinen.

Statistik

Gebiet: Ägypten umfasst knapp 1 Mio. km^2 und ist damit dreimal so groß wie Deutschland. Doch nur rund 3,5 % des Gebiets sind besiedelt, den größten Teil des Landes nimmt die Libysche Wüste ein. Ägypten liegt überwiegend auf dem afrikanischen Kontinent, die Halbinsel Sinai, die durch den Suezkanal vom restlichen Staatsgebiet getrennt ist, gehört bereits zu Asien.

Verwaltung: Der großräumlichen Gliederung in Unterägypten (das Deltagebiet), Oberägypten, die Grenzgebiete der Wüsten und des Sinai sowie Kairo als Hauptstadt entspricht eine politische Unterteilung in 26 Gouvernements.

Bevölkerung: Fast ein Viertel der knapp 82 Mio. Bewohner konzentriert sich im Großraum Kairo mit ca. 20 Mio. Einwohnern. In einzelnen Stadtvierteln übersteigt die Bevölkerungsdichte 120 000 Einwohner/km^2.

Staatsform: Ägypten ist eine *präsidiale Republik*, von Oktober 1981 bis Februar 2011 stand Hosni Mubarak als Präsident an ihrer Spitze. Nach spannenden Wahlen siegte 2012 die *Partei für Freiheit und Gerechtigkeit* der Muslimbrüder. Neuer Präsident wurde Mohammed Mursi.

Religion: Staatsreligion ist der Islam, dem etwa 90 % der Bevölkerung angehören. Die überwiegende Mehrzahl folgt der schafiitisch-sunnitischen Ausrichtung. Nach offiziellen Angaben beträgt der Anteil der Kopten 9 % der Bevölkerung.

Sprache: Arabisch ist die Landessprache, Englisch und Französisch sind weit verbreitet. Koptisch als letzte Sprachform des Altägyptischen findet nur noch als Liturgiesprache Verwendung. Die Sprachen der Nubier und Berber verlieren immer mehr an Bedeutung.

Ein warmes Lüftchen treibt die Windsurfer über das Wasser

Unterkunft

Hotels

In allen Touristenzentren gibt es Hotels der 4- oder 5-Sterne-Kategorie, die **internationalem Standard** entsprechen. In den unteren Kategorien mag die Anzahl der Sterne nicht immer mit den Erwartungen der Reisenden übereinstimmen. Dennoch finden sich einfache, aber saubere Hotels und Pensionen ohne **Kategorisierung** zu günstigen Preisen.

Verkehrsmittel im Land

Bahn

Die ägyptische Bahn ENR (https://enr.gov.eg) unterscheidet drei Verbindungsarten: Standard, Express und Turbo. Express und Turbo sind etwas teurer, verfügen aber über einen Cateringservice an Bord und kommen schneller ans Ziel. Der Turbozug braucht nur etwas weniger als zwei Stunden von Kairo nach Alexandria. Klimatisierte Wagen sind in 1. und 2. Klasse erhältlich. Zugtickets sind selbst in der 1. und 2. Klasse für europäische Verhältnisse sehr günstig, sodass eine Fahrt in der – im wahrsten Sinn des Wortes – Holzklasse nicht nötig ist. Für die klimatisierten Waggons sollte man warme Kleidung bereithalten!

Größere Orte haben mehrfach täglich **Zuganbindung** nach Kairo. Für den Nachtzug mit Zweibett-Schlafwagen zwischen Kairo, Luxor und Assuan müssen die **Tickets** im Voraus gebucht werden. Seit 2010 werden die Schlafwagen von *Watania* (Tel. 02/37 48 93 88, www.wataniasleepingtrains.com) betrieben. Start- bzw. Endpunkt ist entweder der Hauptbahnhof in Kairo oder in Giseh.

Zugtickets sollten mindestens einen Tag im Voraus gekauft werden, in der Hochsaison ist zusätzlich eine Platzreservierung ratsam.

Bus

Die **städtischen Busse** in Kairo sind ein Erlebnis für sich: Nur Abenteuerlustige sollten sich in die chronisch überfüllten rot-weißen **Linienbusse** wagen. Unkomplizierter sind die kleinen weißen **Minibusse**, die nur so viele Passagiere transportieren wie Sitzplätze vorhanden sind. Der zentrale **Busbahnhof** *Turgoman* befindet sich im Stadtzentrum nahe des Ramses-Bahnhofs. Um die richtige Linie herauszufinden, fragt man am besten andere Passagiere nach dem Zielort.

Eine weitere Alternative sind die **Sammeltaxis**, die auf ähnlichen Routen wie die Busse verkehren, meist aber nur eine Teilstrecke fahren. Ihre Haltestellen liegen in der Nähe der Bushaltestellen und überall dazwischen.

Überlandbusse verbinden in einem dichten Netz nahezu alle Orte Ägyptens miteinander. Die meisten größeren Strecken werden auch von Luxusbussen (Superjet, Delta, Upper Egypt Busse) mit Klimaanlage, Toilette, TV und Catering-Service befahren. Reservierungen sollten spätestens einen Tag im Voraus gemacht werden. Je nach Busunternehmen und Zielort gibt es verschiedene **Busbahnhöfe**. Am besten erkundigt man sich in einem Reisebüro nach dem richtigen Abfahrtsort.

Zwischen Kairo und Assuan die bequemste Art der Fortbewegung am Nil – die Eisenbahn

An Bord einer Dahabiya lassen sich die Sehenswürdigkeiten des Landes entspannt entdecken

Flugzeug

Egypt Air (www.egyptair.com) fliegt mehrmals täglich von Kairo nach Luxor, Assuan, Alexandria, Hurghada und Sharm esh-Sheikh sowie mehrmals wöchentlich von Kairo nach Matruh. Zusätzlich werden von Kairo, Luxor und Hurghada aus die verschiedenen Flughäfen auf dem Sinai, neben Sharm esh-Sheikh auch El-Arish, Et-Tur und das Katharinenkloster, bedient.

Mietwagen

Am Flughafen Kairo und in den großen Hotels können Leihwagen der **internationalen Agenturen** angemietet werden.

Für Mitglieder bietet die **ADAC Autovermietung GmbH** günstige Konditionen. Buchungen über die ADAC Geschäftsstellen oder unter Tel. 01805/318181 (0,14 €/Min.).

Außerhalb Kairos findet man oft nur **lokale Anbieter**. Diese liegen zwar preislich günstiger, doch sind die Autos häufig nicht so gut gewartet. Deshalb sollte der Wagen besonders vor längeren Fahrten gründlich überprüft werden (Reifen, Öl, Werkzeug, Ersatzreifen, Bremsen). Das **Mindestalter** für den Fahrer liegt bei den meisten Agenturen bei 25 Jahren.

Schiff

Typisch für Ägypten sind **Nilkreuzfahrten**, die sich hauptsächlich auf die Strecke zwischen Assuan und Luxor beschränken. Rund 300 Schiffe unterschiedlicher Größe und Ausstattung stehen zur Auswahl, vom altmodischen Raddampfer bis zum Luxusschiff. Eines der schönsten Schiffe auf dem Nil ist der durch die Agatha-Christie-Verfilmung ›Tod auf dem Nil‹ bekannte Raddampfer *MS Sudan* (www.steam-ship-sudan.com).

Immer beliebter sind seit einigen Jahren die nostalgisch-gediegenen Zweimastsegler, **Dahabiya** genannt. Sie bieten die Strecke zwischen Luxor und Assuan in 5–6 Tagen an, wobei sie unterwegs an Plätzen anlegen, die nicht vom Gebrumm der großen Nilschiffe gestört werden. Edel und teuer sind die Segler von *Belle Epoque* (www.dahabiya.com), etwas günstiger, aber auch sehr schön die von NileSailing (www.nilesailing.com).

Als Kontrastprogramm dazu kann man auch mit einer **Feluka**, dem typischen Nilsegelboot, die Reise antreten. Die Fahrt von Assuan nach Luxor dauert vier Tage. Gekocht, gegessen und geschlafen wird an Bord. Man sollte jedoch nicht während des winterlichen Nilniedrigwassers zu einer solchen Segelpartie aufbrechen, da die Sicht auf die Ufer dann extrem eingeschränkt ist.

Taxi

Seit es die **White Cabs** in Kairo gibt, haben es die Gäste leicht: Einsteigen – Ziel nennen – hoffen, dass der Fahrer den Weg findet und kein Vollstau herrscht – ankommen und den Preis vom Taxameter bezahlen. Alle anderen Taxis sollte man nur nehmen, wenn man eine ungefähre Vorstellung vom Preis hat. Für **Tagestouren** sollte man vorher einen Festpreis aushandeln.

Sprachführer
Arabisch für die Reise

Das Wichtigste in Kürze

Ja/Nein	na'am/lâ	نعم/لا
Bitte/Danke	'afwan/schukran	عفواً/شكراً
Bitte (anbietend)	tafaddal	تفضل
Bitte (fragend)	min fadlika (-ki)*	من فضلك
Entschuldigung!	ana âsif (-fa)*!	أنا آسف (فة)!
Wie bitte?	na'am?	نعم؟
Ich verstehe Sie nicht.	ana la afhamuk (-ki)*.	أنا لا أفهمك.
Gut!/In Ordnung!	jayyed!	جيد!
Können Sie mir bitte helfen?	mumkin an tusâ'idni min fadlik?	ممكن أن تساعدني من فضلك؟
Das gefällt mir (nicht).	haḏâ yu'jibni (lâ yu'jibni).	هذا يعجبني (لا يعجبني).
Ich möchte ...	urîd ...	أريد ...
Wie viel kostet das?	mâḏa yukallif haḏâ?	ماذا يكلف هذا؟
Kann ich mit Kreditkarte bezahlen?	mumkin an adfa' bibitâqat bank?	ممكن أن أدفع ببطاقة بنك؟
Guten Morgen!	sabâh-al-chêr!	صباح الخير!
Antwort:	sabâh-an-nûr!	صباح النور!
Guten Tag!	as-salâmu 'alaikum!	السلام عليكم!
Antwort:	'alaikum as-salâm!	عليكم السلام!
Guten Abend!	masâ-al-chêr!	مساء الخير!
Antwort:	masâ-an-nûr!	مساء النور!
Gute Nacht!	laila sa'îda!	ليلة سعيدة!

Wochentage

Montag	al-itnain	الإثنين
Dienstag	at-talâtâ	الثلاثاء
Mittwoch	al-irba'â	الإربعاء
Donnerstag	al-chamîs	الخميس
Freitag	al-jum'a	الجمعة
Samstag	as-sabt	السبت
Sonntag	al-ahad	الأحد

Monate

Januar	yanâîr	يناير
Februar	fibrâîr	فبراير
März	mârs	مارس
April	âbrîl	أبريل
Mai	mâyû	مايو
Juni	yûnyû	يونيو
Juli	yûlyû	يوليو
August	âghustus	أغسطس
September	sibtambar	سبتمبر
Oktober	uktûbar	أكتوبر
November	nûfambar	نوفمبر
Dezember	dîsambar	ديسمبر

Zahlen

0	sifr	صفر ٠
1	wâhid	واحد ١
2	itnân	إثنان ٢
3	talâta	ثلاثة ٣
4	arba'a	أربعة ٤
5	chamsa	خمسة ٥
6	sitta	ستة ٦
7	sab'a	سبعة ٧
8	tamâniya	ثمانية ٨
9	tis'a	تسعة ٩
10	'aschara	عشرة ١٠
11	ahada 'aschar	أحد عشر ١١
12	itnâ 'aschar	إثنا عشر ١٢
13	talâtat 'aschar	ثلاثة عشر ١٣
14	arba'at 'aschar	أربعة عشر ١٤
15	chamsat 'aschar	خمسة عشر ١٥
16	sittat 'aschar	ستة عشر ١٦
17	sab'at 'aschar	سبعة عشر ١٧
18	tamâniyat' aschar	ثمانية عشر ١٨
19	tis'at 'aschar	تسعة عشر ١٩
20	'ischrîn	عشرين ٢٠
21	wâhid wa'ischrîn	واحد وعشرين ٢١
22	itnân wa'ischrîn	إثنان وعشرين ٢٢
30	talâtîn	ثلاثين ٣٠
40	arba'în	أربعين ٤٠
50	chamsîn	خمسين ٥٠
60	sittîn	ستين ٦٠
70	sab'în	سبعين ٧٠
80	tamânîn	ثمانين ٨٠
90	tis'în	تسعين ٩٠
100	mia	مئة ١٠٠
200	miatain	مئتين ٢٠٠
1000	alf	ألف ١٠٠٠
2000	alfain	ألفين ٢٠٠٠
10000	'aschrat âlâf	عشرة آلاف ١٠٠٠٠
100000	miat alf	مئة ألف ١٠٠٠٠٠
1/2	nisf	نصف ٢/١
1/4	rub'	ربع ٤/١

Deutsch	Transliteration	العربية
Hallo! / Grüß dich!	marhaba!	مرحبا!
Wie ist Ihr Name, bitte?	ma ismuka (-ki)* min fadlik?	ما اسمك من فضلك؟
Mein Name ist …	ismi …	إسمي...
Auf Wiedersehen!	ma'as-salama!	مع السلامة!
Bis morgen!	ilal-ghadd!	إلى الغد!
gestern / heute / morgen	al-bâriha / al-yaum / al-ghadd	البارحة/اليوم/الغد
am Vormittag / am Nachmittag	qablad-duhr / ba'dad-duhr	قبل الظهر/بعد الظهر
am Abend / in der Nacht	fil-masâ / fil-lail	في المساء/في الليل
um 1 Uhr / 2 Uhr …	fis-sâ'al-wâhida / at-tâniya …	في الساعة الواحدة/الثانية...
um … Uhr 30	fis-sâ'a … wa nisf	في الساعة...ونصف
Minute(n) / Stunde(n)	daqîqa (daqâiq) / sâ'a (sâ'ât)	دقيقة (دقائق)/ساعة(ساعات)
Tag(e) / Woche(n)	yaum (ayyâm) / usbû' (asâbî')	يوم (أيام)/أسبوع (أسابيع)
Monat(e) / Jahr(e)	schahr (aschhur) / sana (sinîn)	شهر (أشهر)/سنة (سنين)

■ Unterwegs

Deutsch	Transliteration	العربية
Nord / Süd / West / Ost	schamâl / janûb / gharb / scharq	شمال/جنوب/غرب/شرق
geöffnet / geschlossen	maftûh / mughlaq	مفتوح/مغلق
geradeaus / links / rechts / zurück	ilal-amâm / ilal-yasâr / ilal-yamîn / ilal-warâ	إلى الأمام/ إلى اليسار/ إلى اليمين/ إلى الوراء
nah / weit	qarîb / ba'îd	قريب/بعيد
Wie weit ist das?	kam il-masâfa?	كم المسافة؟
Wo sind die Toiletten?	ain il-mirhâd min fadlik?	أين المرحاض من فضلك؟
Wo ist die (der) nächste …	aina yûjad hunâ …	أين يوجد هنا ...
Telefonzelle / Bank / Polizei / Post?	telefon / bank / schorta / barîd?	تلفون/بنك/ شرطة/ بريد؟
Bitte, wo ist …	min fadlik aina …	من فضلك أين...
der Flughafen /	al-matâr /	المطار/
der Fährhafen /	al-mîna /	الميناء/
der Bahnhof /	mahattat al-qitâr /	محطة القطار/
der Busbahnhof?	mahattat al-bâs?	محطة الباص؟
Wo finde ich …	aina yûjad …	أين يوجد ...
eine Bäckerei / den Markt / ein Lebensmittelgeschäft?	dukkan chubs / as-sûq / biqâla?	دكان خبز/ السوق/ بقالة؟
Ist das der Weg nach …?	hal yuwassil hadâ-attarîq ilâ …?	هل يوصل هذا الطريق إلى...؟
Ich möchte mit …	urîd an usâfir …	أريد أن أسافر ...
dem Bus / der Fähre /	bil-bâs / bis-safîna /	بالباص/ بالسفينة/
dem Flugzeug / dem Zug	bit-tâira / bil-qitâr	بالطائرة/ بالقطار
nach … fahren.	ilâ …	إلى ...
Wo ist …	aina …	أين ...
das Fremdenverkehrsamt /	maktab as-siyâha /	مكتب السياحة/
ein Reisebüro?	maktab as-safar?	مكتب السفر؟
Ich benötige eine Hotelunterkunft.	ana ahtâj ilâ funduq.	أنا أحتاج إلى فندق.
Ich möchte eine Anzeige erstatten.	urîd an uqaddim schakwa.	أريد أن أقدم شكوى.
Man hat mir ….	saraqû li …	سرقوا لي...
Geld / die Tasche /	nuqûd / asch-schanta /	نقود/الشنطة/
die Papiere / die Schlüssel /	al-awraaq / al-mafâtîh /	الأوراق/ المفاتيح/
den Fotoapparat /	âlat at-taswîr /	آلة التصوير/
den Koffer gestohlen.	al-haqîba.	الحقيبة.

■ Hinweise zur Aussprache

â, û, î, ô, ê	lange Vokale wie in H**ah**n, H**uh**n, M**ie**te, B**oh**ne, M**ee**r
ch	wie ›ch‹ in Bu**ch**
<u>d</u>	wie das stimmhafte englische ›th‹ in **th**e
gh	›r‹ wie in **R**and
j	›dsch‹ wie in **J**ournal
<u>t</u>	wie das stimmlose englische ›th‹ in **th**ing
w	wie das englische ›w‹ in **w**all
z	wie ›s‹ in **s**ehr
'	stimmhafter Kehllaut, klingt wie ein aus der Kehle gepresstes ›a‹
( )*	die jeweilige weibliche Form

Bank, Post Telefon

Ich möchte Geld wechseln.	urîd an usarref nuqûd.	أريد أن أصرف نقود.
Brauchen Sie meinen Reisepass?	hal tahtâj ilâ jawas safarî?	هل تحتاج إلى جواز سفري؟
Ich möchte eine Telefon-verbindung nach …	urîd an attasil bi …	أريد أن أتصل بـ…
Haben Sie … Telefonkarten / Briefmarken?	hal 'indak … kart telefon / tawabi' barîd?	هل عندك… كرت تلفون / طوابع بريد؟

Tankstelle

Wo ist die nächste Tankstelle?	aina tûjad mahattat banzîn qarîba?	أين توجد محطة بنزين قريبة؟
Ich möchte … Liter … Benzin / Super / Diesel / bleifrei.	urîd … liter banzîn / super / diesel / bidûn rasâs.	أريد … لتر بنزين / سوبر / ديزل / بدون رصاص.
Volltanken, bitte!	imla il-chazzân min fadlik!	إملأ الخزان من فضلك!
Bitte prüfen Sie … den Reifendruck / Ölstand / den Wasserstand / die Batterie.	mumkin an tafhas … al-hawa / az-zêt / al-mai / al-battariyya.	ممكن أن تفحص… الهواء / الزيت / الماء / البطارية.

Panne

Ich habe eine Panne.	ta'attalat sayyarati.	تعطلت سيارتي.
Der Motor startet nicht.	al-mator la yadûr.	المتور لا يدور.
Gibt es hier in der Nähe eine Werkstatt?	aina yûjad huna garaj?	أين يوجد هنا جراج؟
Können Sie mir einen Abschleppwagen schicken?	mumkin an tab'at li sayyara lis-sahb?	ممكن أن تبعث لي سيارة للسحب؟
Können Sie den Wagen reparieren?	mumkin an tusalleh as-sayyara?	ممكن أن تصلح السيارة؟
Bis wann?	ilâ matâ?	إلى متى؟
Ich möchte ein Auto mieten.	urîd an astâjir sayyara.	أريد أن أستأجر سيارة.
Was kostet die Miete … pro Tag / pro Woche / mit unbegrenzter km-Zahl / mit Kaskoversicherung / mit Kaution?	kam al-îjâr fî … al-yaum / al-usbû' / ma' tahdîd al-kîlometrat / ma' tamîn kâmil / ma' kafâlu?	كم الإيجار في… اليوم / الأسبوع / مع تحديد الكيلومترات / مع تأمين كامل / مع كفالة؟
Wo kann ich den Wagen zurückgeben?	ilâ aina urajje' as-sayyara?	إلى أين أرجع السيارة؟

Unfall

Hilfe!	an-najda!	النجدة!
Achtung! / Vorsicht!	intabeh! / al-hadar!	إنتبه! / الحذر!
Rufen Sie bitte schnell … einen Krankenwagen / die Polizei / die Feuerwehr.	utlub bi-sur'a min fadlik … sayyârat is'âf / asch-schurta / al-itfâiyya.	أطلب بسرعة من فضلك… سيارة إسعاف / الشرطة / الإطفائية.
Es war (nicht) meine Schuld.	ana-l-masûl (lastul-masûl) 'an wuqû' al-hâdit.	أنا المسؤول (لست المسؤول) عن وقوع الحادث.
Ich brauche die Angaben zu Ihrer Autoversicherung.	a'tini al-ma'lûmât 'an tamîn as-sayyâra.	أعطني المعلومات عن تأمين السيارة.
Geben Sie mir bitte Ihren Namen und Ihre Adresse.	a'tini ismak wa'unwanak min fadlik.	أعطني إسمك وعنوانك من فضلك.

Krankheit

Können Sie mir einen Arzt / Zahnarzt empfehlen?	mumkin an turschidnî ilâ tabîb / tabîb asnân?	ممكن أن ترشدني إلى طبيب / طبيب أسنان؟
Wann hat er Sprechstunde?	matâ mawâ'îd al-'îyâda?	متى مواعيد العيادة؟
Wo ist die nächste Apotheke?	aina aqrab saidaliyya?	أين أقرب صيدلية؟

Ich brauche ein Mittel gegen …	ahtâj ilâ dawâ dedd …	أحتاج إلى دواء ضد…
Durchfall / Fieber /	ishâl / hummâ /	إسهال/حمى/
Insektenstiche /	lad' al-hascharât /	لذع الحشرات/
Kopfschmerzen / Verstopfung /	sudâ' / imsâk /	صداع/إمساك/
Zahnschmerzen.	waja' asnân.	وجع أسنان.

Im Hotel

Ich habe bei Ihnen ein Zimmer reserviert.	ana hajazt ghurfa 'indakum.	أنا حجزت غرفة عندكم.
Haben Sie …	hal yûjad 'indakum …	هل يوجد عندكم …
ein Einzelzimmer /	ghurfa bi-sarîr wâhid /	غرفة بسرير واحد/
Doppelzimmer …	ghurfa bi-sarîrain …	غرفة بسريرين …
mit Dusche /	ma' dûsch /	مع دوش/
mit Bad / WC …	ma' hammâm / mirhâd …	مع حمام/مرحاض …
für eine Nacht /	li laila wahida /	لليلة واحدة/
für eine Woche?	li usbû' wâhid?	لأسبوع واحد؟
Was kostet das Zimmer mit …	kam tukallif al-ghurfa ma'…	كم تكلف الغرفة مع …
Frühstück /	al-futûr /	الفطور/
Halbpension?	wajbatein?	وجبتين؟

Im Restaurant

Wo gibt es ein gutes und günstiges Restaurant?	aina yûjad huna mat'am jayyed wa rachîs?	أين يوجد هنا مطعم جيد ورخيص؟
Die Speisekarte, bitte.	qâimat at-ta'âm min fadlik.	قائمة الطعام من فضلك.
Haben Sie vegetarische Gerichte?	'indakum akl nabâti?	عندكم أكل نباتي؟
Die Rechnung! / Bezahlen, bitte!	al-hisâb min fadlik!	الحساب من فضلك!

Essen und Trinken

Apfel	tuffâh	تفاح
Banane	mauz	موز
Brot / Toast	chubs / tôst	خبز/توست
Datteln	tamr	تمر
Essig	chall	خل
Fisch	samak	سمك
Fladenbrot	chubz baladi	خبز بلدي
Fleisch	lahm	لحم
Fruchtsaft	'asîr fawakeh	عصير فواكه
Gemüse	chudra	خضرة
Huhn	dajâja	دجاجة
Kartoffeln	batâta	بطاطا
Meeresfrüchte	makûlât bahriyya	مأكولات بحرية
Milch	halîb	حليب
Milchkaffee	qahwa bi-halîb	قهوة بحليب
Mineralwasser	mâ ma'daniyya	ماء معدنية
Nudeln	makrûna	مكرونة
Öl	zait	زيت
Oliven	zaitûn	زيتون
Orange	burtuqâl	برتقال
Reis	ruzz	رز
Schafskäse	jubn ghanam	جبن غنم
Süßigkeiten	halwayât	حلويات
Tee	schâi	شاي
Thunfisch	samak tûna	سمك تونة
Wassermelone	battîch	بطيخ
Zucker	sukkar	سكر

ADAC

Mehr erleben, besser reisen!

Reiseziel	RF	RF+	Reiseziel	RF	RF+	Reiseziel	RF	RF+
Ägypten	■	■	Ibiza & Formentera	■	■	Polen	■	■
Algarve	■	■	Irland	■	■	Portugal	■	■
Allgäu	■	■	Israel	■	■	Prag	■	■
Alpen – Freizeitparadies	■	■	Istanbul	■	■	Provence	■	■
Amsterdam	■		Italien – Die schönsten Orte und Regionen	■	■	Rhodos	■	■
Andalusien	■	■	Italienische Adria	■	■	Rom	■	■
Australien	■	■	Italienische Riviera	■	■	Rügen, Hiddensee, Stralsund	■	■
Bali & Lombok	■	■	Jamaika	■		Salzburg	■	■
Baltikum	■	■				St. Petersburg	■	■
Barcelona	■	■	Kalifornien	■	■	Sardinien	■	■
Bayerischer Wald	■	■	Kanada – Der Osten	■	■	Schleswig-Holstein	■	■
Berlin	■	■	Kanada – Der Westen	■	■	Schottland	■	■
Bodensee	■	■	Karibik	■	■	Schwarzwald	■	■
Brandenburg	■	■	Kenia	■	■	Schweden	■	■
Brasilien	■		Korfu & Ionische Inseln	■	■	Schweiz	■	■
Bretagne	■	■	Kreta	■	■	Sizilien	■	■
Budapest	■		Kroatische Küste – Dalmatien	■	■	Spanien	■	■
Bulgarische Schwarzmeerküste	■	■	Kroatische Küste – Istrien und Kvarner Golf	■	■	Südafrika	■	■
Burgund	■		Kuba	■	■	Südengland	■	■
City Guide Germany	■		Kykladen	■		Südtirol	■	■
Costa Brava und Costa Daurada	■					Sylt	■	■
Côte d'Azur	■	■	Lanzarote	■	■	Teneriffa	■	■
Dänemark	■	■	Leipzig	■	■	Tessin	■	■
Deutschland – Die schönsten Autotouren		■	Lissabon	■	■	Thailand	■	■
Deutschland – Die schönsten Orte und Regionen	■	■	London	■	■	Thüringen	■	■
Deutschland – Die schönsten Städtetouren	■		Madeira	■	■	Toskana	■	■
Dominikanische Republik	■		Mallorca	■	■	Trentino	■	■
Dresden	■	■	Malta	■	■	Tunesien	■	■
Dubai, Vereinigte Arab. Emirate, Oman	■	■	Marokko	■	■	Türkei – Südküste	■	■
Elsass	■	■	Mauritius & Rodrigues	■	■	Türkei – Westküste	■	■
Emilia Romagna	■	■	Mecklenburg-Vorpommern	■	■	Umbrien	■	
Florenz	■	■	Mexiko	■	■	Ungarn	■	■
Florida	■	■	Neuengland	■	■	USA – Südstaaten	■	
Franz. Atlantikküste	■	■	Neuseeland	■	■	USA – Südwest	■	■
Fuerteventura	■		New York	■	■	Usedom	■	■
Gardasee	■	■	Niederlande	■	■	Venedig	■	■
Golf von Neapel	■	■	Norwegen	■	■	Venetien & Friaul	■	
Gran Canaria	■	■	Oberbayern	■	■	Wien	■	■
Hamburg	■	■	Österreich	■	■	Zypern	■	■
Harz	■		Paris	■	■			
Hongkong & Macau	■		Peloponnes	■				
			Piemont, Lombardei, Valle d'Aosta	■	■			

■ **ADAC Reiseführer**
144 bzw. 192 Seiten

■ **ADAC Reiseführer plus**
(mit Extraplan)
144 bzw. 192 Seiten

Mehr erleben, besser reisen … mit ADAC Reiseführern!

Register

A

Abbasiden 15, 29
Abu Mena 24, **27**
Abu Nuhas 117
Abu Qir 15, 25
Abu Simbel 111, **112–113**, 129
Abydos **69–70**, 71, 86, 129
Ahmose Sa Ibana, thebanischer Fürst 13, 74, 95
Aiyubiden 15, 29
Alexander der Große 14, 20, 80
Alexandria 17, **20–27**, 122, 129, 134, 135
   Abu el-Abbas el-Mursi-Moschee 22
   Alexandria National Museum 24
   Anfushi-Nekropole 22
   Bibliotheca Alexandrina 20, 24
   Fort Qaitbay 22, 24
   Ibrahim Terbana-Moschee 21
   Kom esh-Shuqafa-Katakomben 22
   Königliches Schmuck-Museum 22
   Leuchtturm von Pharos 22, 24
   Midan Saad Saghlul 21
   Montazah-Palast 25
   Museum der Schönen Künste 24
   Museum für griechisch-römische Altertümer 24
   Pompeius-Säule 23
   Ras et-Tin-Palast 22
   Römisches Theater von Kom ed-Dikka 23
Amada **111–113**
Amenemhet III., Herrscher der 12. Dynastie 13, 35, 61, 65, 67
Amenophis II., Herrscher der 18. Dynastie 81, 86, 87, 111
Amenophis III., Herrscher der 18. Dynastie 13, 76, 80, 82, 86, 90
Amun(-Re), ägyptischer Gott 13, 14, 70, 73, 74, 75, 79, 80, 88, 90, 94, 97, 109, 111, 112
Anubis, ägyptischer Gott 71, 89, 94
Assuan 6, 7, 17, 63, 92, **97–105**, 129, 134, 135
   Aga Khan-Mausoleum 100
   Agilkia, Nilinsel 102
   Chnum-Tempel 99
   Elephantine, Nilinsel 97, 98, 99, 108
   Grab des Chunes 100
   Grab des Herchuef 100
   Grab des Mechu 99
   Grab des Sabni 99
   Grab des Sarenput II. 99
   Hochdamm Sadd el-Ali 7, 16, 97, 103, 107, **108**
   Kiosk 99
   Kitchener-Insel 100
   Nilstandmesser 98
   Nubisches Museum 101
   Philae-Tempel 101
   Qubbet el-Hawa 99
   Satet-Tempel 98
   Simeonskloster 100
   Unvollendeter Obelisk 101
Aton, Sonnengott 13, 35, 68, 69, 76, 86
Augustus, römischer Kaiser 14, 20, 108

B

Barquq, Sultan 15, 47, 50
Beit el-Wali **107–113**, 108
Beni Hasan 67, **67–68**, 129
Berenike 114, 119, 133
Birket Qarun 64, 65
Brother Islands 119

C

Caesar, römischer Kaiser 14, 20, 24
Carnarvon, Lord 74
Carter, Howard 74
Champollion, Jean-François 16, 25
Cheops, Herrscher der 4. Dynastie 12, 35, 53, 56
Chephren, Herrscher der 4. Dynastie 12, 33, 55
Chnum, ägyptischer Gott 92, 94, 97, 99
Chons, ägyptischer Gott 74, 79
Coloured Canyon 123

D

Dahab 17, **122–123**, 133
Dahschur 12, 13, 53, 58, **60–61**
Dendera **70–71**, 129
Diokletian, römischer Kaiser 14, 23, 80, 132
Djebel Musa (Mosesberg) 121, 122
Djoser, Herrscher der 3. Dynastie 12, 33, 53, 58

E

Echnaton, Herrscher der 18. Dynastie 13, 35, 63, 68, 69, 74, 76, 82, 85, 86, 88
Ed-Dakke **109–113**
Ed-Derr **111–113**
Edfu 92, **93–95**, 119
El-Alamein 25
El-Arish **121**, 135
El-Ghuri 15
El-Ghuri, Sultan 46
El Gouna 114, **115**
El-Hakim 15
El-Kab **92–93**
El-Minya **65–67**, 67
Elphinstone Reef 119
Esna **92**

F

Faiyum 13, 61, 63, **64–65**, 66
Faruq, König 16, 22, 25, 66
Fatimiden 15, 29, 39, 41, 46, 48, 112
Fuad, König 16, 45

G

Gebel es-Silsila 95
Giftun-Inseln 115
Giseh 12, 17, 33, **53–57**, 58
Grab des Pennut **111–113**

H

Haremhab, General unter Tutanchamun 13, 75, 80, 82, 85
Hathor, ägyptische Göttin 70, 71, 82, 87, 89, 93, 94, 96, 102, 108, 110, 111, 112, 113
Hatschepsut, Königin 35, 70, 73, 77, 78, 79, 80, 88, 98, 101
Hethiter 77, 88
Horus, ägyptischer Gott 10, 56, 70, 71, 92, 93, 94, 95, 102, 108, 112
Hurghada **114–116**, 129, 133, 135

I

Imhotep, Architekt 12, 58
Isis, ägyptische Göttin 10, 14, 24, 70, **71**, 84, 94, 102, 108, 110

K

Kadesch-Schlacht 77, 79, **88**, 89, 112
Kairo 10, 11, 15, 17, 20, 21, **29–51**, 53, 129, 132, 133, 134, 135
   Abu Serga 40
   Ägyptisches Museum **33**, 53, 56, 57
   Amr Ibn el-As-Moschee 41
   Bab el-Futuh 48
   Bab en-Nasir 48
   Bab es-Suwaila 45
   Baida-Karawanserei 45
   Bain el-Qasrain 47
   Bait es-Suhaimi 48
   Ben Ezra-Synagoge 40
   El-Aqmar-Moschee 48
   El-Azhar-Moschee 15, 29, **46**, 49
   El-Azhar-Park 49
   El-Hakim-Moschee 48
   El-Maridani-Moschee 45

141

El-Moallaqa 38
Emir Bashtak-Palast 48
En-Nasir Mohammed Ibn Qala'un-Moschee 47
Er-Rifa'i-Moschee 44
Farag Ibn Barquq-Khanqa 50
Festung Babylon 38
Fustat 14, 21, 29, 40
Gayer-Anderson-Museum 43
Gesira, Nilinsel 36
Gohara-Palast 44
Ibn Tulun-Moschee 41
Imam esh-Shafi'i-Mausoleum 49
Islamisches Museum 48
Kairo-Turm ›El-Borg‹ 36
Katchoda-Brunnenhaus 48
Khan el-Khalili 32, 46, 130
Koptisches Museum 39
Kulturzentrum 36
Mahmud Mukhtar-Museum 36
Manyal-Palast 37
Midan et-Tahrir 32
Midan Talaat Harb 35
Mohammed Ali-Moschee 43
Museum für Moderne Kunst 36
Nilometer 37
Roda, Nilinsel 37, 38
Saiyidna el-Husain-Moschee 46
Sitt Barbara 40
Sultan Ashraf Barsbay-Moschee 46
Sultan Barquq-Grabmoschee 47
Sultan El-Ghuri-Komplex 46
Sultan El-Mansur Qala'un 47
Sultan Hasan-Moschee **44**, 49
Sultan Muaiyad-Moschee 45
Sultan Qaitbay-Moschee 50
Totenstädte 49
Zitadelle 15, 16, 29, **43**, 44
Zoo 36
Kalabsha **107–113**
Kamose, thebanischer Fürst 13, 74
Karnak *siehe* Luxor
Katharinenkloster **124–125**, 135
Kertassi **107–113**
Khalili, Djarkas el-, Emir 46
Kitchener, Earl Horatio Herbert 100
Kleopatra VII., Kaiserin 14, 20, 21, 23, 24, 25, 71, 96
Kom Ombo 92, **96–97**

L

Luxor 17, 44, 71, **73–83**, 114, 129, 134, 135
 Abu-l-Haggag-Moschee 79, Luxor
 Amun-Tempel, Karnak 75
 Amun-Tempel, Luxor 79
 Freilichtmuseum, Karnak 79

Großer Säulensaal, Karnak 76
Heiliger See, Karnak 78
Mumifizierungsmuseum, Luxor 82
Museum für altägyptische Kunst, Luxor 80

M

Maharraka 109–113
Mahfus, Nagib 17, 46
Maidum 61, **63–64**
Makadi Bay 115
Mamluken 15, 16, 29, 41, 46, 49, 112
Mariette, Auguste 33
Mark Anton, römischer Feldherr 14, 20
Marsa Alam 114, **119**, 129
Mechu, Gaufürst der 6. Dynastie 99
Memphis 12, 13, 14, 38, 53, **57–57**, 73
Mentuhotep I., Herrscher der 4. Dynastie 13, 73, 83
Merire I., Hohepriester des Aton 69
Merire II., Haremsvorsteher des Echnaton 69
Mohammed Ali 10, 16, 21, 22, 25, 32, 37, 44, 92, 112
Mubarak, Hosni 17, 133
Muslimbrüder 16, **66**
Mut, ägyptische Göttin 74, 79
Mykerinos, Herrscher der 4. Dynastie 12, 56

N

Napoleon 15, 25, 32, 121
Nasser, Gamal Abd en- 10, 16, 17, 36, 66, 92, 103
Nasser-See 101, 103, 108, 111
Nechbet, ägyptische Göttin 93
Nefermaat, Sohn des Snofru 64
Nefertari, Gemahlin Ramses' II. 113
Nelson, britischer Admiral 15, 25
Nofretete, Gemahlin des Echnaton 35, 69, 86
Nubien 35, 99, 101, 107, 108, 110, 112
Nubier 97, 101
Nuwaiba **123–124**, 133

O

Osiris, ägyptischer Gott 69, 70, **71**, 84, 85, 86, 87, 94, 95, 102, 108, 109

P

Paheri, Erzieher am Hof Tutanchamuns 93
Pepi II., Herrscher der 6. Dynastie 100

Petosiris, Hohepriester des Thot 68
Port Safaga 114, **115**
Ptah, ägyptischer Gott 57, 60, 70, 74, **77**, 94, 111, 112
Ptolemäer 14, 24, 64, 65, 87, 92, 93, 96, 110

Q

Qasr Ibrim 101, **111–113**
Quseir 114, **118–119**

R

Ramses I. 17
Ramses II., Herrscher der 19. Dynastie 13, 17, 24, 35, 56, 58, 70, 75, 76, 77, 87, 88, 89, 93, 108, 109, 111, 112
Ramses III., Herrscher der 20. Dynastie 13, 83, 87, 88, 90
Ramses VI., Herrscher der 20. Dynastie 111
Rashid 24, 25
Ras Mohammed Nationalpark 121, 123, 124
Re, ägyptischer Sonnengott 12, 74, 86, 110
Re-Harachte, ägyptischer Gott 70, 109, 111, 112
Rosetta *siehe* Rashid
Rotes Meer 114, 115, 116, 117, 118, 121, 122, 123, 133

S

Saad Saghlul 16
Sadat, Anwar es- 17, 66
Saladin *siehe* Salah ed-Din
Salah ed-Din 15, 29, 43, 46, 49, 121
Saqqara 12, 17, 33, 53, **58–60**
Senenmut, Architekt 35, 88
Sesostris I., Herrscher der 12. Dynastie 65, 79, 99
Sesostris II., Herrscher der 12. Dynastie 64, 65
Sesostris III., Herrscher der 12. Dynastie 13, 35, 60, 82, 107
Seth, ägyptischer Gott 71, 84, 85, 94, 95
Sethos I., Herrscher der 19. Dynastie 69, 70, 76, 77
Sharm esh-Sheikh 17, **121–122**, 129, 133, 135
Sinai 12, 17, **121–125**, 129, 133, 135
Snofru, Herrscher der 4. Dynastie 12, 53, 60, 61, 63, 64
Soma Bay 117
Suezkanal 16, 36, 103, 118, 122
Suez-Krieg 16, 66

T

Tell el-Amarna 65, **67**, 129
Theben-West **83–91**
 Chocha 87
 Deir el-Bahari 88, 89, 91

Deir el-Medina 87, 91
Grab Amenophis' II. 85
Grab der Nefertari 88
Grab des Amunherche-
  peschef 88
Grab des Chaemwaset 88
Grab des Haremhab 85
Grab des Inherchau 87
Grab des Menena 87
Grab des Nacht 87
Grab des Neferrenpet 87
Grab des Paschedu 88
Grab des Ramose 86
Grab des Rechmire 87
Grab des Sennedjem 88
Grab des Userhat 86
Gräber der Noblen 86, 91

Grab Ramses' VI. 85
Grab Sethos' I. 85
Grab Thutmosis' III. 85
Grab Thutmosis' IV. 85
Grab Tutanchamuns 84
Grab von Tausret und
  Sethnacht 86
Medinet Habu 90
Memnonskolosse 91
Ramesseum 90
Tal der Könige 84, 91
Tal der Königinnen 88
Terrassentempel der
  Hatschepsut 89, 91
Weinlaubengrab 87
Thutmosis I. 77, 85
Thutmosis III., Herrscher der

18. Dynastie 13, 77, 78, 81, 85,
  88, 93, 101, 107, 111
Thutmosis IV., Herrscher der
  18. Dynastie 56, 85, 111
Tulun, Ahmed Ibn 15, 41
Tuna el-Gebel 67, **68**, 129
Tutanchamun, Herrscher der
  18. Dynastie 13, 35, 74, 80, 84

U

Unas, Herrscher der 5. Dynastie 12, 58

W

Wadi al-Hitan **65**
Wadi es-Sebua **109–113**

Impressum

Chefredakteur: Dr. Hans-Joachim Völse
Textchefin: Dr. Dagmar Walden
Chef vom Dienst: Bernhard Scheller
Aktualisierung: Irene Unterriker
Bildredaktion: Doreen Enders
Kartographie: ADAC e.V. Kartographie/KAR,
Mohrbach Kreative Kartographie
Layout: Suse Uhmann
Herstellung: Barbara Thoma
Druck, Bindung: Rasch Druckerei und Verlag
Printed in Germany

Ansprechpartner für den Anzeigenverkauf:
Kommunalverlag GmbH & Co KG,
MediaCenterMünchen, Tel. 089/92 80 96-44

ISBN 978-3-86207-050-3

Neu bearbeitete Auflage 2013
© ADAC Verlag GmbH, München

Das Werk einschließlich aller seiner Teile ist urheberrechtlich geschützt. Jede Verwendung ohne Zustimmung des Verlags ist unzulässig und strafbar. Das gilt insbesondere für Vervielfältigungen, Übersetzungen, Mikroverfilmungen und die Verarbeitung in elektronischen Systemen. Die Daten und Fakten für dieses Werk wurden mit äußerster Sorgfalt recherchiert und geprüft. Wir weisen jedoch darauf hin, dass diese Angaben häufig Veränderungen unterworfen sind und inhaltliche Fehler oder Auslassungen nicht völlig auszuschließen sind. Für eventuelle Fehler können die Autoren, der Verlag und seine Mitarbeiter keinerlei Verpflichtung und Haftung übernehmen.

Bildnachweis

Titel: Ägyptenikone schlechthin – Kamel mit Reiter vor den Pyramiden von Giseh.
Foto: Getty Images (Doug Pearson)

Bildarchiv Steffens: 3.3 (Wh.), 61.2, 81 (Bauer), 8/9, 58, 59 (Rech), 8.2, 106 (Janicek), 113 (Bieniek) – **ddp images:** 67 (AP) – **F1online:** 27 (AGE/Toño Labra), 4.2 (Wh.), 75 (Radius Images) – **Fnoxx.de:** 2.3 (Wh.), 56 (Arnulf Hettrich) – **Franz Marc Frei:** 3.1 (Wh.), 37.1, 126.4, U4.1 – **Getty Images:** 7.1 (Bloomberg), 8.1 (Jacques Marais), 65 (Ritterbach Ritterbach) – **Ifa-Bilderteam:** 7.2 (Nowitz), 28 (Harris), 52.2 (Aigner) – **Ladislav Janicek:** 2.1 (Wh.), 2.4 (Wh.), 3.4 (Wh.), 6, 9, 10.3, 11.1, 34.1, 34.2, 34.4, 36, 38.1, 47.1, 62, 70, 72, 78, 83, 86, 89.1, 89.2, 90, 91, 122.2, 130.2, 131 – **Gerold Jung:** 5.2 (Wh.), 12.1 (Wh.), 34.3, 34.5, 38.2, 40.1, 40.2, 45.1, 45.2, 80, 104, 126.2, 126.3, 128, 134 – **Barbara Kreißl:** 10.2, 60, 84, 87, 130.1 – **Barbara und Ottmar Kreißl:** 50, 64, 66, 107, 109.1, 109.2, 110.1, 110.2, 111 – **Laif:** 3.2 (Wh.), 4.1 (Wh.), 43.2, 117, 120 (Krause), 5.3 (Wh.), 32, 93 (Modrow), 17 (Hollandse Hoogte), 23.1 (Heeb), 5.1 (Wh.), 25.1 (ORTEO Luis/Hemis.fr), 49 (Voge/Le Figaro Magazine), 95 (hemis.fr./Ludovic Maisant), 100 (Malherbe), 115 (Selbach), 123, 124 (Kirchner) – **Look:** 5.4 (Wh.), 22, 23.2, 33, 118 (age fotostock), 119 (Pompe), 133 (Seer) – **Mauritius Images:** 2.2 (Wh.), 10.1 (Beck), 18/19 (Pigneter), 21 (AGE), 52.1 (Vidler) – **Prisma:** 122 (Zoonar/Martin Hablü) – **Shutterstock:** 54 (Lisa S.), 135 (Pecold), U4.2 (Rich Carey) – **Süddeutscher Verlag, Bilderdienst:** 12.2, 13, 15, 16, 17.1 – **UrbanRail.Net:** 51 (R. Schwandl) – **Axel Winkler:** 4.3 (Wh.), 11.2, 25.2, 35, 37.2, 41, 43.1, 44, 46, 47.2, 48.1, 48.2, 57, 61.1, 69, 77, 94, 96, 97, 98, 99, 101, 102.1, 102.2, 105, 112, 126.1

ADAC

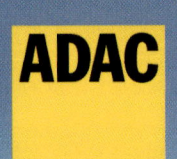

Unsere Kennenlernaktion!
Fotobuch A4 für nur 7,95 €* statt 21,95 €*

In der neuen ADAC-Fotowelt gestalten Sie ganz einfach Ihr eigenes Fotobuch, persönliche Kalender, Puzzles und praktische Terminplaner. Oder Sie bringen ihre Liebsten auf Postern und Leinwänden zur Geltung. Machen Sie mehr aus Ihren Bildern!

FOTOBUCH
A4 Softline
28 Seiten

NUR FÜR € 7,95*

AKTIONS-CODE: adacfoto

www.adac.de/fotowelt

*Dies ist ein spezielles Angebot der Jenomics GmbH. Der Aktionscode ist einmal pro Haushalt/Person einlösbar. Dieser Aktionscode ist nicht mit anderen Rabattaktionen kombinierbar. Gültig bis einschließlich 31.12.2013.
Keine Barauszahlung möglich. Angebot zzgl. Versandkosten. In Kooperation mit IKONA